经济管理国家级实验教学示范中心（嘉兴学院）

经管类专业系列实验教学指导书

财务管理专业实验（实训）指导书

◎ 李郁明 主编　◎ 张惠忠 叶增水 副主编

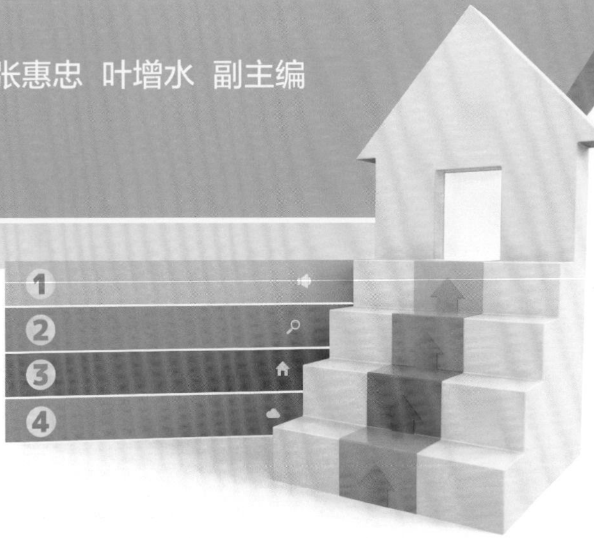

东北财经大学出版社
Dongbei University of Finance & Economics Press
大连

图书在版编目（CIP）数据

财务管理专业实验（实训）指导书 / 李郁明主编. —大连：东北财经大学出版社，2021.1

（经管类专业系列实验教学指导书）

ISBN 978-7-5654-4017-5

Ⅰ. 财… Ⅱ. 李… Ⅲ. 财务管理-高等学校-教学参考资料 Ⅳ. F275

中国版本图书馆CIP数据核字（2020）第212204号

东北财经大学出版社出版

（大连市黑石礁尖山街217号 邮政编码 116025）

网 址：http：//www.dufep.cn

读者信箱：dufep@dufe.edu.cn

大连图腾彩色印刷有限公司印刷 东北财经大学出版社发行

幅面尺寸：185mm×260mm 字数：378千字 印张：16.5 插页：1

2021年1月第1版 2021年1月第1次印刷

责任编辑：王 莹 吴 茜 责任校对：何 力

封面设计：原 皓 版式设计：原 皓

定价：45.00元

教学支持 售后服务 联系电话：（0411）84710309

如有印装质量问题，请联系营销部：（0411）84710711

经济管理国家级实验教学示范中心（嘉兴学院）
经管类专业系列实验教学指导书
编委会

前言

自1999—2000学年第二学期以来，我们在财务管理专业各专业课程和会计专业的“财务管理”课程中实施了案例教学法，至今已取得了较为明显的效果，但也存在一定的问题。下面试结合我们在这方面的实践对财务管理案例教学法实施过程中的若干问题做些探讨。

一、财务管理教学中实施案例教学法的必要性

在我国，企业中真正意义上的财务管理实际上是在改革开放尤其是在实行市场经济体制之后才发展起来的。在市场经济条件下，企业财务管理的环境与计划经济时代相比发生了天翻地覆的变化，筹资渠道多样化、资金投向多元化、利益分配关系复杂化、财务风险公开化、企业经营集团化、跨国化等趋势越来越明显，企业财务管理的作用日益重要，地位日益提高，财务管理的内容和方法大为丰富。所以，市场经济条件下现代企业里的财务管理工作是一项非常灵活、非常复杂、非常富有挑战性的工作，不但不同财务项目的组织和处理存在不同的方案，而且不同企业、不同时期的同一企业中的同一财务管理问题也会有不同的解决方案。

单纯的课堂讲授教学法一般是通过演绎推理的方法来传授知识的，其逻辑起点是较正式地阐明概念结构和理论，然后用例子和问题来论证它，辅之以阅读、音像、习题等方法来传授具体事实、原则和基本方法，因此，只能满足财务管理一般理论、基本常识和固定技术的传授。在财务管理教学中，这一教学方法受到很大的限制，因为实际财务管理工作更要求学生具备在将来复杂多变的环境中对不断出现的财务问题和机会作出科学判断并采取正确行动的能力，因此，大量的财务管理具体方法的掌握、财务管理各种实际能力的培养需要依靠实践锻炼或实务模仿才能真正得以解决，教师在授课中更应注重输送给学生面临各种财务问题时如何思考、如何判断、如何行动等信息。案例教学法的引进则可以满足这方面的要求，可以在一定程度上解决这一难题。所以，在提升学生思维能力、行动能力和工作适应能力方面，案例教学法比以教师为中心、学生相对被动接受的传统讲授教学法显然更加积极有效。正因为如此，早在1930年案例教学法就在国外财务管理教学中使用，目前，西方各国大学财务管理教学普遍采用了案例教学法。

通过实践我们还发现，案例教学法在锻炼学生表达能力和沟通能力、开阔知识视野、培养独立思考精神、形成个性化学习风格、提高学习兴趣和学习参与积极性等方面也大有益处。因此，从事后的调研结果看，95%的学生认为财务管理课程中搞案例教学“很有必要”，5%的学生认为“有必要”，没有学生认为“没有必要”。

二、搞好财务管理案例教学必须具备的条件

从我们的实践经验和教训看，要搞好财务管理课程的案例教学，必须具备以下条件：

（一）良好的环境

1.要有较好的硬环境，包括宽敞的场所、人数适当的学生等。刚开始时，我们为了保证每个学生能够参与讨论，规定每个学生都必须发言。由于每班几乎均有四五十人，因此每一个案例的讨论加讲评至少需要四节课的时间，且讨论气氛不够热烈，成了轮流讲话，效果受到局限。后来我们采用分组讨论形式，三四个人一组，利用课余时间讨论形成全组的解决方案，正式讨论时每组选派一名代表发言，其他组的同学提出质询，本组同学进行答辩，老师给予引导，事后每个学生再上交一份案例分析报告，效果得到明显改善。我们设想，在讨论和撰写案例分析报告时，还可以按财务处理中的不同角色对学生进行分组。让不同组代表处于不同的商业界人士的位置或者代表不同的利益集团，要求其站在各自所代表的利益集团立场上制订最优的财务方案。这样做应该更有仿真的效果。

2.要有良好的软环境。一是院系领导、财务管理专业教师、学生均重视案例教学法的实施。目前案例教学法已列入本科财务管理专业各课程的教学大纲，并且制定了《财务管理本科专业各专业课程案例教学法实施办法》，硬性规定财务管理专业的每门专业课均必须采用案例教学法。二是平时利用教研活动时间，经常讨论案例教学法实施中的问题，做到事前有计划，事后有总结，不断研究，不断提高。三是开展案例教学法的理论研究。近几年来，专业教师申报立项这方面的校内自选课题和浙江省教学科学规划课题各一项，并公开发表了多篇研究论文。

（二）周密的计划

案例教学法的实施不能打无准备之仗。不但在制订专业教学计划时必须对这个问题有一个通盘考虑，而且在开课之前，教师必须将安排的案例个数、案例教学内容、实施时间、所用课时等列入授课计划，另外还要制订一个具体的组织计划写入教案，如案例类型、案例来源、向学生发放案例材料的时间、案例讨论的具体组织步骤、案例讨论中可能出现的问题和对策、案例讨论的地点安排等。

（三）高质量的案例

教学案例的质量直接影响教学效果。一个高质量的教学案例应该具备以下特点：

（1）目的性。良好的案例至少应使学生通过讨论加深对课程中的某些难点和重点内容的理解，并能利用课程中所学的理论知识分析和解决案例中所涉及的问题，从而使学生分析问题、解决问题的能力得到强度较大的锻炼。

（2）启发性。一个好的案例必须包括一定的问题，这些问题有的比较外露，有的比较隐含，最好是显而不露、引而不发，但必须能启发思考，问题越能诱人深入，越能给学生留下较多的思考空间，教学效果就越好。

（3）实践性。案例教学要求学生实现从理论学习到分析实践的飞跃，因此教学案例的编写切忌闭门造车，最好是在实地调查的基础上编写并反复修改出来的实际事例，尽管也可以有一定的情节虚构，但其内容必须有客观依据，以保证其模拟性、仿真性和可操作性。

（4）生动性。案例必须生动活泼，引人入胜，才能引起学生兴趣，以便展开深入讨论。此外，案例不能设置标准答案，也往往没有标准答案，一个问题有多种解决方案，只有通过讨论、分析，互相启发，才能得出相对科学的解决方案。

目前我们一般在最新出版的国内权威财务管理案例教材中精心遴选适当的案例经集体讨论加以修改后在教学实践中使用，基本符合上述“高质量案例”的要求。在今后的案例教学过程中将向自编本地实际案例方向努力，使案例具有更强的仿真性、可操作性和生动性。

（四）优秀的组织者

在案例教学中的师生关系不同于传统的讲授教学，因此一定要处理好学生和教师的角色关系。学生的独立活动在案例教学中占有很大比重，案例教学中的主角应该是学生，但正如一档优秀的节目需要一个优秀的主持人一样，成功的案例教学课也离不开一个优秀的组织者。教师的角色主要是创造有利的学习氛围。根据我们的经验，教师首先应带领学生做好讨论前的准备，也可以提出一些问题用来引导讨论，讨论时认真听取学生的发言，有效地组织和控制课堂讨论，并做好讨论后的总结评价。在讨论中教师应千方百计调动学生的主动性、积极性，鼓励学生广开思路，畅所欲言，不断提出新的设想和思路。如重新把讨论集中到某些未深入讨论就被忽略的关键问题上来，或指出更加敏感的事件，或在大家都不以为然时赞同某个学生的观点引起讨论等。因此，整个案例教学的过程都应体现教师的指导作用。

（五）有效的激励机制

案例教学必须要有一个有效的激励机制。我们的做法是将每个学生在讨论前的准备情况、在讨论过程中的表现、讨论问题的深度和新意、案例分析报告的质量等纳入平时成绩，一般占本门课程成绩的10%，从而与课程考核成绩挂起钩来。我们设想，在财务管理课程中实施案例教学后，还应逐步改变这些课程一味依赖传统的标准化考试形式，尽可能地增加案例分析、项目设计等能考核分析问题、解决问题能力的考试题目和方式，以衡量学生的真才实学。

三、案例教学法的改进

（一）协调案例教学与一般教学的关系

案例教学法并非十全十美，更不能适用一切条件下的所有知识的传授。如当教师在传递一些较具个性化、不能明确表达的知识时，采用案例教学法就具有较大的难度。因此，案例教学不但不可能取代传统的讲授教学，而且必须注重两者的有机结合。当然，课堂讲授也应该是启发式的，而不是填鸭式的。案例教学也不能代替其他教学手段的应用。如组织学生到企事业单位进行业务学习、进行财会业务的模拟实验、做一定量的习题以及进行必要的测试考试等也是培养学生素质、提高学生能力的有效教学手段，案例教学法也必须与它们有机结合起来。

（二）提高教师综合素质

案例教学法要求教师在课前经常深入社会和企业，进行财务管理实践，收集大量的现实案例，确定可行的教学方式和规律的教学程序及为学生提供大量的参考书目。财务案例一般没有固定的唯一答案，只要求解决办法的科学性和实施步骤的可行性，因此评判标准不易把握，需要教师具有较宽的专业知识面和良好的专业判断能力。为达到预期的教学效果，要求教学双方尤其是教师必须投入比一般教学大得多的精力、具有更高的综合素质和良好的教学技巧才能。

（三）加强组织和引导

学生长期以来习惯于旧日被动的学习，形成了过度依赖教师的资讯传递的习惯，案例教学法有时会使一些学生望而生畏，在学习中表现出难以思考和难以加入全班讨论的现象，因此对部分学生而言，案例教学法可能难以实现其应有效果。案例讨论时如果组织不力，容易出现“胡言乱语”和“搭便车”现象，从而使案例教学流于形式。因此案例教学中教师得力的组织和适当的引导就显得十分关键。

（四）选准教学内容和时间

财务管理课程中的很多内容都适合进行案例教学，但每门课程的教学时间有限，因此案例教学必须选准关键点，最好是选择那些需要综合应用本门课程专业知识才能予以解决的内容实施案例教学，使教师投入同样的教学时间能取得更好的教学效果。另外，实施案例教学的时间也必须选准。如我们刚开始搞案例教学时总是选择临近期末课程快结束时才实施，但此时学生往往要面临各种考试，精力顾不过来，结果削弱了案例教学的效果。

任何教学方法的采用，目的只有一个，即改善教学效果。检验教学方法优劣的唯一标准也是教学效果能否得以提高。从我们的实践看，在财务管理课程中实施案例教学法是具有较明显效果的。当然，实施案例教学不能搞“一刀切”，也要遵循先易后难、先试点后铺开的规律。

本书是为高等学校财务管理专业配套的实验（实训）教材，内容全面、实用、新颖。全书是在广泛搜集资料和调查研究的基础上编写完成的，总体分为财务管理专业的专业课程实践教学指导、财务管理专业的综合性实践环节教学指导和附录。具体根据案例的内容又细分为企业筹资财务、企业投资财务、项目评估财务、公司收益分配、公司财务分析评价、税务筹划、管理会计、高级财务管理、计算机财务管理、财务管理以及财务管理专业实习技能训练等。本书选择的案例题材广泛、结构合理、引人深思。每个案例均在明确实验实训目的和要求、知识准备、实验实训组织和安排、注意事项、实验实训结果提交方式、实验实训考核方式和标准的基础上，在实验实训材料的最后给出了具体的思考题，以加深读者对案例和相关财务理论的理解程度，但本书并没有给出这些问题的答案，我们认为，案例的大部分思考题并不存在唯一答案，因此让读者深入讨论、集思广益更为可取。

本书是嘉兴学院商学院财务管理系为配合财务管理专业各专业课程和经管类专业“财务管理”课程的教学和实验所编。本书适合高校本科财务管理专业学生作为学习各门专业课程的实验教材使用，也可作为高校各经济管理类本科专业学生作为学习“财务管理”课程的实验教材，还可以作为大中专院校、成人高校和函授学校学生学习财务管理专业课程的教学用书，也适合企业经济管理干部财务管理知识的培训所用。

本书由嘉兴学院商学院李郁明副教授担任主编，由张惠忠教授、容诚会计师事务所叶增水高级会计师担任副主编，李郁明对全书进行了总纂。李正明副教授、杨行翀、陈莹莹、李卫娜、丁庭栋、穆敏丽、蒋雪清老师参与了本书编写工作。

本书引用、借鉴了许多文献，特别是王化成、荆新、张新民、汤谷良、张延波、杨志清等教授主编的教材，这些文献对本书的形成功不可没。我们已在参考文献目录中尽可能详细地列出了这些文献，但仍难免有遗漏之嫌，在此对未能列入参考文献的作者表示歉意，并对所有引用的文献作者表示衷心的感谢。本书的出版得到了东北财经大学出版社，嘉兴学院教务处、商学院、经济管理实验中心的大力支持，在此一并表示感谢。

尽管我们在编撰过程中尽了心力，但是由于经验欠缺、水平有限、成书仓促，书中难免出现缺点和失误，敬请读者批评指正，以备我们修订时参考。

编　者

2020年10月

目录

第一篇
财务管理专业的专业课程实践教学指导

第一篇

财务管理专业的专业课程实践教学指导

第一章
“企业筹资财务”课程实训

A000 “企业筹资财务”实训大纲

开课学期：第4学期
开课专业：财务管理
实训学时：8
实训学分：0.5
参考指导书：《财务管理专业实验（实训）指导书》

实训形式

“企业筹资财务”实验安排在“财务管理实验Ⅰ”课程中采用上机或随堂的方式由学生独立完成。要求学生在规定的时间内完成实验任务，具体采用团队组合以及个人分析结合的形式，并写出实验报告。

实训目的和要求

“企业筹资财务”实验有助于财务管理本科专业学生理解和掌握筹资学的基本原理、各种筹资方式的决策方法，提高学生理论联系实际的能力，使学生在理论学习过程中熟悉实务、加强实践。根据财务管理专业培养规格和教学计划的要求，学生必须在学习“企业筹资财务”课程结束后的“财务管理实验Ⅰ”中进行共计8课时的筹资学实验。需要一套至少可供一个自然班使用的筹资案例；需要至少可供一个自然班使用的教室或机房。

实训形式安排

每次实验结束，学生独立完成实验报告，并在规定的时间内提交实验报告。

实训考核

考核标准：了解实验目的和内容，熟悉实验流程；对实验有自己的心得体会；实验过程清楚、完整；实验成绩主要依据课堂上对实验结果的检查情况和提问的回答情况以及实验报告成绩。

实训项目与主要内容

具体内容见表1-1。

表1-1 “企业筹资财务”实训项目与主要内容

序号	项目名称	主要内容	课时	评分权重	必做/选做
1	加西压缩机制造公司筹资案例	企业筹资渠道、方式及数量决策的基本方法	2	25%	必做
2	华人兄弟股票筹资案例	股票筹资的基本知识	2	25%	必做
3	江苏双良公司可转换公司债券筹资案例	可转换债券筹资决策的基本方法	2	25%	必做
4	杜邦公司目标负债政策案例	根据资本结构理论的要求合理安排筹资决策	2	25%	必做

实训A001 加西压缩机制造公司筹资案例

一、实训名称和性质（见表1-2）

表1-2 实训名称和性质

实训名称	加西压缩机制造公司筹资案例
面向专业或课程	财务管理专业“企业筹资财务”课程
实训学时分配	2
实训性质	□调查 ☑案例 □软件模拟
必做/选做	☑必做 □选做

二、实训目的和要求

（一）实训目的

1.掌握筹资渠道决策方法。

2.掌握筹资方式选择方法。

3.掌握筹资数量决策的基本方法。

（二）实训要求

在充分分析资料基础上结合实际经济情况，按照各种可能的筹资组合进行分析判断。学习者应充分发挥主观能动性，不要局限于所提供资料范围分析判断。

三、知识准备

（一）本案例涉及知识要点

1.筹资渠道与筹资方式。

2.普通股与优先股。

3.资金需求量预测。

（二）相关理论

资金需求量预测方法、资本成本理论、资本结构理论。

(三) 参考书目

1.熊楚熊，刘传兴. 公司中级理财学［M］. 2版. 上海：立信会计出版社，2016.

2.楼土明. 企业筹资实务［M］. 北京：高等教育出版社，2014.

3.陈勇，等. 财务管理案例教程［M］. 北京：北京大学出版社，2003.

4.杨行翀，李郁明，张惠忠. 企业筹资学［M］. 上海：上海财经大学出版社，2014.

5.辛琳老师在“企业筹资财务”课程建设中的部分成果。

四、实训组织和安排

按照教学大纲要求，本次实训安排在“企业筹资财务”课堂教学内容第一章筹资学导论结束后并在“财务管理实验Ⅰ”中进行。具体方式为学习者课前查阅相关文献资料，完成实训分析报告的撰写。

五、注意事项

请学习者注意对案例进行充分讨论，同时利用网络资源进行分析整合，避免把案例当计算题来处理。同时，注意培养面对现实问题如何转化处理的能力。

六、实训结果提交方式

实训结束后提交书面实训报告。

七、实训考核方式和标准

实训考核采用批阅实训报告结合学生参与讨论的表现进行。

具体评价标准见表1-3。

表1-3　具体评价标准

得分	优秀（9~10）	良好（7~8）	及格（6）	不及格（3~5）
实训报告情况	1.资料准备充分； 2.主题明确，中心突出； 3.论述内容有深度，结构严谨	1.资料收集较多； 2.主题与中心较突出； 3.论述内容有深度，结构完整	1.能够正确收集资料； 2.主题基本明确； 3.论述内容完整，结构不够完善	1.资料匹配度不够； 2.主题不明确； 3.内容不完整
学习者态度与参与情况	1.参与讨论的频率高； 2.讨论深入、观点正确	1.参与讨论的频率较高； 2.讨论全面、观点正确	1.参与讨论的频率一般； 2.能够参与讨论并发表观点	1.不参与讨论； 2.观点错误

八、实训材料

加西压缩机制造公司筹资案例

(一) 资料

加西压缩机制造有限公司成立于1998年12月30日，位于浙江杭州，是全球环保、节能、高效冰箱压缩机的专业研发制造企业，中国家电协会副理事长单位，浙江省家电协会理事长单位，冰箱压缩机国家标准修订组长单位，国家技术创新示范企业。公司现有总资产15亿元，员工1 000人，其中各类专业技术人才500余人，拥有1个国家认定企业技术中心、2个海外技术营销中心、3个制造基地，2019年产销压缩机250万台，综合竞争力位居全球行业前列，被誉为“世界冰箱的心脏”，并在2018年完成上市。

根据加西压缩机制造公司2019年12月份资产负债表和利润表的实际资料经过适当删减整理的案例资料如下：

1.资产负债表（见表1-4）

表1-4 资产负债表（简表） 单位：万元

项目	年初	年末	项目	年初	年末
货币资金	3 928.5	2 113.5	短期借款	2 700	2 700
应收票据及应收账款	14 777	19 030.5	应付票据及应付账款	19 144.5	23 065.5
预付款项	2 799	1 753.5	预收款项	8 406	8 425.5
存货	12 697	20 913	应付职工薪酬	2 241	2 241
长期股权投资	6 274.5	4 638	长期借款	3 195	3 712.5
固定资产	24 714	25 410	股本	15 162	15 162
在建工程	357	187.5	资本公积	155	155
			盈余公积	386.5	2 411.5
			未分配利润	14 157	16 173
总计	65 547	74 046	总计	65 547	74 046

2.利润表（见表1-5）

表1-5 利润表（简表） 单位：万元

项　目	金　额
一、营业收入	72 223.5
减：营业成本	59 311.5
税金及附加	37.5
销售费用	2 554.5
管理费用	3 276
财务费用	337.5
加：其他收益	96
二、营业利润	6 802.5
加：营业外收入	199.5
减：营业外支出	243
三、利润总额	6 759
减：所得税费用	1 689.75
四、净利润	5 069.25

3.筹资方式资料

（1）在建工程年初与年末数中，包含在建期间的借款利息分别为27万元、13.8万元，企业没有汇兑损益。

（2）2018年开始的中美贸易战已经影响到本行业，加西压缩机制造公司采取了多种措施，使得2019年的业绩有所增长。为了能够保持业绩，进一步提高产品市场占有率、扩大规模、降低成本，2020年将投入3 300万元用于提高产品质量的技术改造和规模扩大，改造期限为1年零2个月，已经通过可行性研究，改造后就可投产见效，收入可增加15%，拟采取下列筹资方式（假设2020年生产销售水平、利润水平同2019年基本相同，其他条件不发生变化）。

①经批准后可发行非累积优先股3 300万元（按面额计算），优先股年股利率12%，普通股不能增发，可转换债券目前不能发行；

②经批准后可发行累积优先股3 300万元（按面额计算），优先股股年利率为11%；

③经批准后可发行3年期长期债券面值3 000万元，可溢价10%发行，年利率为10%；

④向银行借入1年期借款，年利率为8%；

⑤向银行借入半年期借款，年利率为6%；

其中，优先股筹资费用率为4%，债券筹资费用率为2%，目前的所得税税率是25%。

4.资本市场资料

中国人民银行决定自2015年12月24日起，下调金融机构人民币贷款和存款基准利率，以进一步降低企业融资成本，未来估计有进一步降息的可能。2019年受到中美贸易战等不利因素影响，中国股票市场表现不佳，但是长期来看股票市场依旧充满活力。

5.历年资金需求量资料（见表1-6）

表1-6 **资金需求量表**

项目	2015年	2016年	2017年	2018年
产销量（万件）	100	110	140	180
资金需求量（万元）	20 000	19 500	27 000	34 200

2019年的实际资金需求量为46 500万元，2020年预计的产销量为300万件。

（二）要求（计算结果保留两位小数）

1.请对加西压缩机制造公司的财务状况进行评价，并对相关问题提出改进建议。

（流动比率行业平均值为1.5，速动比率行业平均值为1，资产负债率行业平均值为55%，营业利润率行业平均值为8%，资产净利率行业平均值为6%，净资产收益率行业平均值为12%）

2.请计算上述5种筹资方式的资金成本，列表比较5种筹资方式各自的优劣势。

3.请根据上述5种方案进行筹资方式选择，进行筹资方案设计，计算加权平均资本成本，组合各种筹资方式并进行选择（至少3种）。

4.如果采用第1种或第3种筹资方式，其他条件不发生变化，则企业2020年的资本结构会产生什么变化？结合企业实际，应该选择哪种筹资方式为佳？请总结企业选择筹资方式受到哪些因素的影响。

5.作为一家压缩机制造企业，在目前的资本市场条件下，企业还可以选择哪些筹资方式进行筹资？

6.根据资料分别采用高低点法和回归直线法预测该企业2020年的资金需求量，并分析产生差异的原因。在实际预测资金需求量时应该注意哪些因素？

实训A002　华人兄弟股票筹资案例

一、实训名称和性质（见表1-7）

表1-7 实训名称和性质

实训名称	华人兄弟股票筹资案例
面向专业或课程	财务管理专业“企业筹资财务”课程
实训学时分配	2
实训性质	□调查 ☑案例 □软件模拟
必做/选做	☑必做 □选做

二、实训目的和要求

（一）实训目的

掌握股票筹资的基本知识。

（二）实训要求

在充分分析资料的基础上能够结合实际经济情况，对股票发行的时机、股票筹资优劣势、发行定价等内容进行分析判断。应充分发挥主观能动性，不要局限于所提供资料范围进行分析判断。

三、知识准备

（一）本案例涉及知识要点

1.股票发行的时机。

2.股票发行的动机。

3.股票上市定价等相关知识。

（二）相关理论

股票发行、股票上市的理论解释。

（三）参考书目

1.熊楚熊，刘传兴．公司中级理财学［M］．2版．上海：立信会计出版社，2016.

2.楼土明．企业筹资实务［M］．北京：高等教育出版社，2014.

3.陈勇，等．财务管理案例教程［M］．北京：北京大学出版社，2003.

4.杨行翀，李郁明，张惠忠．企业筹资学［M］．上海：上海财经大学出版社，2014.

5.辛琳老师在“企业筹资财务”课程建设中的部分成果。

四、实训组织和安排

按照教学大纲要求，本次实训安排在“企业筹资财务”课堂教学内容第二章“资本金筹资”结束后并在“财务管理实验Ⅰ”中进行。具体方式为学习者课前查阅相关文献资料，完成实训分析报告的撰写。

五、注意事项

请学习者注意利用网络资源进行分析整合，避免把案例当计算题或简答题来处理。同时注意培养面对现实问题如何转化处理的能力。

案例中需关注的问题：

1.股票发行的时机选择。

2.股票发行的动机。

3.股票上市的优劣势。

4.股票发行价格的确定。

六、实训结果提交方式

实训结束后提交书面实训报告。

七、实训考核方式和标准

实训考核采用批阅实训报告结合参与讨论的表现进行。具体评价标准见表1-8。

表1-8 **具体评价标准**

得分	优秀（9~10）	良好（7~8）	及格（6）	不及格（3~5）
实训报告情况	1.资料准备充分； 2.主题明确，中心突出； 3.论述内容有深度，结构严谨	1.资料收集较多； 2.主题与中心较突出； 3.论述内容有深度，结构完整	1.能够正确收集资料； 2.主题基本明确； 3.论述内容完整，结构不够完善	1.资料匹配度不够； 2.主题不明确； 3.内容不完整
学习者态度与参与情况	1.参与讨论的频率高； 2.讨论深入、观点正确	1.参与讨论的频率较高； 2.讨论全面、观点正确	1.参与讨论的频率一般； 2.能够参与讨论并发表观点	1.不参与讨论； 2.观点不正确

八、实训材料

华人兄弟股票筹资案例

（本案例根据需要对真实案例进行了部分改动和删减）

（一）公司简介

华人兄弟传媒集团，是一家知名综合性娱乐集团，由王家两兄弟在1994年创立，最初由投资冯小刚、姜文的电影而进入电影行业，尤其因每年投资冯小刚的贺岁片而声名鹊起，随后全面投入传媒产业，投资及涉足电影、电视剧、艺人经纪、唱片、娱乐营销等领域，在这些领域都取得了不错的成绩，并且在2005年成立华人兄弟传媒集团，2018年在深圳证券交易所上市。

（二）华人兄弟采用的多种融资手段

1.引进其他影业公司合拍影片

《功夫》和《可可西里》均与美国六大电影公司之一的索尼哥伦比亚公司合拍，《大腕》也是与哥伦比亚（亚洲）共同投资2 500多万元拍摄的，《情癫大圣》是与香港英皇合作的，与香港寰亚合拍的《天下无贼》《夜宴》投资分别为4 000万元、1.28亿元，《墨攻》则采取了亚洲4个主要发行地区的公司联合投资并负责各自区域电影发行的方法。

2.私募股权投资

此举除了引入资金，更重要的是引入了审计和财务管理制度，引入了资金方对资金使用的有力监管，从而保证了严格的成本控制。

3.运用版权从银行等金融机构贷款

收编冯小刚、张纪中对于华人兄弟版权融资意义重大。由于有大牌导演、大牌明星加盟作为票房保证，中国信保帮助《夜宴》从深圳发展银行拿到了5 000万元的单片贷款，冯小刚的《集结号》争取到5 000万元无抵押贷款，张纪中的《鹿鼎记》也得到银行资金支持。

4.拓展电影后衍生品市场

长达50年的著作权保护期限，使得电影后衍生产品可以异常丰富，版权交易是个尚待开发的巨大金矿。《手机》铃声出售给摩托罗拉、《天下无贼》短信满天飞等创新，则是华人兄弟成功运作电影后衍生产品的结果。

5.通过贴片广告与植入式广告获得收入

由于受众数量巨大，电影及相关场所天生是个广告载体。在植入式广告的运用上，华人兄弟的电影也远远超过其他片商，《大腕》《手机》《天下无贼》等都大量植入了摩托罗拉、淘宝网等广告，由此带来了不菲的收入。目前，华人兄弟的收入来源日趋多元化，票房仅占30%左右。

（三）华人兄弟股票筹资

1.华人兄弟发行股票的具体情况分析

公司于2018年10月15日，采取"网下向询价对象询价配售与网上资金申购定价发行相结合"的方式，公开发行人民币普通股（A股）4 200万股，每股面值1.00元，发行价为每股人民币28.58元，其中，网下发行占本次最终发行数量的20%，即840万股；网上发行数量为本次最终发行数量减去网下最终发行数量。本次发行的股票在深交所创业板上市。募集资金总额为人民币1 200 360 000.00元，扣除发行费用人民币52 121 313.55元，公司募集资金净额为人民币1 148 238 686.45元，其中，增加股本42 000 000.00元，增加资本公积1 106 238 686.45元。

2.华人兄弟股票发行状况

（1）股票种类：本次发行的股票为境内上市人民币普通股（A），每股面值人民币1.00元。

（2）发行数量和发行结构：本次发行股份数量为4 200万股。其中，网下发行数量为840万股，占本次发行数量的20%；网上发行数量为本次最终发行数量减去网下最终发行数量。

（3）发行价格：本次发行的发行价格为28.58元/股。

（4）发行方式：采用网下向询价对象配售与网上资金申购定价发行相结合的方式。本次发行网下配售向询价对象配售的股票为840万股，有效申购为127 210万股，有效申购获得配售的配售比例为0.66032544%，超额认购倍数为151.44倍。本次发行网上发行3 360万股，中签率为0.6135906494%，超额认购倍数为163倍。本次发行无余股。

（5）募集资金总额：本次公开发行募集资金总额为120 036万元；中瑞岳华会计师事务所有限公司已于2018年10月21日对公司首次公开发行股票的资金到位情况进行了审验，并出具中瑞岳华验字〔2018〕第212号验资报告。

（6）募集资金净额：114 823.87万元。超额募集资金52 823.87万元，其中12 966.32万元将运用于影院投资项目，剩余部分将继续用于补充公司流动资金。公司承诺，超募资金将存放于专户管理，并用于公司主营业务。上市公司最晚于募集资金到账后6个月内，根据公司的发展规划及实际生产经营需求，妥善安排超募资金的使用计划，提交董事会审议通过后及时披露。上市公司实际使用超募资金前，将履行相应的董事会或股东大会审议程序，并及时披露。

（7）发行后每股净资产：8.50元（按照2018年7月1日经审计的归属于母公司股东权益加上本次发行筹资净额之和除以本次发行后总股本计算）。

（8）发行后每股收益：0.41元（按照经会计师事务所遵照中国会计准则审计的扣除非经常性损益前后孰低的2017年净利润除以本次发行后总股本计算）。

3.华人兄弟公司上市前后相关财务指标分析

（1）相关财务指标（见表1-9）

表1-9 **相关财务指标**

项目	2016年	2017年	2018年	2019年
总资产利润率	0.18	0.12	0.05	0.07
每股净资产（元）	3.7	4.32	4.63	5.13
净利润（万元）	58 244 557.14	68 064 536.13	83 975 593.73	150 009 695.92
利润总额（万元）	58 333 018.37	83 937 571.69	115 403 383.61	190 340 079.76
流动比率	1.95	1.71	7.32	3.68
速动比率	1.29	0.96	6.08	3.18

（2）与可比上市公司市盈率对比分析

选取A股8家传媒行业上市公司作为可比公司，以2017年最新每股收益及截至2018年10月12日收盘价计算各可比公司的静态市盈率，结果见表1-10。

表1-10 **静态市盈率比较表**

公司简称	价格（元）	2017年EPS	2017年PE
中信国安	14.50	0.23	63.04
电广传媒	18.88	0.05	377.60
天威视讯	16.59	0.28	59.25
歌华有线	11.03	0.31	35.58
中视传媒	13.33	0.23	57.96
北巴传媒	12.20	0.22	55.45
广电网络	7.60	0.10	76.00
东方明珠	9.72	0.14	69.43

注：2017年EPS的统计口径为2017年归属母公司净利润除以公司2018年最新总股本。

上8家可比上市公司的平均静态市盈率为99.29倍，剔除异常值（电广传媒）后的静态市盈率均值为59.53倍。发行人以2017年扣除非经常性损益前的净利润所计算的摊薄后每股收益为0.41元/股，以2017年扣除非经常性损益后的净利润所计算的摊薄后每股收益为0.51元/股，依据本次发行价格28.58元/股计算，发行市盈率为69.71倍（以扣除非经常性损益前后孰低值计算）。考虑到公司独特的业务模式及未来良好的成长性，本次定价与可比公司均值相比溢价17.10%。

（3）募集资金数量及主要用途

公司本次预计募集资金数额为62 000万元，将用于补充影视剧业务营运资金。如本次发行实际募集资金量超出预计募集资金数额，则公司将运用超额部分资金于影院投资项目，该项目总投资额为12 966.32万元。若用于影院投资项目后仍有余额的，则将剩余资金继续用于补充公司流动资金。如果实际募集资金不能满足募集资金项目需求，则不足部分公司将自筹解决。

根据28.58元/股的发行价格及4 200万股的发行股数计算，本次公开发行实际募集资金为120 036万元，较62 000万元的募集资金投资项目资金需求多出58 036万元，超募比率为93.61%。本次发行实际募集资金量扣除发行费用后的募集资金净额约为114 806万元，其中62 000万元将用于补充影视剧业务营运资金，12 966.32万元用于影院投资项目，剩余约39 839.68万元用于补充公司流动资金。

华人兄弟股票上市提升了公司信誉，提高了知名度。有了足够的资金投资影院建设，盈利来源增加，有能力提高核心竞争力。上市后股票价格平稳上涨，公司应该抓紧产业链的发展，将电影电视及艺人经纪服务业很好地结合起来。另外，从制度、文化、合作方式、激励机制等多个方面巩固旗下明星股东对企业的忠诚度，是华人兄弟的重要工作之一。面对传媒业强大的竞争，要妥善安排资金。

（4）其他资料

2018年第一季度，我国电影票房达202.18亿元，超越北美成为全球第一大电影市场，这也是多年来，全球电影市场冠军第一次由北美以外的地区摘得。自产业化启动以来，中国电影产业规模持续扩大，与北美电影市场的差距逐渐缩小。2003年电影产业化启动之初，全国全年票房总和仅为10亿元。经过15年发展，全国市场一个季度的票房已经是当时全年票房的20倍有余。实际上，我国电影票房市场近年来保持高速增长的态势，从2012年的170.7亿元增长到2018年609.76亿元，年均复合增长率达到23.6%。另外，国家电影局制定的《关于加快电影院建设　促进电影市场繁荣发展的意见》目标是“2020年全国加入城市电影院线的电影院银幕总数达到8万块以上”。同时，国家知识产权保护力度逐渐加大。知识产权保护机制的建立对于鼓励和推动电影行业持续快速发展具有良好的促进作用。随着改革开放政策的进一步实施，中国知识产权的保护范围和保护水平已逐步同国际市场惯例接轨。在知识产权得到良好保护的前提下，电影企业投资制作大电影，音像制品、电视及网络播放等收入渠道也将得以进一步拓宽，有利于我国电影行业的持续健康发展。

九、要求

1.根据资料2，华人兄弟为何会选择多种筹资方式？这些筹资方式各有什么优点？

2.查找最新资料举例说明文化传媒行业还有哪些新型筹资方式正在被使用。

3.华人兄弟为何将发行股票作为主要融资方式？股票发行的时机合适吗？

4.根据上市前后的财务指标分析，华人兄弟上市是否成功？除了上述财务指标外，还应该从哪些方面（或指标）判断企业上市是否成功？

5.华人兄弟股票28.58元/股的发行价格是否合理？为什么？股票发行价格的确定受到哪些因素的影响？

实训A003 江苏双良公司可转换公司债券筹资案例

一、实训名称和性质（见表1-11）

表1-11 实训名称和性质

实训名称	江苏双良公司可转换公司债券筹资案例
面向专业或课程	财务管理专业“企业筹资财务”课程
实训学时分配	2
实训性质	□调查 ☑案例 □软件模拟
必做/选做	☑必做 □选做

二、实训目的和要求

（一）实训目的

掌握可转换债券筹资决策基本方法。

（二）实训要求

在充分分析所提供资料的基础上能够结合实际经济情况，对可转换债券的发行进行分析判断。学习者应充分发挥主观能动性，不要局限于所提供资料范围进行分析判断。

三、知识准备

（一）本案例涉及知识要点

1.可转换证券的期限设计。

2.可转换证券的票面利率。

3.转股价格及其调整。

4.发行时机的选择。

（二）相关理论

可转换债券的理论解释及实践中的权衡。

（三）参考书目

1.熊楚熊，刘传兴. 公司中级理财学［M］. 2版. 上海：立信会计出版社，2016.

2.楼土明. 企业筹资实务［M］. 北京：高等教育出版社，2014.

3.陈勇，等. 财务管理案例教程［M］. 北京：北京大学出版社，2003.

4.杨行翀，李郁明，张惠忠. 企业筹资学［M］. 上海：上海财经大学出版社，2014.

5.辛琳老师在“企业筹资财务”课程建设中的部分成果。

四、实训组织和安排

按照教学大纲要求，本次实训安排在“企业筹资财务”课堂教学内容第七章“选择权筹资”结束后并在“财务管理实验Ⅰ”中进行。具体方式为学习者课前查阅相关文献资料，完成实训分析报告的撰写。

五、注意事项

请学习者注意利用网络资源进行分析整合，避免把案例当计算题和简答题来处理。同时注意培养面对现实问题如何转化处理的能力。

案例中需关注的问题：

1.利率的确定。

2.转股价格及修正条款所考虑的因素。

3.修正转股价格的意义，以及如果不修正对投资者和发行人分别产生的后果。

4.回售条款对投资者利益的保护。

5.发行时机。

六、实训结果提交方式

实训结束后提交书面实训报告。

七、实训考核方式和标准

实训考核采用批阅实训报告结合参与讨论的表现进行。具体评价标准见表1-12。

表1-12　具体评价标准

得分	优秀（9～10）	良好（7～8）	及格（6）	不及格（3～5）
实训报告情况	1.资料准备充分； 2.主题明确，中心突出； 3.论述内容有深度，结构严谨	1.资料收集较多； 2.主题与中心较突出； 3.论述内容有深度，结构完整	1.能够正确收集资料； 2.主题基本明确； 3.论述内容完整，结构不够完善	1.资料匹配度不够； 2.主题不明确； 3.内容不完整
学习者态度与参与情况	1.参与讨论的频率高； 2.讨论深入、观点正确	1.参与讨论的频率较高； 2.讨论全面、观点正确	1.参与讨论的频率一般； 2.能够参与讨论并发表观点	1.不参与讨论； 2.观点不正确

八、实训材料

江苏双良空调设备股份有限公司可转换公司债券募集说明书摘要

（根据实训需要，本案例部分数据和时间已经适当调整）

保荐人（主承销商）：华泰联合证券有限责任公司（注册地址：深圳市深南东路5047号深圳发展银行大厦10层）

董事会声明

本募集说明书摘要的目的仅为向公众提供有关本次发行的简要情况。投资者在做出认购决定之前，应仔细阅读募集说明书全文，并以其作为投资决定的依据。募集说明书全文同时刊载于上海证券交易所网站。

投资者若对本募集说明书摘要存在任何疑问，应咨询自己的证券经纪人、律师、专业会计师或其他专业顾问。

本公司全体董事、监事、高级管理人员承诺募集说明书及其摘要不存在任何虚假、误导性陈述或重大遗漏，并保证所披露信息的真实、准确、完整。

公司负责人、主管会计工作负责人及会计机构负责人（会计主管人员）保证募集说明书及其摘要中财务会计报告真实、完整。

证券监督管理机构及其他政府部门对本次发行所作的任何决定，均不表明其对发行人所发行证券的价值或者投资人的收益作出实质性判断或者保证。任何与之相反的声明均属虚假不实陈述。

根据《证券法》的规定，证券依法发行后，发行人经营与收益的变化，由发行人自行负责，由此变化引致的投资风险，由投资者自行负责。

重大事项提示

本公司特别提醒投资者注意下列重大事项或风险因素，并认真阅读本募集说明书相关章节。

（一）关于公司本次发行的可转换公司债券的信用评级

公司本次发行的可转换公司债券的信用等级由公司聘请的鹏元资信评估有限公司进行了评级，信用等级为AA。

公司本次发行的可转换公司债券上市后，鹏元资信评估有限公司将进行跟踪评级。

（二）本次发行的可转换公司债券未提供担保的风险

按照证监会《上市公司证券发行管理办法》的规定，本次发行可转债符合不设担保的条件，故本次发行可转债不设担保。公司提请投资者关注本次发行未提供担保所带来的偿债风险。

（三）公司相关的风险

1.经济周期波动和宏观调控的风险

本公司的机械业务和化工业务与电力、房地产、医药、纺织、冶金、石油化工等产业关系紧密，而这些产业与宏观经济周期正相关。公司的溴化锂制冷机（中央空调）作为大型机械产品、空冷器作为电站设备、高效换热器作为大型空气压缩分离设备的部件其盈利能力、增长速度和营运周期都受到宏观经济周期影响。中国宏观经济进入新常态可能对公司机械行业产生不利影响。

公司化工业务中苯乙烯作为石化产业链的重要一环，其价格波动一方面受制于上游原油价格的波动，另一方面受制于社会投资能力和消费能力，所以当经济出现周期性波动或原油价格巨幅波动的时候，苯乙烯的价格体系和市场需求也将受到影响。中美贸易战加剧和经济周期波动可能对公司的化工业务产生不利影响。

另一方面，公司新产品以及发展战略紧紧围绕节能减排主题，国家对于节能减排产品的鼓励政策能够部分抵消经济周期的不利影响。公司溴化锂制冷机在工业余热利用领域有广阔的前景；公司电站和石化空冷器是政策要求缺水地区新建火力发电站应当配备的节水型产品；公司苯乙烯产品是主流建筑保温材料的原料。

2.公司化工产品苯乙烯及其原料价格波动的风险

2017年、2018年和2019年公司苯乙烯的销售收入占公司主营业务收入的比例分别为62.37%、61.09%和54.98%。生产苯乙烯的主要原料为聚合级乙烯和纯苯，其中纯苯约占苯乙烯生产成本的60%。苯乙烯及其原料纯苯价格的单一波动将对公司经营业绩产生较大的影响。

3.机械产品主要原材料价格波动的风险

公司机械制造产品的生产成本主要集中在铜管、钢材和铝材等原材料上。经产品成本核算部门统计，铜管成本约占溴化锂制冷机（中央空调）和高效换热器产品生产成本的31%和22%。铜管等原材料价格的波动，会对本公司经营业绩产生较大的影响。

公司机械产品中溴化锂制冷机（中央空调）、空冷器（双排管）、高效换热器等都使用钢材，经产品成本核算部门统计，钢材成本约占溴化锂制冷机、空冷器（双排管）、高效换热器产品的生产成本分别为35%、56%、18%。钢材价格的波动将对公司经营业绩产生一定的影响。公司机械产品中空冷器（单排管）主要使用铝材，经产品成本核算部门统计，铝材成本约占空冷器（单排管）生产成本的86%，铝材价格的波动将对公司经营业绩产生一定的影响。

4.本次募集资金投资项目的风险

本次募集资金拟投入海水淡化设备制造项目。该项目顺应了国家关于加速发展海水综合利用的政策趋势。但是海水淡化设备作为公司开发的新产品，虽然其在市场和生产工艺上与公司现有空冷器产品和溴冷机（中央空调）产品部分相同，但在生产设备、生产技术和销售市场上与公司现有产品仍存在一定差异。因此，本项目在产品销售和生产技术等方面仍存在一定的风险。

本次募集资金拟投入24万吨/年于EPS项目，EPS是苯乙烯的下游产品，是公司现有产品产业链的延伸。其主要生产原料为利士德公司的产品苯乙烯，上下游一体化降低了项目的运营成本。虽然本公司已经有苯乙烯生产和销售的经验和竞争能力，但EPS作为一种新产品在产品销售、生产组织管理上与苯乙烯存在差异。因此，本项目在产品销售、生产管理及产品盈利能力上存在一定的风险。

第一节　本次发行概况

发行人基本情况

公司法定名称：江苏双良空调设备股份有限公司

公司英文名称：Jiangsu Shuangliang Air-conditioning Equipment Co.，Ltd

公司注册地址：江苏省江阴市利港镇

股票上市地：上海证券交易所　　股票简称：双良股份

股票代码：600481　　法定代表人：缪志强

公司设立日期：2000年12月20日　　邮政编码：214444

电话：0510-86632358　　传真：0510-86632307

公司网址：http：//www.shuangliang.com

电子邮箱：600481@shuangliang.com

本次发行要点

（一）本次发行核准情况

本次发行经公司2019年8月3日召开的第三届董事会2019年第四次临时会议审议，并经2019年8月21日召开的2019年第二次临时股东大会表决通过。

公司2019年11月26日召开第三届董事会2019年第八次临时会议对本次发行规模及募集资金用途进行了修改，并经2019年12月17日召开的2019年第三次临时股东大会表决通过。

本次发行已经中国证券监督管理委员会证监〔2019〕452号文核准。

（二）本次发行方案要点

发行规模：本次拟公开发行的可转换公司债券规模不超过人民币72 000万元。

票面金额和发行价格：本次可转换债券面值为人民币100元，按面值发行，共计发行720万张。

债券期限：自本次可转换公司债券发行之日起5年。

债券利率：第1年0.5%、第2年0.8%、第3年1.1%、第4年1.4%、第5年1.7%。本次发行可转换公司债券按票面金额自2020年5月4日起计算利息。

利息支付方式：本次发行的可转债计息起始日为可转债发行首日，每年付息一次。在可转债存续期间，第一次付息日为发行首日的次年当日，以后每年的该日为当年的付息日；付息日前一个交易日为付息登记日，只有在付息登记日收市后登记在册的可转债持有人才有权获得当年的利息。

年利息计算公式为：In=b×in。

其中：

In指年支付的利息额；

b指可转债持有人持有的可转债票面总金额；

in指年利率。

转股期：本次发行的可转债的转股期自发行结束之日起6个月后的第1个交易日起至本次可转换公司债券到期日止。

初始转股价格的确定：21.11元/股，即本可转债募集说明书公告日前20个交易日公司股票交易均价（其中2020年3月30日至2020年4月20日的收盘价按2019年度利润分配方案进行了除权、除息处理）和前1个交易日公司股票交易均价二者之间的较高者。

转股价格的调整及计算方式：本次可转债发行之后的存续期内，当发生送红股、公积金转增股本、增发新股（不包括因本次发行的可转债转股增加的股本）、配股及派息等情况时，本公司将对转股价格进行调整，具体调整办法如下：

派息——$P = P_0 - D$；

送股或转增股本——$P = P_0/(1 + N)$；

增发新股或配股——$P = (P_0 + AK)/(1 + K)$；

三项同时进行时——$P = (P_0 - D + AK)/(1 + N + K)$。

其中：P_0为初始转股价格，D为每股派息金额，N为送股率，K为增发新股或配股率，A为增发新股价或配股价格，P为调整后转股价格。

本公司出现上述股份和/或股东权益变化时，将依次进行转股价格调整，并在中国证监会指定的上市公司信息披露媒体上刊登董事会决议公告，并于公告中载明转股价格调整日、调整办法及暂停转股时期（如需）。当转股价格调整日为本次发行的可转债持有人转股申请日或之后，转换股票登记日之前，则该持有人的转股申请按本公司调整后的转股价格执行。

当本公司可能发生股份回购、合并、分立或任何其他情形使本公司股份类别、数量和/或股东权益发生变化从而可能影响本次发行的可转债持有人的债权利益或转股衍生权益时，本公司将视具体情况按照公平、公正、公允的原则以及充分保护持有人权益的原则调整转股价格。有关转股价格调整内容及操作办法将依据当时国家有关法律法规及证券监管部门的相关规定来制订。

转股价格向下修正条款：

（1）修正权限与修正幅度

在本可转债存续期间，当本公司A股股票在任意连续20个交易日的收盘价低于当期转股价格85%时，本公司董事会有权提出转股价格向下修正方案并提交股东大会表决。上述方案须经出席会议的股东所持表决权的三分之二以上通过方可实施。股东大会进行表决时，持有本公司可转债的股东应当回避。修正后的转股价格应不低于本次股东大会召开日前20个交易日本公司股票交易均价和前一交易日均价，同时修正后的转股价格不低于最近一期经审计的每股净资产和股票面值。

若在上述交易日内发生过转股价格调整的情形，则在转股价格调整日前的交易日按调整前的转股价格和收盘价计算，在转股价格调整日及之后的交易日按调整后的转股价格和收盘价计算。

（2）修正程序

如本公司决定向下修正转股价格，将在中国证监会指定的信息披露报刊及互联网网站上刊登股东大会决议公告、公告修正幅度、股权登记日及暂停转股期间。从股权登记日后的第一个交易日（即转股价格修正日）开始恢复转股申请并执行修正后的转股价格。若转股价格修正日为转股申请日或之后，转换股份登记日之前，转股申请应按修正后的转股价格执行。

赎回条款：

（1）到期赎回

本次发行的可转债到期后5个交易日内，本公司将以票面面值加最后一期利息的价格向投资者赎回全部未转股的可转债。

（2）有条件赎回

在本可转债转股期内，如本公司A股股票连续20个交易日的收盘价格不低于当期转股价格的130%（含130%），本公司有权按照债券面值的105%（含当期计息年度利息）的价格赎回全部或部分未转股的可转债。若在上述交易日内发生过转股价格调整的情形，则在调整前的交易日按调整前的转股价格和收盘价格计算，在调整后的交易日按调整后的转股价格和收盘价格计算。

回售条款：

（1）有条件回售条款

在可转债转股期间，如果公司A股股票收盘价连续30个交易日低于当期转股价格的70%时，可转债持有人有权将其持有的可转债全部或部分按面值的103%（含当期利息）回售给本公司。若在上述交易日内发生过转股价格调整的情形，则在调整前的交易日按调整前的转股价格和收盘价格计算，在调整后的交易日按调整后的转股价格和收盘价格计算。可转债持有人任一计息年度在回售条件首次满足后可按上述约定条件行使回售权一次，若在一个计息年度内首次满足回售条件而可转债持有人不实施回售的，该计息年度不应再行使回售权。可转债持有人不能多次行使部分回售权。

（2）附加回售条款

本次发行的可转债存续期内，如果本次发行所募集资金的实施情况与本公司在募集说明书中的承诺相比出现变化，根据中国证监会的相关规定被视作改变募集资金用途或者被中国证监会认定为改变募集资金用途的，公司将赋予债券持有人一次回售的权利，即可转债持有人有权按面值的103%（含当期利息）的价格向本公司回售其持有的部分或全部可转换公司债券。持有人在附加回售条件满足后，可以在本公司公告后的附加回售申报期内进行回售，持有人若在本次附加回售申报期内不实施回售的，不应再行使本次附加回售权。

发行对象：本次可转债的发行对象为持有中国证券登记结算有限责任公司上海分公司证券账户的自然人、法人、证券投资基金、符合法律规定的其他投资者等（国家法律、法规禁止者除外）。

向原股东配售的安排：本可转债向公司原股东优先配售，原股东优先配售后余额部分（含原股东放弃优先配售部分）采用网下对机构投资者配售和通过上交所交易系统网上定价发行相结合的方式进行，余额由承销团包销。股东对本次可转债的认购一律用现金进行。

本次募集资金用途：本次公开发行可转换公司债券募集资金拟投资于年生产9套LT-MED/12000吨低温多效海水淡化设备的制造项目和24万吨/年的EPS项目。

募集资金专项存储账户：银行——工商银行深圳分行华强支行；账号——4000022109027334068。

（三）债券评级情况

本次发行的可转债未设担保。

公司聘请了鹏元资信评估有限公司对本次发行的可转债进行资信评级，鹏元对公司本次发行的可转债给予“AA”的信用评级。鹏元将在本次债券存续期内每年进行定期或不定期跟踪评级。

（四）债券持有人会议规则

为保护债券持有人的合法权利，规范债券持有人会议召开程序及职权的行使，根据《公司法》《证券法》《上市公司证券发行管理办法》等法律法规及其他规范性文件的规定，并结合公司的实际情况，特制订本规则。

第一章 债券持有人会议的召开

第一条 在债券存续期内，公司发生下列事项之一的，公司董事会应当召开债券持有人会议：

（1）拟变更募集说明书的约定；

（2）公司不能按期支付本息；

（3）公司减资、合并、分立、解散或者申请破产；

（4）保证人或者担保物发生重大变化；（5）其他影响债券持有人重大权益的事项。

第二条 下列机构或人士可以提议召开债券持有人会议：

（1）公司董事会提议；

（2）单独或合计持有公司发行的债券10%以上（含10%）未偿还债券面值的持有人书面提议；

（3）法律法规规定的其他机构或人士。

第二章 债券持有人会议的召集与通知

第三条 债券持有人会议由公司董事会负责召集。

第四条 公司董事会应在发出或收到提议之日起30日内召开债券持有人会议。公司董事会应于会议召开15日前以向全体债券持有人及有关出席对象发送会议通知。会议通知应注明开会的具体时间、地点、内容、方式和债券持有人登记日等事项。会议通知可以采取公告方式。

第三章 债券持有人会议的出席人员

第五条 除法律法规另有规定外，在债券持有人会议登记日登记在册的债券持有人有权出席或者委派代表出席债券持有人会议，并行使表决权。

第六条 下列机构或人员可以参加债券持有人会议，也可以在会议上提出议案供会议讨论决定，但没有表决权：

（1）债券发行人的董事、监事和董事会秘书；

（2）债券担保人；

（3）其他重要关联方。

第七条 公司董事会应当聘请律师出席债券持有人会议，对会议的召集、召开、表决程序和出席会议人员资格等事项出具鉴证意见。

第四章 会议召开的程序

第八条 首先由会议主持人按照规定程序宣布会议议事程序及注意事项，确定和公布监票人，然后由会议主持人宣读提案，经讨论后进行表决，经律师见证后形成债券持有人会议决议。

第九条 债券持有人会议由公司董事长主持。在公司董事长未能主持大会的情况下，由董事长授权董事主持；如果公司董事长和董事长授权董事均未能主持会议，则由出席会议的债券持有人以所代表的债券面值总额50%以上（不含50%）选举产生一名债券持有人作为该次债券持有人会议的主持人。

第十条 召集人应当制作出席会议人员的签名册。签名册载明参加会议人员姓名（或单位名称）、身份证号码、住所地址、持有或者代表有表决权的债券面额、被代理人姓名（或单位名称）等事项。

第五章 会议的表决与决议

第十一条 债券持有人会议进行表决时，以每100元面值债券为一表决权。

第十二条 债券持有人会议采取记名方式进行投票表决。

第十三条 债券持有人会议须经代表本期公司债券三分之二以上表决权的债券持有人和/或代理人同意方能形成有效决议。

第十四条 债券持有人会议的各项提案或同一项提案内并列的各项议题应当分开审议，逐项表决。

第十五条 债券持有人会议决议经表决通过后生效，但其中需中国证监会或其他有权机构批准的，经有权机构批准后方能生效。

第十六条 除非另有明确约定，债券持有人会议决议对决议生效日登记在册的全体债券持有人有效。

第十七条 债券持有人会议做出决议后，公司董事会以公告形式通知债券持有人，并负责执行会议决议。

承销方式：本次发行由保荐人（主承销商）组织承销团以余额包销方式承销。

承销期：2020年4月29日—2020年5月20日。

发行费用：

承销保荐费用——2 075万元；　　会计师费用——80万元；

资信评级费用——25万元；　　律师费用——60万元；

发行手续费用——50万元；　　推介及媒体宣传费用——200万元。

上述费用为预计费用，承销费用和保荐费用将根据最终发行情况确定，推介及媒体宣传费用将根据实际情况增减。

主要日程与停复牌安排：

T-2——2020年4月29日刊登募集说明书摘要、发行公告、网上路演公告。

T-1——2020年4月30日网上路演；原股东优先配售股权登记日。

T——2020年5月4日刊登发行提示性公告；原股东优先认购日；网上申购日。

T+2——2020年5月6日网上申购资金验资；计算配售比例和中签率；网上申购配号。

T+3——2020年5月7日刊登网上中签率公告及发行结果公告，根据中签率，进行网上申购的摇号抽签，根据中签结果，网上清算交割和债权登记。

T+4——2020年5月10日刊登网上申购的摇号抽签结果公告，投资者根据中签号码确认认购数量；解冻未中签的网上申购资金。

以上日期均为本次发行工作日。如遇重大突发事件影响发行，保荐人（主承销商）将及时公告，修改发行日程。

本次发行证券的上市流通：本次发行可转换公司债券上市流通，所有投资者均无持有期限制。本次发行结束后，公司将尽快申请可转换公司债券在上海证券交易所挂牌上市交易。

第二节　财务会计信息及管理层讨论与分析

公司2017年度、2018年度和2019年度的财务报告均由江苏天衡会计师事务所有限公司审计，并发表了标准无保留意见。

财务会计信息

（一）最近三年及一期简要合并财务报表

1.合并资产负债表（见表1-13）

表1-13　**合并资产负债表**　单位：元

资产	2019年12月31日	2018年12月31日	2017年12月31日
流动资产合计	1 885 675 748.78	1 899 201 956.93	1 286 891 248.31
非流动资产合计	1 947 081 539.63	1 781 703 843.57	1 693 085 101.20
资产总计	3 832 757 288.41	3 680 905 800.50	2 979 976 349.51
流动负债合计	1 560 423 241.73	1 480 167 356.69	1 159 546 374.34
非流动负债合计	18 500 000.00	204 550 850.00	673 245 025.00
负债合计	1 578 923 241.73	1 684 718 206.69	1 832 791 399.34
股本	675 069 376.00	675 069 376.00	612 000 000.00
资本公积	971 142 437.70	971 142 437.70	166 393 718.05
归属于母公司股东权益合计	2 103 660 323.34	1 903 775 912.18	998 152 489.21
少数股东权益	150 173 723.34	92 411 681.63	149 032 460.96
股东权益合计	2 253 834 046.68	1 996 187 593.81	1 147 184 950.17
负债和股东权益总计	3 832 757 288.41	3 680 905 800.50	2 979 976 349.51

2.合并利润表（见表1-14）

表1-14 **合并利润表** 单位：元

项目	2019年度	2018年度	2017年度
营业总收入	3 712 571 300.81	3 914 682 485.50	2 985 425 544.09
营业总成本	3 244 801 810.04	3 774 764 919.17	2 799 628 746.54
营业利润	465 171 661.70	124 118 668.18	193 339 982.79
利润总额	459 504 355.53	118 584 567.39	188 680 076.68
净利润	412 912 409.35	94 621 627.47	176 403 876.63
归属于母公司股东的净利润	355 150 367.64	105 312 264.92	127 061 799.47

3.合并现金流量表（见表1-15）

表1-15 **合并现金流量表** 单位：元

项目	2019年度	2018年度	2017年度
经营活动产生的现金流量净额	383 105 076.24	−65 378 160.44	−210 273 926.80
投资活动产生的现金流量净额	−165 656 656.85	−105 163 460.14	−101 240 350.90
筹资活动产生的现金流量净额	−323 678 512.51	563 899 851.08	336 217 578.97
汇率变动对现金及现金等价物的影响	800 045.62	4 420 852.39	2 254 055.03
现金及现金等价物净增加额	−105 430 047.50	397 779 082.89	26 957 356.30
期末现金及现金等价物净余额	545 252 782.06	650 682 829.56	252 903 746.67

（二）最近3年母公司简要财务报表（略）

（三）公司近3年重要财务指标（略）

（四）公司最近3年净资产收益率和每股收益表（略）

注：数据已经江苏天衡会计师事务所有限公司进行了审核，并出具了天衡专字（2019）056号《江苏双良空调设备股份有限公司专项鉴证报告》。

（五）公司最近3年非经常性损益明细表（略）

注：数据已经江苏天衡会计师事务所有限公司进行了审核，并出具了天衡专字（2019）056号《江苏双良空调设备股份有限公司专项鉴证报告》。

第三节 管理层讨论与分析

（一）公司财务状况分析

1.资产结构及资产质量分析

从各项资产占总资产的比重可以看出，公司资产以固定资产、货币资金和存货为主，资产结构合理。

公司货币资金（包括银行存款和其他货币资金）增加。公司其他货币资金主要为外币借款保证金、银行保函保证金和信用证保证金等，其中外币借款保证金和信用证保证金指公司进行乙烯和溴化锂溶液原料碳酸锂国际采购时质押给银行，银行据此开具发放外币借款和信用证的保证金；银行保函保证金指公司承接大型设备项目时，支付给银行，银行据此开出银行保函，向买方证明公司履约能力的保证金。上述其他货币资金不属于直接可以动用的现金及现金等价物。这部分保证金保持一定的余额，并且将随公司国际采购规模的扩大而扩大。扣除上述影响则公司实际可动用的货币资金占总资产的比例详见分析。

2018年公司固定资产占总资产的比重增长较快，主要是由于前次募集资金投资项目建设导致固定资产上升。公司在建工程2019年末较2018年末增长169.95%，主要是由于公司利用自有资金对本次募集资金投资EPS项目先期投入、新建罐区项目建设和空冷器项目的建设投入产生。

公司存货随着规模的增加将有所增加，2018年存货金额较2017年下降16.07%，主要是因为原油价格大幅下降，公司化工业务原材料和产成品价格大幅度下跌，其中控股子公司利士德存货价值下跌较多。2019年末存货再次小幅度提升是化工业务的原料和产成品单价反弹所致；同时，由于公司规模的增长，尤其化工业务2019年底（一般年底为淡季，2018年底在淡季和中美贸易战危机双重影响下，苯乙烯一套装置停产检修）仍满负荷运营，相应增加了存货。

公司的主要资产减值准备提取符合公司资产质量实际状况，公司资产质量良好。

2.负债结构及偿债能力分析

公司资产负债率（母公司报表口径）较低，保持在30%~35%，母公司保持了较高的偿债能力。公司资产负债率（合并口径）较高主要是因为子公司利士德项目负债率较高。公司最近3年的流动比率大于1，短期偿债能力较好。2018年初前次增发募集资金到位后，置换了部分贷款，公司资产负债率下降。同时也缓解了公司的资金压力，导致公司流动比率和速动比率上升。2019年公司合并报表资产负债率基本保持稳定，但随着部分资本性支出增加和生产周转流动资金需求的增加，公司的负债率将会上升，因此，公司通过本次募集资金投资部分资本性支出项目，而通过银行贷款解决新增的流动资金需求，以保持负债率的合理水平。

公司的负债以短期负债为主，公司银行贷款中也出现了流动性贷款占比较高的特点，反映出公司负债结构中短期负债比例高的缺陷。公司本次发行可转债（为期5年）将适当调整负债结构。

2019年公司利息支出显著下降，主要是因为银行基准利率的下调。2019年公司的利息保障倍数也明显上升，除了利息支出下降的因素外，公司盈利较2018年大幅度增长也是主要的原因之一。

2017年公司经营活动现金流净额为-21 027.39万元，主要是由于公司将销售货物收到的银行承兑汇票背书转让用于支付基建工程和购买设备的款项。上述原因导致2017年经营性现金流入减少33 543.22万元。2018年公司经营性现金流净额为-6 537.82万元，较2017年有所好转，主要原因为：（1）公司将销售货物收到的银行承兑汇票背书转让用于支付基建工程和购买设备的款项，经营性现金流入减少15 111.10万元；（2）公司进行国际采购时开出的信用证和保证金增加6437.59万元也作为经营性现金流出处理，扣除上述影响因素后公司2017年度和2018年度经营性现金流为正。2019年度公司经营性现金流转负为正，经营活动现金流量净额为38 310.51万元，主要原因是：2018年中美贸易战背景下，公司各产品主要原材料2019年平均价格较2018年均大幅下降，且原材料价格总体下降幅度大于产成品价格下降幅度，公司在2019年购买商品、接受劳务支付的现金由31.47亿元下降至23.62亿元；而同期公司经营情况良好，虽产品价格下降但产销量增加明显，使得经营活动的现金流入保持相对稳定，故经营活动现金流量净额显着增加。

综上所述，公司负债结构合理，随着公司经营和投资规模的持续发展，负债水平相对稳定，利息支出减少，公司偿债能力强。

（二）公司盈利能力分析

2017年到2019年，公司营业收入分别为298 542.55万元、391 468.25万元和371 257.13万元，2018年较2017年增长了31.12%，主要是因为公司的化工业务和机械业务规模扩大、销售量增加。2019年公司营业收入较2018年下降5.17%，主要是由于化工业务受贸易摩擦的影响，产品单价大幅度下滑，虽然化工产品的销售量有所上升，但是总体销售收入还是发生了下滑。

机械类业务是公司的传统业务，2016年之前集中在溴化锂制冷机（中央空调）业务上，2016年后逐渐介入空冷器和高效换热器业务。

2017年至2019年公司机械业务收入保持了稳定的增长。最近3年公司机械业务盈利能力相对稳定，其中2017年毛利率上升，2018年基本持平，2019年略有上升。随着近几年公司坚持发展节能产品的战略的实施，为公司的机械业务打开了新的发展空间，彻底改变了公司依赖传统溴冷机生产的业务格局。公司近几年机械毛利率的稳中有升是公司机械业务竞争实力不断加强的有力证明。公司作为溴化锂制冷机在余热利用领域应用的领先企业，已经形成了自己的核心竞争力，能够通过新品研发、产品改良、等积极因素应对原材料的价格变动对成本的影响，在2018年公司主要原材料铜材价格剧烈变动的市场环境下，依然保持了可观的毛利率水平。

化工业务方面，2016年公司通过控股江苏利士德化工有限公司开始介入化工业务，先后建设了利士德21万吨/年的苯乙烯项目和5万吨/年的苯胺项目，以及扩建21万吨苯乙烯技改项目。2018年公司共生产苯乙烯24.18万吨、苯胺1.8万吨，实现销售收入达到27.54亿元。2019年公司共销售苯乙烯31.02万吨、苯胺3.74万吨，实现销售收入23.61亿元。公司化工业务受贸易摩擦的影响2018年盈利能力下滑严重，但2019年通过各项措施盈利能力快速回升，毛利率显著提升11.48%。

公司费用控制良好，公司2017年至2019年期间费用合计绝对值呈上升趋势，但是其占营业收入的比例维持窄幅波动，说明公司在业务规模快速增长的时候保持了费用的相对稳定。

第四节　本次募集资金运用

募集资金总量及审批情况

本次募集资金拟投资以下项目。

（一）海水淡化设备制造项目

1.项目介绍

本项目建成后能够形成LT-MED/12 000吨（每天）低温多效海水淡化设备9套的生产规模。本项目的产品可以利用电厂、化工厂或低温核反应堆提供的低品位蒸汽或其他热源，将海水多次蒸发和冷凝达到较高的造水比，因此，特别适合于能够利用低温余热的沿海缺水地区的电厂、化工厂或其他工业企业。

2.项目的市场前景分析

海水淡化被世界公认为是解决水资源短缺问题的最佳方案之一。我国是海洋大国，海岸线总长1.8万多公里，居世界第4位，具有发展海水淡化产业的有利条件。为了扶持海水淡化产业，国家在多个场合多项文件里，反复强调了对海水淡化产业的支持。

随着水资源日益受到重视，以及政府在海水淡化行业方面的政策支持逐步加强，中国海水淡化市场发展将保持迅猛的态势。按照《海水淡化利用专项规划》2020年海水淡化规模达到300万立方米/天计算，在2010—2020年间年均增长速度不低于12%。考虑到目前我国海水淡化规模仅占全世界的千分之五，未来随着国内海水淡化设备国产化率的提高，以及中国制造优势主导下的出口增加，我国海水淡化设备制造商的发展空间非常广阔。

（二）年产24万吨EPS项目

1.项目介绍

可发性聚苯乙烯（EPS）具有优异的保温隔热性、独特的缓冲抗震性、抗老化性和防水性，是目前全世界公认的最简便、最经济的包装材料，广泛应用于工业包装、食品包装、建筑材料、装饰/装潢材料等方面。

本项目拟投资22 952.94万元用于新建生产能力为24万吨/年的EPS生产项目，是48万吨/年EPS项目的一期工程。本项目是公司目前苯乙烯产品向下游延伸战略的实施，也是公司深入挖掘节能产品的战略体现。

2.项目的市场前景分析

EPS制品由于独特的品质、低廉的价格，应用领域广阔。除在缓冲包装、食品保鲜包装、隔热材料等方面大量应用外，近几年还在建筑外墙保温领域越来越显得令人瞩目。EPS在建筑上的应用突出的贡献在于其保温、隔热性能，其在建筑上的大量使用能有效降低空调的使用和采暖能耗，并减少二氧化碳的排放。

目前，我国已经成为国际上最重要的EPS生产地区，中国的EPS产能约占全球产能的半数，而江苏省无锡地区的EPS产能约占全国的80%左右。未来EPS的发展趋势包括淘汰小型装置，生产规模化和EPS上下游一体化发展等。随着人们对EPS的性能和用途不断开发，其应用领域不断扩展，预计未来EPS的需求量仍将保持较高速度的增长。

国内EPS消费结构，主要是包装和建材，大体比例为包装50%，建材40%，其他10%。近年来随着家电市场和建筑保温材料的需求迅猛发展，EPS需求日益加大。尤其是根据建设部76号令《民用建筑节能管理规定》的要求，民用建筑必须采用节能墙体和屋面保温材料，从而使得EPS的需求上升明显，发展前景十分广阔。

若本次发行实际募集资金净额低于以上项目的资金需求，募集资金不足部分由公司通过金融机构贷款等方式自筹解决。募集资金到位后，公司将按照项目实施进度安排使用，如募集资金到位时间与项目进度要求不一致，公司将根据实际情况以其他资金先行投入，待募集资金到位后予以置换。

本公司董事会对本次募集资金投资项目进行了充分的研究、分析和讨论，认为本次募集资金投资项目符合国家的产业政策和公司的发展规划，是公司核心竞争力的延伸，具有良好的市场发展前景。

九、要求

1.按照当时的经济环境及企业自身生产经营状况，对本次可转换债券发行时机进行分析评价。

2.如何理解本次发行的可转换债未设担保与“AA”信用等级的关系？

3.对发行方案要点进行评述，包括发行规模、面值、票面利率、发行价格、转股期、转股价格等设计是否合理？

4.对赎回条款、回售条款等的设计从风险管理的角度进行评价。

实训A004 杜邦公司目标负债政策案例

一、实训名称和性质（见表1-16）

表1-16 实训名称和性质

实训名称	杜邦公司目标负债政策案例
面向专业或课程	财务管理专业“企业筹资财务”课程
实训学时分配	2
实训性质	□调查 ☑案例 □软件模拟
必做/选做	☑必做 □选做

二、实训目的和要求

（一）实训目的

本案例是作为学完“企业筹资财务”后对学习者整体知识进行整合的实训材料，因此，本案例要培养学习者对筹资理论及实务的整体把握，使其能够运用所学的筹资理论对杜邦公司的负债政策及措施进行分析并评定。

（二）实训要求

在充分分析提供资料基础上能够结合实际经济情况，对杜邦公司目标负债政策进行分析判断。应充分发挥主观能动性，不要局限于所提供资料范围进行分析判断。

三、知识准备

（一）本案例涉及知识要点

1.资本结构的三种价值观。

2.目标资本结构。

3.并购。

4.资本结构决策。

（二）相关理论

资本结构理论、并购理论、企业价值理论。

（三）参考书目

1.熊楚熊，刘传兴．公司中级理财学［M］．2版．上海：立信会计出版社，2016.

2.楼土明. 企业筹资实务［M］. 北京：高等教育出版社，2014.
3.陈勇，等. 财务管理案例教程［M］. 北京：北京大学出版社，2003.
4.杨行翀，李郁明，张惠忠. 企业筹资学［M］. 上海：上海财经大学出版社，2014.
5.辛琳老师在“企业筹资财务”课程建设中的部分成果。

四、实训组织和安排

按照教学大纲要求，本次实训安排在“企业筹资财务”课堂教学内容全部结束后在“财务管理实验Ⅰ”中进行，是对“企业筹资财务”整体知识体系的检查和整合。本案例采用基于讨论的合作学习方式——混合讨论的方式进行，具体过程为：首先对学习者进行分组，按照学生自愿与教师安排相结合的方式进行；其次，确定各小组负责人，由各小组面对面讨论进行案例研究；再次，由各小组制作PPT，选派1~2名代表在课堂教学环节向全体同学做汇报；最后，展开全体范围内的讨论。每个学生按照讨论结果以及个人观点提交实训报告，同一组中的报告观点可以相同。

五、注意事项

在混合讨论中个体的准备和参与对讨论效果有很大影响，教师应注意引导，尤其是小组负责人的确定应充分尊重学生意见。同时，利用网络搜集资料的能力培养需要教师的示范引导。

六、实训结果提交方式

实训结束后小组提交书面与电子文档两种形式的总结、小组制作的PPT文件并在课堂上展示。每位学习者提交书面实训报告。

七、实训考核方式和标准

实训考核采用批阅实训报告结合混合讨论中学习者参与讨论的表现进行。具体评价标准见表1-17。

表1-17 具体评价标准

得分	优秀（9~10）	良好（7~8）	及格（6）	不及格（3~5）
准备情况	1.资料准备丰富，能够科学地分类、组织，与讨论的主题很好地匹配； 2.汇报内容主题明确、中心突出，论述有深度，结构严谨，表达条理清晰	1.资料收集较多，分类正确，与主题一致； 2.汇报内容主题明确、内容较有深度、结构完整，表达条理基本清晰	1.能够正确地收集资料，分类清楚； 2.汇报内容与主题基本明确，内容深度一般，结构不够完整，表达不够清楚	1.能够搜集资料，但分类不清，匹配程度不高； 2.汇报内容主题不甚明确，结构不够完整，不能清楚表达观点
参与情况	1.参与口头讨论频率很高； 2.对问题分析准确； 3.讨论深入，表达清楚，逻辑清晰	1.积极参与讨论； 2.对问题分析较准确； 3.讨论深入，表达较清楚，有逻辑推理	1.参与讨论； 2.对问题分析深度一般； 3.表达基本清楚	1.很少参与讨论； 2.对问题有分析； 3.表达不清楚
学习者态度	积极主动主持、组织讨论，主动参与讨论，认真回答问题。对问题论述深入	主动参与讨论，认真回答问题，阐述问题较深入	能够参与讨论，对问题有所准备，讨论不太主动	参与讨论很随便，没做准备。对问题阐述有错误

八、实训材料

杜邦公司目标负债政策案例

杜邦公司有着悠久的历史，1802年创始于美国德拉华州。现时，已成为世界上最具历史性、最多元化工业机构之一。杜邦公司由法国移民化学家伊鲁西而·伊莲尼·杜邦（Eluthere Irene DuPont）所创办，他曾是现代化学之父拉瓦西（Lavoisier）的学生。杜邦公司创立时，只有36 000美元资本和18名雇员。杜邦的第一种产品，也是唯一经营多年的产品——黑色火药，帮助了早期的移民开发美国疆土。到了1920年，杜邦公司已发展为发明化工产品的先驱，在这段时间，杜邦的华莱士·卡洛瑟博士（Wallance Carrothers）在聚合物的化学研究方面为人类做出了重大的贡献，先后发明了氯丁橡胶、尼龙，以及其他多项产品，令杜邦公司声誉日隆，并奠定了杜邦公司在化工领域的领先地位。今天，杜邦公司名下有超过2 000多种产品，行销150多个国家和地区，并在120个国家设有办事处、研究室、生产及加工厂。杜邦公司于1937年10月21日在美国纽约证交所上市，股票代码为DD。2017年8月31日，陶氏化学（DOW）与杜邦（DuPont）成功完成对等合并，合并后的实体为一家控股公司，名称为“陶氏杜邦”。按照两家公司的市值，合并后陶氏杜邦市值超1 500亿美元，成为全球第一大化工企业。在2018世界品牌500强排行榜中，杜邦排名第171位。本案例主要针对杜邦公司20世纪80年代的并购活动进行分析。以下资料是当时的一些环境及公司经营状况和决策的说明。

1983年初，杜邦公司管理层回顾了公司在前20年的曲折的经营历程。70年代的困难以及其与科纳克公司（Conoco）的大合并使公司放弃了其长期坚持的全部权益资本的资本结构。1981年收购完科纳克公司之后，杜邦公司的资产负债率曾高达42%——公司有史以来的最高点。财务杠杆的快速增加使杜邦公司丢掉了宝贵的AAA债券等级。尽管到1982年末，杜邦公司的资产负债率已降至36%，它仍未回到顶级。

在之前的20年中，杜邦公司的经营发生了戏剧性的变化。管理层在消化科纳克公司的同时，面临一个重要的财务政策抉择——决定80年代适合杜邦公司的资本结构。这一决策对杜邦公司的财务表现，甚至其竞争地位都很有意义。

（一）1965—1982年的资本结构政策

过去，杜邦公司一直以其极端保守的财务政策而闻名。公司的低负债率部分是由于其在产品市场上的成功。它的高盈利率使其自身积累的资金就可满足财务需要（见表1-18和表1-19）。事实上，由于杜邦公司1965到1970年的现金余额大于总负债，它的财务杠杆是负的。杜邦公司对债务的保守使用，加上其高盈利率和产品在化学工业中的技术领先地位，使它成为极少数AAA级制造业公司之一。杜邦的低负债政策使其财务弹性达到最大，使经营免受财务限制。

20世纪60年代末，纤维和塑料行业的竞争增加了杜邦公司执行其财务政策的难度。1965到1970年，这些行业生产能力的增加大大超过需求的增加，从而导致了产品价格的大幅下降。其结果是杜邦公司的毛利和资本报酬率下降。尽管它的销售收入不断增加，但1970年的净利润较1965年下降了19%。

表 1-18

节选财务资料（1965—1982年）

（除每股数据外，金额单位均为百万美元）

项目	1965年	1966年	1967年	1968年	1969年	1970年	1971年	1972年	1973年	1974年	1975年	1976年	1977年	1978年	1979年	1980年	1981年	1982年
1.销售收入	2 999	3 159	3 079	3 455	3 632	3 618	3 848	4 366	5 964	6 910	7 222	8 361	9 435	10 584	12 572	13 652	22 810	33 331
2.息税前盈余	767	727	574	764	709	590	644	768	1 100	733	574	961	1 141	1 470	1 646	1 209	2 631	3 545
3.利息	2	4	7	7	10	11	15	20	34	62	126	145	169	139	143	111	476	739
4.税后利润	407	389	314	372	356	329	356	414	586	404	271	459	545	797	965	744	1081	894
5.税后利润/销售收入	13.6%	12.3%	10.2%	10.8%	9.8%	9.1%	9.3%	9.5%	9.8%	5.8%	3.8%	5.5%	5.8%	7.5%	7.7%	5.4%	4.7%	2.7%
6.总资本税后报酬	18.5%	16.6%	13.0%	14.2%	12.8%	11.1%	10.9%	12.1%	15.1%	9.0%	6.6%	9.7%	11.1%	13.7%	15.1%	10.9%	7.5%	6.6%
7.权益报酬	18.6%	16.8%	13.0%	14.6%	13.3%	11.8%	11.5%	12.7%	16.3%	10.7%	7.1%	11.4%	12.6%	16.7%	18.2%	13.1%	10.3%	8.2%
8.每股盈余	2.96	2.83	2.24	2.66	2.54	2.29	2.44	2.83	4.01	2.73	1.81	3.30	3.69	5.18	6.23	4.73	5.81	3.75
9.每股股利	2.00	1.92	1.67	1.83	1.75	1.68	1.67	1.82	1.92	1.83	1.42	1.75	1.92	2.42	2.75	2.75	2.75	2.40
10.平均股价	81.04	80.88	54.42	54.25	44.46	38.29	47.92	54.77	58.13	43.92	35.96	46.42	40.04	39.34	42.63	40.35	45.88	37.19
11.平均股价/每股盈余	27.40	28.60	24.30	20.40	17.50	16.70	19.60	19.40	14.50	16.10	19.90	15.00	10.90	7.30	6.60	8.40	10.00	9.80
12.市价/账面价值	5.40	5.28	3.26	3.07	2.38	1.98	2.40	2.61	2.49	1.81	1.46	1.76	1.41	1.26	1.22	1.09	1.04	0.83
13.标准普尔400市盈率	16.80	15.20	17.00	17.30	17.50	16.50	18.00	18.00	13.40	9.40	10.80	10.40	9.60	8.20	7.10	8.40	8.50	10.40
14.标准普尔400市价/账面价值	2.13	1.96	2.00	2.12	2.07	1.69	1.95	2.10	1.89	1.34	1.31	1.46	1.33	1.20	1.17	1.26	1.22	1.16

表 1-19　　1965—1982 年杜邦公司相关指标　　金额单位：美元

项目	1965年	1966年	1967年	1968年	1969年	1970年	1971年	1972年	1973年	1974年	1975年	1976年	1977年	1978年	1979年	1980年	1981年	1982年
资本支出	327	531	454	332	391	471	454	522	727	1008	1036	876	704	714	864	1297	2389	3195
营运资本输出	—	-163	121	102	154	145	-39	63	278	561	-122	20	243	341	438	17	2046	-987
资本结构																		
流动负债	0	0	31	57	45	56	0	0	169	320	540	259	229	258	230	393	445	319
流动负债占比	0%	0%	1.2%	2.1%	1.6%	1.9%	0%	0%	3.2%	6.5%	10.3%	4.6%	4.0%	3.5%	5.2%	5.5%	2.6%	1.9%
非流动负债	34	58	85	150	141	160	236	240	250	793	889	1282	1236	1058	1067	1068	6403	5702
非流动负债占比	1.5%	2.4%	3.7%	5.5%	4.9%	5.3%	7.1%	6.8%	6.2%	16.2%	16.9%	23.0%	21.4%	17.4%	16.1%	14.0%	37.0%	33.8%
权益	2190	2317	2409	2540	2685	2790	3095	3267	3593	3782	3835	4032	4315	4761	5312	5690	10458	10850
权益占比	98.5%	97.6%	95.1%	92.4%	93.5%	92.8%	92.9%	83.2%	89.6%	77.3%	72.8%	72.4%	74.6%	78.4%	80.4%	79.6%	60.4%	64.3%
总资本	2224	2375	2535	2747	2871	3006	3331	3507	4012	4895	5264	5573	5780	5077	6609	7151	17306	16871
总资本占比	100.0%	100%	100%	100%	100%	100%	100%	100%	100%	100%	100%	100%	100%	100%	100%	100%	100%	100%
利息保障倍数	383.5	181.8	82	109.1	70.9	53.6	42.9	38.4	32.4	11.8	4.6	6.6	6.8	10.6	11.5	10.9	5.5	4.8
债券等级	AAA	AAA	AAA	AAA	AAA	AAA	AAA	AAA	AAA	AAA	AAA	AAA	AAA	AAA	AAA	AAA	AAA	AAA

资料来源：杜邦公司。

注：营运资本投资在这里被定义为扣除现金，可出售的政权和短期债务之外的净营运资本。

20世纪70年代中期，三因素的共同作用加剧了杜邦公司筹资政策的困难。为保持其成本和竞争优势，杜邦在70年代初开始了一项重要的资本支出计划。到1974年，通货膨胀率的节节上升已使该计划的成本超出预算50%还多。但由于这些资本支出对维持和提高杜邦的竞争地位很重要，因此，它不愿缩减或延迟这些支出。另外，1973年石油价格的飞速上涨增加了杜邦的原料成本，而石油短缺也增加了必需的存货投资。杜邦公司经受了1974年石油危机的全面冲击；它的收入增加了16%，成本激增了30%，从而导致利润下降了31%。最后，1975年的经济衰退对杜邦的纤维业有着极大的影响。从1974年第二季度到1975年第二季度，其纤维销量下降了50%。1975年的净利润下降了33%。从1973年到1975年，杜邦公司的净利润、总资本报酬率和每股盈余的下降均超过50%。

通货膨胀对其所需资本支出的冲击，石油价格飙升对成本的影响及纤维业的衰退导致了沉重的筹资压力。一方面内部生成的资金减少，另一方面，营运资本和资本支出所需投资却急剧增加。为应付这种资金不足，杜邦公司砍掉了1974年和1975年的股票，缩减了营运资本投资。

由于这些措施不足以满足其全部资金需要，杜邦转向债务筹资。与1972年没有短期债务相比，到1975年末，公司的短期债务增至5.4亿美元。此外，1974年，杜邦还发行了3.5亿美元30年期的债券和1.5亿美元7年期的票据。前者是20年代以来，杜邦公司首次在美国公开发行长期债务。其结果是杜邦公司的负债率从1972年的7%上升到1975年的27%，利息保障倍数从38.4降至4.6。尽管杜邦担忧公司负债率的快速增加可能会导致降级，但在这段时间中，它还是保住了AAA级债券等级。杜邦是放弃了保守的财务政策，还是由于巨大的筹资压力而对此政策作出暂时偏离？1974年12月，杜邦公司的总经理欧文·夏皮罗说：“我们预备长期谨慎地运用债务筹资。”

不过，杜邦很快降低了负债率。从1976年到1979年，筹资压力减轻了。随着70年代初开始的资本支出项目接近尾声，资本支出从1975年的最高峰下降了。同时，相对平和的能源价格上涨和1974—1975年经济衰退后的全面复苏，使公司的利润在1975—1979年间增加了3倍多。1977、1978和1979年，杜邦公司持续降低其总债务。到1979年末，杜邦的债务已减至总资本的20%左右，利息保障倍数也从1975年的4.6回升至11.5。公司又一次稳固了AAA级的地位。但是，尚不能确定公司是否会恢复到过去的零负债政策上。1978年，杜邦公司的一位高级副总裁理查德·黑科特指出：尽管目前，我们预计债务会进一步减少，但我们仍有可观的借款能力及很大的财务弹性。

1981年夏天，杜邦突然偏离了其财务弹性最大化的政策。7月，杜邦开始竞标收购科纳克公司——一家大石油公司，它在美国工业企业排名中位于第14位。经过一场简短而又疯狂的战斗，杜邦公司在1981年8月成功地购买了科纳克公司。80亿美元的价格使其成为美国有史以来金额最大的合并，并意味着高于科纳克收购前市场价格77%的溢价。收购之后，杜邦公司的规模翻了一倍，且大大提高了它在无差别商品生产中的竞争地位。但杜邦公司的股票价格和行业分析家对此项收购的反应均很消极。主要的问题包括杜邦公司所支付的高价格以及科纳克如何有助于杜邦实现其战略目标，为筹集收购资金，杜邦公司发行了39亿美元普通股和38.5亿美元浮动利率债务。此外，杜邦还承担了科纳克公司19亿美元的债务。收购使杜邦公司的负债率从1980年末的20%出头升至将近40%。杜邦公司的债券等级降至AA级，公司有史以来第一次降等级。

对杜邦公司而言，合并后的第一年是困难的一年。科纳克公司的业绩受1982年石油价格下降的负面影响，而经济衰退又一次席卷化工行业。尽管杜邦公司1982年的收入是1979年的2倍，1982年的净利润却比1979年低，总资本报酬率在这一期间降低了一半，每股盈余降低了40%。

杜邦公司的管理层在设法为合并后的公司制定和实施连贯的战略的同时，也努力恢复公司融资环境的各方面。为减小利率风险，杜邦公司用固定利率的长期债务代替了多数浮动利率债务。但受阻于低迷的能源价格，出售科纳克公司20亿美元的煤矿和石油，以取得收入偿还债务的计划不能实施。一位分析家抱怨道："杜邦公司在石油行业周期的最高点购买了科纳克公司，而现在他们却欲出售这种充斥市场的、很难卖出的煤矿。"不过，到1982年末，杜邦公司已将其负债比率从收购后的最高点42%降至36%。1982年少得可怜的盈余使其利息保障倍数降至近期最低点4.8。公司仍在AA债券级。

收购科纳克公司所引起的负债比率的增加标志着在10年内，杜邦公司又一次偏离了其传统的资本结构政策。这连同杜邦公司经营范围的根本变化，要求公司确定新的、合理的资本结构政策。

（二）未来的资本结构政策

杜邦的融资政策一向侧重于财务弹性的最大化。这保证了公司的竞争战略不受融资限制的干扰。然而，杜邦公司的竞争者在财务杠杆的使用上与其有很大差别，且它们之间也互不相同（见表1-20）。为什么杜邦公司不应像多尔化工和人造丝公司那样，坐收冒险型负债融资的好处，而不顾它所导致的债券等级的进一步下降呢？（见表1-20中债券等级的资料）当然，电力等公用事业公司和电话公司即使有很多债务，也仍然保持较高的债券等级（见表1-20）。杜邦公司业绩的波动性比AT&T这样的公司大，但却比其许多竞争者和其他行业的公司小。

表1-20 **某些化学公司的财务资料（1980年和1982年）** 金额单位：百万美元

项目	杜邦公司		多尔化学公司		蒙萨特公司		塞拉尼斯公司	
	1980年	1982年	1980年	1982年	1980年	1982年	1980年	1982年
销售收入	13 652	33 331	10 626	10 618	6 574	6 325	3 348	3 062
10年销售增长率（复利）	14.2%	22.5%	18.7%	16.0%	12.8%	11.0%	12.4%	7.4%
10年每股盈余增长率（复利）	7.5%	2.9%	19.9%	5.7%	8.3%	9.9%	8.9%	7.3%
净利润	744	894	805	399	149	352	122	（34）
净利润/销售收入	5.4%	2.7%	7.6%	3.8%	2.3%	5.6%	3.6%	（1.1）%
总资本报酬率	10.9%	6.6%	7.2%	7.9%	5.3%	8.3%	9.3%	（0.3）%
权益报酬率	13.1%	8.2%	18.1%	9.6%	5.5%	10.1%	11.2%	（1.2）%
股利支付率	58.1%	64.0%	36.2%	101.7%	86.6%	45.2%	42.7%	42.7%
股票价格/每股盈余	8.4	9.9	7.6	13.7	13.7	8.3	6.3	6.7
市场价值/账面价值	109%	82.9%	138%	93.4%	72%	84.7%	67%	75.7%
负债/总资本	20.4%	35.7%	48.5%	42.7%	33.4%	24.5%	40.7%	42.9%
利息保障倍数	10.9	4.8	2.2	1.6	2.8	7.1	4.5	3.8
债券等级	AAA	AA	A	A	AA	AA	A	BBB

资料来源：穆池投资者服务。

注：塞拉尼斯10年每股盈余增长率、股利支付率、股票价格/每股盈余、利息保障倍数用1981年的数据代替1982年的。市场价值/账面价值和股票价格/每股盈余均指当年高低股价的平均值。

在制定负债政策时，一个重要的因素是杜邦公司的商业风险。这一因素的大小有助于确定杜邦公司可以在其资本结构中安全地使用多少负债，而不致过度限制其竞争战略。在过去的20年中，杜邦公司主要业务的波动性增大，许多产品的竞争地位和盈利能力都下降了。在许多领域，杜邦的产品已差不多是与其竞争者无差别的普通商品，竞争更加激烈。过剩的生产能力和高固定成本的行业性质同时影响价格，压低利润。而且，科纳克公司亦处于一个剧烈波动的行业，一个杜邦公司管理层没有经验的行业。杜邦公司经营风险的增加，要求一个相对保守的资本结构。

不过，其他几个因素又表明公司可以采纳冒险型的负债政策。杜邦仍是全国最大的化工产品制造商，规模经济是化工产品制造过程的普遍特征。它仍是其行业的技术领头羊，且它在R&D上的成功是首屈一指的。杜邦公司正在实施的资本支出项目旨在降低其所有经营领域的产品成本。公司的产品和市场已广泛多元化。过去，杜邦的经济力量常受制于激进的反垄断政策，但近期的经济环境很可能会更为宽松。而关于科纳克公司对杜邦公司商业风险的影响问题，某些分析家认为，这一重大的多元化举措会大大降低杜邦公司盈余的波动性。爱德华·杰斐逊，继欧文·夏皮罗之后的新一任杜邦总裁，就持上述观点，理由是合并将会减少能源价格波动对公司的影响。

尽管杜邦公司的毛利在回升，销售增长强劲，科纳克公司的财产亦被顺利出售，但在1983到1987年间，杜邦每年仍需寻找外部资金来源（见表1-21的预测）。这主要是因为杜邦仍有较大的资本支出。由于资本支出是公司降低现有产品成本，迅速高效研制新产品的关键，因此，它被视为杜邦未来成功的保证。基于此，资本支出不得推迟并且还要经常补充，而非在时机不佳时缩减。

表1-21 **财务预测（1983—1987年）** 单位：百万美元

项目	1983年	1984年	1985年	1986年	1987年
资金来源					
净利润	1 009	1 196	1 444	1 591	1 753
折旧	2 101	2 111	2 212	2 396	2 667
经营活动取得的资金	3 110	3 307	3 656	3 987	4 420
出售财产	600	600	600	0	0
现金减少	199	（200）	（200）	（150）	（150）
其他来源	74	135	135	135	135
新筹资之外的资金来源合计	3 983	3 842	4 191	3 972	4 405
资金运用					
股利	571	658	794	896	964
资本支出	2 767	3 386	4 039	4 202	4 667
净营运资本的增加	973	414	594	587	650
其他	10	10	10	10	10
运用合计	4 321	4 468	5 437	5 695	6 291
净筹资需要	338	626	1 246	1 723	1 886

由于其庞大的、不可推迟的资金需要，杜邦公司需斟酌各种融资方式的可行性和成本（见表1-22中融资成本和数量的资料）。负债比率高、债券等级低的公司在某些时候举债比较困难。而债券等级为A级以上的公司举债则比较容易。与AAA级公司比较，A级公司举债的资本成本要更高一些，且两者的差别在高利率的环境下会扩大。考虑到公司未来资金需要的重要性和规模，杜邦非常关注举债的成本和数量可能对其实施资本支出项目能力的影响。

表1-22　　负债筹资的成本和数量（1970—1982年）　　金额单位：百万美元

项目	1970年	1971年	1972年	1973年	1974年	1975年	1976年	1977年	1978年	1979年	1980年	1981年	1982年
工业企业发行的新债券总额													
AAA级债券					1 650	2875	700	800	275	1550	1750	1852	543
AA级债券					2 415	3310	2 030	1 125	700	1 800	2 900	2 458	3 347
A级债券					2 060	5355	2 205	960	1 310	1 500	4 420	3 387	3 075
BBB级债券					440	420	1 010	445	210	0	345	0	1 357
发行的普通股和优先股													
取得的现金	9 200	13 000	13 100	11 100	7 400	11 900	13 300	14 100	14 600	17 100	28 600	34 400	38 700
现金净额	6 800	13 500	1 300	9 100	4 300	10 500	10 300	6 800	(1 400)	(1 900)	18 200	1 200	16 400
工业企业提供的现金	3 500	3 200	3 100	1 500	1 000	2 400	2 800	2 300	2 900	3 600	10 400	11 900	9 600
新发行债券的到期日分布													
中期						43%	30%	16%	21%	30%	44%	55%	62%
长期						57%	70%	84%	79%	70%	56%	45%	38%
利率													
90天期商业票据	7.89%	5.12%	4.63%	8.11%	10.06%	6.41%	5.28%	4.45%	7.73%	10.72%	12.37%	15.15%	11.91%
新发行的AAA级债券	8.39	7.39	7.10	7.42	8.57	8.70	8.15	7.88	8.63	9.39	11.74	14.30	14.14
新发行的AAA级与AA级债务之差	0.26	0.12	0.10	0.10	0.20	0.27	0.17	0.09	0.14	0.22	0.44	0.50	0.38
新发行的AAA级与BBB级债务之差	1.35	1.07	0.71	0.75	1.67	2.57	1.44	0.79	0.81	1.12	1.95	2.09	1.87
标准普尔500的市盈率	16.50	18.00	18.00	13.40	9.40	10.08	10.40	9.60	8.20	7.10	8.40	8.50	10.40

资料来源：所罗门兄弟公司，银行信托公司，以及标准普尔公司。

（三）资本结构政策的备选方案

杜邦公司的一种选择是保持其传统的财务实力和AAA型的债券等级。考虑到杜邦将来庞大的资本支出要求，恢复到零负债水平是不可能的。25%（负债比总资本）的目标资本结构应足以保证较高的财务弹性，并使公司的竞争战略免受资本市场的影响。然而，达到这一负债比率并非易事（见表1-23）。只有每年发行大额权益，才能将负债率从1982年的36%降到1986年末的25%。而在1987年，要保持25%的目标负债率，仍需注入大量权益资本。到1982年底，杜邦公司的股票价格尚未从市场对收购科纳克公司的消极反应中恢复过来，而持续的经济衰退无异于雪上加霜。这些都对为达到25%的负债率而需发行的大额权益的可行性及具体条款提出质疑（见表1-23的权益数据）。

表1-23 **两种财务政策下预计的财务业绩（1983—1987年）** 金额单位：百万美元

项目	1983年	1984年	1985年	1986年	1987年	1987年假定息税前盈余降低20%
40%负债的方案						
负债/总资本	36.00%	37.10%	39.70%	40.00%	40.00%	40.00%
利息保障倍数	3.67	3.88	3.95	3.89	3.86	3.09
每股盈余	4.20	4.98	6.02	6.31	6.62	4.83
每股股利	2.38	2.74	3.31	3.56	3.64	—
总资本报酬率	7.90%	8.60%	9.30%	9.30%	9.20%	7.40%
权益报酬率	9.00%	10.10%	11.50%	11.50%	11.40%	8.30%
新增权益	0.00	0.00	0.00	704.00	816.00	816.00
发售股票数（百万股）	0.00	0.00	0.00	11.70	13.00	13.00
25%负债的方案						
负债/总资本	33.80%	31.40%	28.20%	25.00%	25.00%	25.00%
利息保障倍数	3.91	4.60	5.57	6.23	6.17	4.49
每股盈余	4.13	4.77	5.41	5.46	5.60	4.27
每股股利	2.29	2.49	2.71	2.72	2.72	—
总资本报酬率	7.90%	8.60%	9.30%	9.30%	9.20%	7.40%
权益报酬率	8.80%	9.80%	10.70%	10.40%	10.20%	7.80%
新增权益	398.00	686.00	1306.00	1783.00	1271.00	1271.00
发售股票数（百万股）	9.50	14.30	28.80	36.20	25.20	25.20

尽管保守的资本结构具有传统的力量，但尚不清楚这种保守的资本结构是否适合80年代的杜邦。保守结构的成本很明显。如果杜邦永久地放弃其传统的保守资本结构而保持40%的目标负债率，则许多财务状况指标都会好转。在表1-21和表1-23所预计的复苏方案中，高负债政策预计会产生较高的每股盈余、每股股利和权益报酬。截至1985年，公司不需发行股票，1986和1987年所发行的股票也比低负债政策下预计的少得多，且更易安排在市场状况比较有利的时机。但是，由于高财务杠杆带来高风险，在悲观方案中（如经济衰退），每股盈余和权益报酬在高负债政策下会下滑得更厉害。有关这种高负债方案的其他顾虑还有在各种经济情况下取得资金的可行性，以及其对公司经营的限制。

（四）决策

杜邦公司的业务范围在过去20年中发生了根本变化，而对科纳克公司的历史性收购使业务范围达到顶点。这一收购也使杜邦公司大大偏离了长期坚持的资本结构政策。这些变化对杜邦公司重新审视其融资政策而言，既是要求，也是机会。鉴于杜邦公司负债率的上升，债券等级的下降，以及股票市场对收购科纳克公司的消极反应，它的财务政策有相当程度的不确定性。这使得杜邦公司在近期确定资本结构政策变得尤为重要。

九、分析题

1.杜邦公司曾经采用的极端保守的融资策略有何历史渊源？

2.杜邦公司放弃全部权益资本的资本结构政策的原因有哪些？

3.杜邦公司融资政策的演变过程及原因是什么？

4.1981年的收购对杜邦公司的融资政策、资产规模、资本结构、企业信用、股票市价，以及财务指标等方面影响如何？分析评价杜邦公司的收购策略是否成功？

5.近20年的发展过程中，杜邦公司为何不断增加资本支出？

6.从理论角度分析杜邦公司关注举债的成本和数量对实施资本支出项目能力的影响。

7.确定目标资本结构有何意义？杜邦公司为何要采取措施以达到资本结构目标？

8.标准普尔评级服务机构2010年4月15日表示，将杜邦公司（E.I. DuPont de Nemours & Co.，DD）的前景展望评级由“负面”上调至“稳定”，主要是基于全球经济的加强。标准普尔对杜邦公司具有一个“A”级的信用评级和一个“A-1”级的商业票据评级。标准普尔在声明中说：“稳定的评级展望表示我们认为，虽然杜邦公司的信贷措施仍然有点弱，但他们应该能够在未来一到两年加强。”请结合杜邦公司近期状况分析此事件，并结合整个案例指出哪些因素会影响评级等级。

9.你从杜邦公司的案例中得到哪些启示？

第二章

“企业投资财务”课程实训

B000 “企业投资财务”实训大纲

开课学期：第5学期

开课专业：财务管理

实训学时：8学时

实训学分：0.5学分

参考指导书：《财务管理专业实验（实训）指导书》

实训形式

模拟交易、案例讨论、案例分析报告撰写。

实训目的和要求

实训目的：“企业投资财务”是一门理论与实践较强的专业课程，它不仅要求学生全面掌握企业投资的基本理论知识，还要求学生具有较强的实践操作技能。通过流动资产投资和股票投资等实验，一方面可以促进“企业投资财务”课程教学效果的提高，另一方面也培养了学生的投资意识和缜密的投资分析能力，提高学生综合运用所学知识分析和解决实际问题的能力以及自学能力，使学生具有较高的学习专业理论的素质。

基本要求：（1）利用典型案例分析提高学生对流动资产投资的基本理论和方法的理解；（2）将所学的基本理论和分析方法运用于模拟证券投资，以锻炼学生从事证券投资的实际分析、投资管理能力，并加深对现代投资理论的理解；通过模拟证券投资交易，以体会在高风险的证券投资活动中投资者心态的变化，从而增强他们的风险意识和风险控制能力；（3）实训分析前认真准备，写作报告和小组讨论中积极思考，完成后认真总结提高，并按要求提交分析报告及相关材料。

实训形式安排

总学时8学时。其中，应收账款投资管理2学时，存货投资管理2学时，证券投资分析软件应用2学时，股票基本分析和技术分析2学时。

实训考核

实验报告占实验成绩的70%，模拟交易得分占实验成绩的30%。

实训项目与主要内容

具体内容见表2-1。

表 2-1 “企业投资财务”实训项目与主要内容

序号	项目名称	主要内容	课时	评分权重	必做/选做
1	欢瑞世纪应收账款投资管理	企业应收账款管理	2	25%	必做
2	飞度公司存货投资管理	企业存货资金管理	2	25%	必做
3	证券投资分析软件的基本使用	证券投资分析软件的应用	2	15%	必做
4	股票模拟交易	股票基本分析和技术分析	2	45%	必做

实训B001 欢瑞世纪应收账款投资管理

一、实训名称和性质（见表 2-2）

表 2-2 实训名称和性质

实训名称	欢瑞世纪应收账款投资管理
面向专业或课程	财务管理专业“企业投资财务”课程
实训学时分配	2
实训性质	□调查 ☑案例 □软件模拟
必做/选做	☑必做 □选做

二、实训目的和要求

应收账款投资管理是企业投资财务的重要工作之一，本实训旨在通过立白公司应收账款投资管理案例分析熟悉应收账款投资管理的全过程，掌握应收账款投资管理的理论和方法。详细阅读案例的全部内容，运用已学的理论和方法进行案例分析，完成案例分析报告。

三、知识准备

前期要求掌握的知识：熟练掌握有关应收账款投资管理的流程和方法。

实验流程：企业应收账款形成的原因、应收账款投资的功能与成本；应收账款管理中各项信用政策的决策和日常管理方法。

四、实训组织和安排

1. 仔细阅读实验材料。

2. 运用基本理论和方法分析上述问题。

3. 独立完成案例分析报告。

五、注意事项

应收账款投资管理给企业带来的正负面影响。

六、实训结果提交方式

案例分析报告。

七、实训考核方式和标准

本实训采用五级制。

1.优秀（A）：能够独立完成案例分析报告，正确运用理论和方法，报告内容完整，语言流畅，观点正确，分析深入，有自己独到的见解。

2.良好（B）：能够独立完成案例分析报告，正确运用理论和方法，报告内容完整，语言流畅，观点正确，分析深入。

3.中等（C）：能够独立完成案例分析报告，正确运用理论和方法，报告内容完整，语言流畅，观点较正确，分析深度一般。

4.及格（D）：能够独立完成案例分析报告，正确运用理论和方法，报告内容较完整，语言较流畅，观点较正确，分析深度一般。

5.不及格（E）：不能够独立完成案例分析报告，运用理论和方法出现差错，报告内容不完整，观点有明显的错误。

八、实训材料

欢瑞世纪应收账款投资管理

欢瑞世纪影视传媒股份有限公司（简称欢瑞影视）注册成立于2006年，实控人为陈援、钟君艳夫妇，是一家致力于电影电视剧投资、制作、发行，以及相关产业发展的公司。公司着眼于年轻的观众市场，出品了《古剑奇谭》《宫锁珠帘》《盗墓笔记》《青云志》《大唐荣耀》等。

2016年，欢瑞影视以30亿元的高溢价借壳欢瑞世纪（原星美联合）成功登陆A股市场，并签订了高业绩的对赌协议，成为欢瑞世纪全资子公司。然而成功借壳2年后，净利润高速增长的欢瑞世纪却深陷经营危机之中，应收账款连年攀高。根据《长江商报》记者披露，在高溢价、高业绩承诺的推动下，欢瑞世纪的经营业绩高速增长。数据显示，2015年至2018年第1季度，公司营业收入和净利润同比最低增速超过50%，净利润也从2015年的1.71亿元攀升至2017年的4.22亿元，2年增长了1.47倍（2014年为亏损）。然而，重组承诺期内经营业绩高速增长并非欢瑞世纪经营业绩的真实反映。实际上，亮丽财务数字背后，公司净利润现金含量极低，数亿元的净利润明显虚胖。年报显示，2017年，公司实现营业收入15.67亿元，截至期末，应收账款高达17.20亿元，较期初增加了9.62亿元，增幅为126.91%。2016年，公司营业收入15.67亿元。以此推算，这部分营业收入至少有60%变成了应收账款。期末，应收账款净值占公司总资产的41.90%。与此同时，公司的货币资金消耗非常快。2016年底，这一指标为17.76亿元，2017年底则只有9.84亿元，一年间减少了8.28亿元。2018年，上述两个指标的状况进一步恶化。第1季度，应收账款仅收回1亿元，而货币资金则减少5.72亿元，截至年底应收账款为23.22亿元，攀升至总资产的47.27%，占营业收入的174.85%，相当于净利润3.24亿元的7倍，远超行业平均水平，且伴随应收账款周转率的下降，货币资金则降低至4.9亿元。与应收账款大幅攀升相反，公司的现金流锐减。2016年，公司经营现金净流入0.41亿元，2017年猛降至-4.32亿元，暴跌了11.56倍。这些数据足以说明，没有现金流支撑的4.22亿元净利润只是账面上的数字而已。

应收账款大幅增加，欢瑞世纪却一直不愿计提坏账准备。截至2018年12月31日，欢瑞世纪合并财报中，《天下长安》应收账款账面余额为5.06亿元，公司管理层按照账龄分析法计提坏账准备0.25亿元。为此，负责公司财报审计工作的会计师事务所向公司出具了保留意见的审计报告。欢瑞世纪2018年底的应收账款账龄情况见表2-3。

表2-3 2018年欢瑞世纪应收账款账龄分析 金额单位：元

账龄	期末余额		
	应收账款	坏账准备	计提比例
1年以内小计	1 179 046 021.27	11 790 460.21	1.00%
1至2年	1 130 210 106.05	56 510 505.31	5.00%
2至3年	162 303 656.14	81 151 828.07	50.00%
3至4年	27 033 216.66	27 033 216.66	100.00%
4至5年	205 788.62	205 788.62	100.00%
5年以上	11 121 612.66	11 121 612.66	100.00%
合计	2 509 920 401.40	187 813 411.53	7.48%

数据来源：欢瑞世纪2018年年报。

由于2018年收入下滑15%的情况下，应收账款同比提升35%，欢瑞世纪收到深交所问询函。对此，欢瑞世纪回复称，《天下长安》等电视剧因排播调整导致应收账款回收进度较慢，同时，新增电视剧销售未到合同约定收款期，是公司形成应收账款大幅增加的主要原因，应收账款与营业收入变动趋势不一致符合公司的实际情况。

此外，年报披露的数据不乏奇怪之处。向第二大客户销售收入3.26亿元竟然未收回分文；电影及衍生品业务营业收入为负数，毛利率却高达412.43%；营销子公司向北京卫视、安徽卫视支付保底费用3.26亿元，却只实现合同金额350万元。由于涉嫌信披违法违规，2017年7月，证监会对欢瑞世纪进行了历时2年的立案调查。2019年7月，调查显示，2016年通过借壳上市的欢瑞影视，在2013年至2016年连续通过提前确认收入虚增营收、虚构收回应收款项少计提坏账准备、推迟计提应收款项坏账准备等手段虚增利润，导致重组方案和借壳后的年报存在虚假记载和重大遗漏，而业绩造假的目的直指做高重组标的估值。欢瑞世纪收到了行政处罚事先告知书，这意味着投资者可以索赔。

除此以外，欢瑞世纪股东高比例质押股权的易主风险也无时无刻不存在。

要求：

1.广泛收集资料，分析欢瑞世纪应收账款投资管理存在的问题和原因。

2.根据欢瑞世纪的行业特点提出相应的改进对策。

实训B002 飞度公司存货投资管理

一、实训名称和性质（见表2-4）

表2-4 实训名称和性质

实训名称	飞度公司存货投资管理
面向专业或课程	财务管理专业“企业投资财务”课程
实训学时分配	2
实训性质	□调查 ☑案例 □软件模拟
必做/选做	☑必做 □选做

二、实训目的和要求

存货投资管理是企业投资财务的重要工作之一，本实训旨在通过飞度公司存货投资管理案例分析熟悉存货投资管理的全过程，掌握存货投资管理的理论和方法。详细阅读案例的全部内容，运用已学的理论和方法进行案例分析，完成案例分析报告。

三、知识准备

前期要求掌握的知识：熟练掌握有关存货投资管理的流程和方法。

实验流程：熟悉公司存货资金控制的主要方法；了解存货资金控制方法创新的方向；掌握存货资金管理的要点。

四、实训组织和安排

1.仔细阅读实验材料。

2.运用基本理论和方法分析上述问题。

3.独立完成案例分析报告。

五、注意事项

公司的存货管理有很多方法，注意案例中方法的特殊性。同时，注意培养面对现实问题如何转化处理的能力。

六、实训结果提交方式

案例分析报告。

七、实训考核方式和标准

本实训采用五级制。

1.优秀（A）：能够独立完成案例分析报告，正确运用理论和方法，报告内容完整，语言流畅，观点正确，分析深入，有自己独到的见解。

2.良好（B）：能够独立完成案例分析报告，正确运用理论和方法，报告内容完整，语言流畅，观点正确，分析深入。

3.中等（C）：能够独立完成案例分析报告，正确运用理论和方法，报告内容完整，语言流畅，观点较正确，分析深度一般。

4.及格（D）：能够独立完成案例分析报告，正确运用理论和方法，报告内容较完整，语言较流畅，观点较正确，分析深度一般。

5.不及格（E）：不能够独立完成案例分析报告，运用理论和方法出现差错，报告内容不完整，观点有明显的错误。

八、实训材料

飞度公司存货投资管理

飞度公司是一家位于华东地区的上市公司，主要生产运动及休闲鞋类、服装、器材和配件产品，经过20多年的探索发展，已在中国建立了庞大的供应链管理体系以及分销和零售网络。如此实力雄厚的飞度公司却开始深陷亏损泥潭，最近已连续3年亏损，亏损额达到5亿元，究其原因，无不与飞度的一直高企的库存有直接关系。飞度公司在不断扩张过程中，零售门店不断增加，库存及成本等问题愈演愈烈。高库存意味着公司运营不良，存货管理存在问题，长此以往会给企业流动资金周转带来很大困难。同时，高库存不但产生了额外储存和运输成本，还浪费了大量产能，当产能用于生产某种后来被证明是滞销的产品时，意味着少生产另一款可能畅销的产品。可以说，库存是降低利润的最主要因素。

作为一家生产和销售服饰为主的公司，飞度20×3—20×8年的主要财务数据见表2-5。

表2-5 飞度公司20×3—20×8年主要财务数据 金额单位：万元

年份	20×3年	20×4年	20×5年	20×6年	20×7年	20×8年
营业收入	—	620 891.20	743 893.10	855 086.70	899 870.90	1 017 585.30
营业成本	—	216 005.70	258 145.10	307 130.10	337 090.50	352 833.70
存货	129 292.70	132 744.20	175 625.70	171 357.60	234 463.90	253 423.80
流动资产	293 484.60	463 550.60	433 024.10	407 871.60	505 464.00	521 601.90
同行业存货资金占比	—	31.5727%	30.7259%	30.6612%	28.9868%	33.5497%
同行业存货周转率平均值	—	2.5401	2.5176	2.7109	3.0504	5.2849
同行业存货周转天数平均值（天）	—	221.2626	202.9933	192.7972	207.8639	165.3356

从表2-5可以看出，飞度公司的存货逐年攀升，占用了较多的营运资本。公司的存货主要为各种原料及辅料、配饰、在产品和产成品，堆积如山的货物不但占用了大部分仓库空间，每月很大一部分人力都花在整理、保管这部分存货上，也是一块不可忽视的成本。通过对飞度公司的了解可知，飞度的采购部门定位于一个辅助部门，由于通常认为采购工作难度不大，公司对采购人员的素质没有特别要求。采购团队过于年轻化，缺乏具有资深经验的骨干，在和相关供应商谈判时往往不能获得最优价格。对于提供商业折扣的供应商，采购人员通常会加大采购力度，因为获得商业折扣直接就能够降低销售成本。另外，采购部门以价格为筛选供应商的标准，使得产品次品率比较高，供应商变动率也比较高。在采购方式上，由于公司原料和辅料种类繁多，采购人员通常采用定期采购的方式进行补货，这种方法管理比较方便，但是缺乏对需求的细分，对需求变化快的商品反应较慢，过

早采购会造成物料积压。公司管理层要求采购部门改进采购方法，但是如果对所有物料进行严格控制的话需要耗费大量精力。另外，其他部门与采购部协调不足，常发生加单、加料等情况，导致采购部门加大物料采购量，造成材料浪费。

对于库存产成品，从库龄结构看，1年以上库存商品约占三成左右，且有不断增加的趋势。库龄结构若延长也会增加跌价准备的计提，对公司的经营业绩产生不利影响。但是清理库存，势必需要打折，大规模对用户打折会损害品牌形象，使其成为廉价的折扣品牌。飞度公司认为消费者对产品需求的意外或快速变化，可能会导致公司存货积压，并将直接影响公司的销量及定价计划，造成现金流紧张，从而可能对公司的业务发展、财务状况及运营业绩产生不利影响。目前，飞度公司通常采用订货会的模式出货给分销商、终端零售加盟商，每年举行3次左右的订货会，并且在订货会上获取相关的订货数据，依据分销商、加盟店的订货数量和直营店的预测销量来生产服装。飞度对销售资源的分配较为平均，各订货商无论业绩如何，都能拿到新品配额。但是从应收账款看，渠道库存压力也比较大，接近品牌总公司存货总量的两成，且各渠道销售能力参差不齐，存货结构存在差异。

对此，飞度公司加强了对渠道的整合，重新规划门店布局。首先，花大成本铺设线下网点，特别是在二三四线城市，首要目的是抢占线下流量；其次，线下布局与线上流量相互配合，以期达到发展新零售的目的。但事实并不尽如人意，一边是单店收入的下降、毛利率偏低，一边是疯狂开店、不断扩张，使得公司只能靠着不断开店获取收入的增长，但实际上利润红利并未得到释放。本轮布局最大的亮点是新零售，然而新零售到底能否拯救飞度的经营效率，目前来看，还没有一个明确的答案。

另据年报，飞度公司采取了削减开支的做法以缓解成本压力，其中20×8年用于研发的资金支出合计1.1亿元，同比减少11.5%。但是，如此粗放式的经营模式已让飞度陷入发展困局，对股价造成了较大影响。

要求：

1.试分析飞度公司存货投资管理存在的问题和原因。

2.根据飞度公司的自身特点提出相应的解决对策。

实训B003 证券投资分析软件的基本使用

一、实训名称和性质（见表2-6）

表2-6 实训名称和性质

实训名称	证券投资分析软件的基本使用
面向专业或课程	财务管理专业“企业投资财务”课程
实训学时分配	2
实训性质	□调查 □案例 ☑软件模拟
必做/选做	☑必做 □选做

二、实训目的和要求

证券投资管理是企业投资财务的重要工作之一，本实训旨在通过证券投资软件的操作，掌握证券投资的技术分析的基本方法，进一步加深对现代投资理论的理解。下载各证券公司提供的免费证券交易系统，熟悉证券交易系统的各种操作方法，完成实训报告。

三、知识准备

前期要求掌握的知识：熟练掌握有关证券投资技术分析方法。

实验流程：解读证券投资分析软件的盘面；熟悉软件的各项功能；运用若干重要技术分析指标进行趋势分析。

四、实训组织和安排

1.进入证券投资分析系统。

2.快速查看沪、深两市大盘指数的走势。

3.查看交易所交易的证券品种并在不同市场、不同证券种类之间进行切换。

4.查看某一行业（区域或概念）的证券。

5.查看某只具体证券（或市场指数）的分时走势图和K线图走势。

6.查看更多（或较少）时间跨度的K线数据。

7.查看不同时间周期的K线图（如日K线、周K线、月K线）。

8.实现同屏显示多只证券的走势图。

9.查看当日市场交易的综合情况。

10.将某个市场的所有股票按涨（跌）幅排序。

11.查看某只股票的基本面资料。

12.证券市场交易的品种太多了，实现重点关注的股票集中放在一起。

13.证券的默认主图为K线图，查看其他类型的主图。

14.调整技术指标参数。

15.在主图“复权”与“不复权”之间进行切换。

16.沪深两市的证券太多了，根据某种条件选出符合该条件的所有股票。

五、注意事项

1.证券投资软件的正确使用。

2.在特定时期、特定行业、特定条件下的证券分析。

六、实训结果提交方式

实训报告。

七、实训考核方式和标准

本实训采用五级制。

1.优秀（A）：能够独立完成实训报告，正确运用理论和方法，报告内容完整，语言流畅，观点正确，分析深入，有自己独到的见解。

2.良好（B）：能够独立完成实训报告，正确运用理论和方法，报告内容完整，语言流畅，观点正确，分析深入。

3.中等（C）：能够独立完成实训报告，正确运用理论和方法，报告内容完整，语言流畅，观点较正确，分析深度一般。

4.及格（D）：能够独立完成实训报告，正确运用理论和方法，报告内容较完整，语言较流畅，观点较正确，分析深度一般。

5.不及格（E）：不能够独立完成实训报告，运用理论和方法出现差错，报告内容不完整，观点有明显的错误。

八、实训要求

1.初步熟悉交易软件的行情系统、功能系统和相关操作。

2.熟悉看盘的基本技术、方法及要求。

3.运用"行情列表窗口"、"图表分析窗口"、"明细窗口"和"新闻窗口"等相关功能。重点熟悉"图表分析窗口"的基本操作和画线工具及其运用。

4.若干重要技术指标在证券投资分析中的运用。

实训B004 股票模拟交易

一、实训名称和性质（见表2-7）

表2-7 实训名称和性质

实训名称	股票模拟交易
面向专业或课程	财务管理专业"企业投资财务"课程
实训学时分配	2
实训性质	□调查 □案例 ☑软件模拟
必做/选做	☑必做 □选做

二、实训目的和要求

证券投资管理是企业投资财务的重要工作之一，本实验旨在在前次实验的基础上掌握证券投资的基本分析和技术分析的基本方法，进一步加深对现代投资理论的理解。利用技术分析方法选择股票进行模拟投资，利用基本分析方法对原先选择的股票进行修订，以2周为限模拟卖出，分析交易结果，完成案例分析报告。

三、知识准备

前期要求掌握的知识：熟练掌握有关证券投资的技术分析和基本分析方法。

实验流程：熟悉股票若干重要技术分析指标，并利用指标进行趋势研判，作出投资选择；熟悉股票基本面的分析，对股票价值进行估计，作出投资选择。

四、实训组织和安排

1.利用重要的技术指标选择股票。

2.利用网络以及证券分析系统了解宏观经济状况、行业前景以及公司的经营情况对已选择的股票进行修订。

3.模拟买入。

4.模拟卖出。

五、注意事项

1.注意选择合适的股票进行模拟投资。

2.注意模拟买入、卖出的时机。

六、实训结果提交方式

交易业绩和案例分析报告。

七、实训考核方式和标准

本实训采用五级制。

1.优秀（A）：能够独立完成案例分析报告，报告内容完整，语言流畅，观点正确，分析深入，有自己独到的见解，交易业绩在全班前20%。

2.良好（B）：能够独立完成案例分析报告，报告内容完整，语言流畅，观点正确，分析深入，交易业绩在全班前40%或者实现盈利。

3.中等（C）：能够独立完成案例分析报告，报告内容完整，语言流畅，观点较正确，分析深度一般，交易业绩在全班前60%或者实现盈利。

4.及格（D）：能够独立完成案例分析报告，报告内容较完整，语言较流畅，观点较正确，分析深度一般，交易业绩在全班前80%或者实现盈利。

5.不及格（E）：不能够独立完成案例分析报告，报告内容不完整，观点有明显的错误，交易业绩在全班后20%。

八、实训要求：

1.利用重要技术指标选择股票进行模拟交易。

2.利用基本分析方法对交易进行修订，并说明原因。

3.解释交易结果。

第三章
“项目评估财务”课程实训

C000 “项目评估财务”实训大纲

开课学期：第5学期
开课专业：财务管理
实训学时：8学时
实训学分：0.5学分
参考指导书：《财务管理专业实验（实训）指导书》

实训形式

模拟交易、案例讨论、案例分析报告撰写。

实训目的和要求

“项目评估财务”是一门理论与实践较强的专业课程，它不仅要求学生全面掌握企业投资的基本理论知识，还要求学生具有较强的实践操作技能。通过项目地址选择、项目财务评估等实验，一方面可以促进“项目评估财务”课程教学效果的提高，另一方面也培养了学生综合运用所学知识分析和解决实际问题的能力以及自学能力，使学生具有较高的学习专业理论的素质。要求学生实验分析前认真准备，写作报告和讨论中积极思考，完成后认真总结提高，并按要求提交分析报告及相关材料。

实训形式安排

总学时8学时。其中，项目财务效益评估4学时，并购项目价值评估4学时。

实训考核

实验案例分析报告的质量占80%，案例课堂表现占20%。

实训项目与主要内容（见表3-1）

表3-1 “项目评估财务”实训项目与主要内容

序号	项目名称	主要内容	课时	必做/选做	评分权重
1	东方大厦建设项目财务效益评估	掌握项目投资的测算、财务效益评价	4	必做	50%
2	昆仑公司的并购价值评估	掌握并购项目企业价值的估算	4	必做	50%

实训C001　东方大厦建设项目财务效益评估

一、实训名称和性质（见表3-2）

表3-2　实训名称和性质

实训名称	东方大厦建设项目财务效益评估
面向专业或课程	财务管理专业“项目评估财务”课程
实训学时分配	4
实训性质	□调查 ☑案例 □软件模拟
必做/选做	☑必做 □选做

二、实训目的和要求

项目财务效益评估是项目评估财务的核心工作之一，本实训旨在利用案例提供的基本资料及有关软件Excel熟悉项目财务效益评估过程，掌握项目的财务可行性评价方法，以及项目财务可行性分析报告的编撰。

三、知识准备

（一）前期要求掌握的知识

熟练掌握有关项目财务效益评估的方法和程序，熟练掌握Excel的操作。

（二）相关理论

新建项目财务效益评估程序。

新建项目财务效益评估方法。

四、实训组织和安排

1.收入表编制。

2.还本付息表编制。

3.成本表编制。

4.利润表编制。

5.现金流量表（全部资金、自有资金）编制。

6.财务指标分析。

五、注意事项

表格编制过程中，科目的选择要结合案例。

六、实训结果提交方式

案例分析报告和项目财务可行性报告。

七、实训考核方式和标准

本实训采用五级制。

1.优秀（A）：能够独立完成实验报告，正确运用理论和方法，报告内容完整，语言流畅，数据正确，有自己独到的见解。

2.良好（B）：能够独立完成实验报告，正确运用理论和方法，报告内容完整，语言流畅，数据正确。

3.中等（C）：能够独立完成实验报告，正确运用理论和方法，报告内容完整，语言流畅，数据较正确。

4.及格（D）：能够独立完成实验报告，正确运用理论和方法，报告内容较完整，语言较流畅，数据较正确。

5.不及格（E）：不能够独立完成实验报告，运用理论和方法出现差错，报告内容不完整，数据有明显的错误。

八、实训材料

（一）项目背景

拟建的东方大厦，总建筑面积33 300m²，是一座由龙跃公司开发的集办公、商务配套于一体的5A级智能高档商务写字楼。作为高品质的智能写字楼，东方大厦具备5A级智能化写字楼标准，电话通信系统、电缆电视系统、电信宽带系统、安全监控系统、自动报警系统等科技配套设施一应俱全。

（二）基本资料

1.基础数据和说明

本项目按一次建成投入运营进行各项指标计算。2006年开始投入建设，建设时间为29个月。2008年底完工开始使用，公司打算把完工的东方大厦用于出租，20年后再出售。

2.项目总投资估算

本项目总投资11 793.46万元，投资估算表见表3-3。

表3-3 项目总投资估算表 单位：万元

投资估算总金额	11793.46
开发成本	10 643.46
第一部分：建筑安装工程费用	9 345.24
第二部分：室外附属工程	29.12
第三部分：设备购置费	350
第四部分：工程建设其他费用	413.3
其中：建设期利息	65
第五部分：预备费	505.8
开发费用：	1 050
流动资金：	100

3.资金筹措和运用

（1）资金筹措

本项目总投资11 793.46万元，其中：自有资金为4 782.46万元，占项目总投资的40.55%；借款资金为7 011万元，占项目总投资的59.45%。向建设银行借款6 000万元，借款利率为6.2%，其余款项为商业银行借款。流动资金借款为81万元，贷款利率为4.9%，基建借款为930万元，借款利率为6.4%。借款利息每年年末偿还。

（2）资金运用

本项目建设期29个月，横跨3个年度，开发成本按第1年投入25%，第2年投入35%，第3年投入40%。本金归还的资金来源于税后利润和折旧摊销等。流动资金贷款在建设期末借入，长期借款在建设期的3年分别借入，借款比例分别为25%，35%，40%，具体情况见表3-4。

表3-4 **资金筹措表** 金额单位：万元

序号	项目	合计	建设期			运营期
			2006年	2007年	2008年	2009年
	资金分年度使用计划		25%	35%	40%	
1	总投资	11 793.46	2 923.37	4 092.71	4 677.38	100
1.1	开发成本	10 643.46	2 660.87	3 725.21	4 257.38	
1.2	开发费用	1 050	262.50	367.50	420	
1.3	流动资金	100				100
2	资金筹措	11 793.46	2 923.37	4 092.71	4 677.38	100
2.1	自有资金	4 782.46	1 190.87	1 667.21	1 905.38	19
2.1.1	用于固定资产投资	4 763.46	1 190.87	1 667.21	1 905.38	
2.1.2	流动资金	19				19
2.2	借款	7 011	1 732.50	2 425.50	2 772.00	81
2.2.1	长期借款	6 930	1 732.50	2 425.50	2 772.00	
2.2.2	流动资金借款	81				81

（三）财务评价资料

1.运营收入及税金测算

龙跃公司打算以固定资产方式对外出租东方大厦，写字楼转入固定资产视同销售，缴纳企业所得税，不缴纳土地增值税，同时固定资产提取折旧。项目财务收入来源主要是租赁收入，据估算，2009—2013年的租赁收入每年为1 600万元，2014—2018年的租赁收入每年1 800万元，2019—2023年的租赁收入每年为1 950万元，2024—2028年的租赁收入每年为1 800万元，其中：税金及附加，租金×5.55%；房产税，租金×12%；所得税，所得部分×20%；印花税，租金×0.1%（在第一次缴税时一次性缴纳，按租期内所有总租金计算）。2029年初写字楼销售价格为9 000万元，评估价格为7 000万元，写字楼销售按销售旧房缴纳土地增值税450万元。

2.总成本估算

（1）写字楼折旧年限为20年，采用直线法折旧。

（2）人工工资经测算营运起始年工资基数按30万元/年计，以后每5年增长一次，增长率为2%。

（3）维护保养按开发总成本的0.01%计算。

（4）修理基金作为经营成本。起始年大修费用按开发总成本的1%计算，在此基础上，以后每5年增长一次，增长率为5%。

（5）财务费用包括长期借款利息和流动资金借款利息。经测算，其他费用在营运起始年为1.8万元，以后每年按1%的增长率增长。

3.利润估算

根据总成本费用和营业收入及税金估算表，编制本项目的利润表。本项目所得税税率为20%。还款期间不提取盈余公积，贷款还完后可按税后利润的10%提取。

4.其他有关资料

1年期存款利率为2.25%，按年付息的商业贷款利率为5.31%，1年期国债利率为2.6%。

要求：

1.对项目进行评价时，下列可供选择的利率中，哪个可以作为净现值法下的折现率？为什么？

①1年期存款利率2.25%。

②1年期国债利率2.6%。

③按年付息的商业贷款利率5.31%。

④本项目贷款的加权平均利率6.14%。

⑤加权平均资本成本6.15%。

2.利用净现值和内部收益率等指标，从经济效益角度分析该项目是否可行？为什么？

3.不确定性分析。

4.编制该项目的财务可行性报告。

实训C002　昆仑公司的并购价值评估

一、实训名称和性质（见表3-5）

表3-5　实训名称和性质

实训名称	昆仑公司的并购价值评估
面向专业或课程	财务管理专业“项目评估财务”课程
实训学时分配	4
实训性质	□调查 ☑案例 □软件模拟
必做/选做	☑必做 □选做

二、实训目的和要求

并购企业价值评估是并购项目评估的重要工作之一，本实训旨在通过昆仑公司价值的评估掌握并购项目价值评估的方法。详细阅读案例的全部内容，运用已学的理论和方法进行案例分析，完成案例分析报告。

三、知识准备

（一）本案涉及知识要点

并购项目企业价值评估的方法，特别是现金流量折现法。

管理用财务报表的运用。

（二）相关理论

企业价值评估理论。

四、实训组织和安排

1.仔细阅读实验材料。

2.运用基本理论和方法分析问题。

3.独立完成实验报告。

五、注意事项

1.熟练运用Excel的相关功能。

2.案例中需要注意的问题：企业资本结构的保持对企业未来股东权益的影响。

六、实训结果提交方式

案例分析报告。

七、实训考核方式和标准

本实训采用五级制。

1.优秀（A）：能够独立完成实验报告，正确运用理论和方法，报告内容完整，计算准确，观点正确，分析深入，有自己独到的见解。

2.良好（B）：能够独立完成实验报告，正确运用理论和方法，报告内容完整，计算准确，观点正确，分析深入。

3.中等（C）：能够独立完成实验报告，正确运用理论和方法，报告内容完整，计算较准确，观点较正确，分析深度一般。

4.及格（D）：能够独立完成实验报告，正确运用理论和方法，报告内容较完整，计算较准确，观点较正确，分析深度一般。

5.不及格（E）：不能够独立完成实验报告，运用理论和方法出现差错，报告内容不完整，计算有明显的错误。

八、实训材料

海洋股份有限公司为了产业转型和结构调整，在增强现有产业的同时，也在寻求进入新兴产业的机会。昆仑公司依托自身良好的产业基础，着力培育太阳能综合利用、物联网和智慧医疗等关键技术，积极布局清洁能源、智慧城市和大健康等新兴产业。环艺集团是昆仑公司的控股股东，共持有昆仑公司82.5%的股份。由于昆仑公司尚未上市，环艺集团有意出售所持有的昆仑公司的股份。因此，海洋股份有限公司打算将昆仑公司作为目标公司之一，打算在合适的时机以合适的价格进行收购。

（一）昆仑公司的财务数据

根据2018年12月31日经会计师事务所审计过的财务报表显示，昆仑公司的普通股股数为7 796.56万股，企业的总资产为85 824.49万元，负债总额为47 964.11万元，净资产为37 860.38万元，每股净资产4.86元，每股收益0.795元。2018年该公司实现营业收入35 119.41万元，净利润6 199.23万元。昆仑公司2018年度管理用报表见表3-6、表3-7。

表3-6 **资产负债表（管理用）** 单位：万元

净经营资产		净负债和股东权益	
经营性流动资产		**金融负债**	
货币资金（经营）	7 023.89	短期借款	16 713.04
应收票据（经营）	4 340.30	应付票据（金融）	569.59
应收账款	2 416.27	长期借款	9 254.42
预付账款	5 053.02	应付债券	8 250.00
其他应收款	3 280.30	**金融负债合计**	34 787.05
存货	10 042.45	**金融资产**	
其他流动资产（经营）	943.22	货币资金（金融）	958.00
经营性流动资产合计	33 099.44	**金融资产合计**	958.00
经营性流动负债		**净负债**	33 829.05
应付票据（经营）	1 329.04		
应付账款	4 590.78		
预收账款	2 559.38		
应付职工薪酬	888.49		
应交税费	1 323.92		
其他应付款	2 485.45		
经营性流动负债合计	13 177.07		
经营营运资本	19 922.38	**股东权益**	
经营性长期资产		股本	7 796.56
固定资产	33 092.42	资本公积	8 920.66
在建工程	7 553.93	其他综合收益	3 872.79
无形资产	4 620.54	盈余公积	4 739.69
开发支出	6 500.15	未分配利润	12 530.67
经营性长期资产合计	51 767.05	**股东权益合计**	37 860.37
净经营资产总计	71 689.42	**净负债及股东权益总计**	71 689.42

表3-7 **利润表（管理用）** 单位：万元

一、营业总收入	35 119.41
减：营业成本	22 649.18
二、毛利	12 470.24
减：税金及附加	262.98
销售费用	2 327.02
管理费用	600.17
加：营业外收入	153.93
减：营业外支出	43.85
三、税前营业利润	9 390.16
减：经营利润所得税	1 878.03
四、税后经营净利润	7 512.13
五、利息费用	1 641.13
减：利息费用抵税	328.23
六、税后利息费用	1 312.91
七、净利润	6 199.23

（二）昆仑公司经营预测信息

1.昆仑公司依据其前3年的平均销售增长率，预测2019年度依然会保持快速增长，销售收入增长率预测为10%。此后随着商业环境的变化、行业竞争的问题，预估企业的销售增长率将逐年下降，预计2020—2023年企业的销售增长率将分别为8%，7%，6%，5%，假设企业可以持续经营下去，并在2023年度以后保持5%的稳定增长。预估昆仑公司2018年及以后年度销售成本占销售收入的比例将维持60%不变。预估昆仑公司未来“税金及附加”“销售费用”“管理费用”“经营性流动资产”“经营性长期资产”“经营性流动负债”与销售收入的百分比均维持2018年度的水平不变。金融性应付票据与销售收入的百分比维持在2018年的水平。

2.昆仑公司管理层认为公司处于快速发展的行业，而且未来前景较好，盈利状况应该良好，因此，打算调整企业资本结构，使其保持在40%。融资方面，公司未来不打算进行增资扩股或者减少现有股本。公司筹资优先考虑企业当年的留存收益，不足部分通过增加负债融资。企业在2018年及以后主要以短期借款为主，长期借款和应付债券数量相等，是短期借款的一半。在各种负债中，金融性应付票据利率为4%，短期借款利率为5%，长期负债利率为7%，企业的利息费用按照金融负债的期初余额计算。

3.为了优化企业资本结构，昆仑公司计划2018年后货币资金（金融）优先用于偿还借款，偿债用完后也将不再持有。另外，公司盈余公积金计提比率为10%，同时计划采用剩余股利政策，利润分配在每年支付完成。

4.企业营业外收入和支出项目具有偶发性，不具有持续性。假设企业不存在递延所得税资产和递延所得税负债。

5.昆仑公司的企业所得税税率为15%，加权平均资本成本为10%。

要求：

1.以昆仑公司2018年的数据作为基期数据，编制公司2019—2022年度的预计资产负债表和预计利润表。

2.计算昆仑公司2019—2022年每年的实体现金流量，并以2018年12月31日为评估基础日，估算昆仑公司实体价值。

3.海洋股份公司拟收购环艺集团持有的昆仑公司的股份。与环艺集团达成初步协议，以2018年12月31日的每股净资产4.86元/股为基准，溢价60%，即以7.78元作为股份转让价格。海洋控股有限公司董事会中部分董事结合昆仑公司目前的盈利状况以及未来的发展，认为此价格可行；而有一些董事认为，应该找专业的评估公司对昆仑公司进行价值评估后，再确定拟收购的价格。请采用实体现金流量折现模型估计企业价值，净债务价值按基期账面价值估计，然后根据每股股权价值，判断昆仑公司与环艺集团达成的初步协议中的拟收购价格是否被高估。

第四章

“公司收益分配”课程实训

D000 “公司收益分配”实训大纲

开课学期：第5学期
开课专业：财务管理
实训学时：2学时
实训学分：0.25
参考指导书：《财务管理专业实验（实训）指导书》

实训形式

案例分析和讨论。

实训目的和要求

“公司收益分配”是一门实践性很强的学科，因此，开展案例分析和讨论等是课程必不可少的重要环节。只有通过实践，才能巩固、应用所学理论，培养学生实际开展收益分配决策的基本技能；培养学生认真负责的工作态度和严谨细致的工作作风。要求学生动手前认真准备，案例分析讨论中积极思考，完成后认真总结提高，并按要求提交分析报告。

实训形式安排

收益分配案例分析和讨论2学时。

实训考核

要求学生上台讲解分析结果，作为平时分的一个组成部分。

实训项目与主要内容（见表4-1）

表4-1 “公司收益分配”实训项目与主要内容序号

	项目名称	主要内容	课 时	评分权重	必做/选做
1	XNTG股份有限公司股利分配政策	股利分配政策；现金股利分配与公司再融资之间的关系	2	100%	必做

实训D001 XNTG股份有限公司股利分配政策

一、实训名称和性质（见表4-2）

表4-2 实训名称和性质

实训名称	XNTG股份有限公司股利分配政策
面向专业或课程	财务管理专业“公司收益分配”课程
实训学时分配	2
实训性质	□调查 ☑ 案例 □软件模拟
必做/选做	☑ 必做 □选做

二、实训目的和要求

让学生通过实训，锻炼应用所学理论解决股利分配实际问题的能力。

要求学生认真对待实训，实训前复习相关知识及对案例进行初步分析，实训时深入分析案例，并按时提交实训案例分析报告。

三、知识准备

（一）前期要求掌握的知识

有关股利分配方面的知识。

（二）相关理论

股利分配理论。

（三）参考读物

1.佚名. 股市“铁公鸡”的中国式分红［EB/OL］.［2013-05-14］. https://video.tudou.com/v/XNTU2OTU0MjA0.html .

2.覃秘. A股崛起高派现群体，28家公司股息率超5%［N］. 上海证券报，2014-04-01.

3.张惠忠. 企业财务管理［M］. 大连：东北财经大学出版社，2018.

四、实训组织和安排

2课时的实训中，部分用于课堂个人案例分析，部分用于学生课堂讲解、同学提问、任课老师点评等。具体实训步骤和内容：

1.了解现金股利派发的各种影响因素；

2.了解国家对再融资的各种规定，尤其是相关的财务指标方面的要求；

3.说明该公司2017年度为何要改变股利政策。

五、注意事项

影响股利政策的因素是众多的。在企业的不同发展阶段，具体影响因素会有不同，各因素的影响程度也很可能不一致。所以，在观察别的公司的股利分配政策或制定本公司的股利分配政策时，需要综合考虑这些因素并找出决定性的因素。

六、实训结果提交方式

案例分析报告。

七、实训考核方式和标准

本实验采用五级制。

1.优秀（A）：能够很好地掌握影响股利政策的各种因素、国家对再融资的相关规定及阐明该公司2017年度高额现金股利与再融资之间的内在联系。

2.良好（B）：能够较好地掌握影响股利政策的各种因素、国家对再融资的相关规定及阐明该公司2017年度高额现金股利与再融资之间的内在联系。

3.中等（C）：能够掌握影响股利政策的各种因素、国家对再融资的相关规定及阐明该公司2017年度高额现金股利与再融资之间的内在联系。

4.及格（D）：能指出该公司股利政策在2017年度的突变，但未能结合所学股利知识及国家对再融资的相关规定来阐明其股利政策的改变与再融资之间的内在联系。

5.不及格（E）：以上关键内容均未能阐明。

八、实训材料

XNTG股份有限公司的前身于1979年9月筹备建厂，1984年10月正式投产，2011年2月成立现名公司，2012年10月联合其他公司以该公司的主体资产共同发起设立XNTG股份有限公司，在上海证券交易所上市。该公司的行业归属为制造业下的黑色金属冶炼及压延加工业。该公司主要经营特殊钢的冶炼和压延加工，其主要产品包括了合结钢、碳结钢、焦炭等产品，并拥有3.7亿吨铁矿资源、6.4亿吨焦煤资源，已经形成年产焦煤120万吨、焦炭35万吨、采选铁矿320万吨、铁精粉100万吨、生产铁100万吨、优特钢130万吨、优特钢材120万吨综合的生产能力。公司主要产品包括碳素结构钢、碳素工具钢、合金结构钢、合金工具钢、轴承钢、弹簧钢、模具钢、不锈钢八大类产品，主要应用于机械、军工、汽车、铁道、航空、石油、煤炭等对钢材的物理、化学性能有着特殊要求的行业。

1.该公司历年股利分配情况

该公司2012—2018年的股利分配方案见表4-3。

表4-3 2012—2018年XNTG股份有限公司股利分配情况表

年度	分配方案	年度	分配方案
2012年	不分配不转增	2013年	10送2转增5股
2014年	不分配不转增	2015年	10派0.6元（含税）
2016年	不分配不转增	2017年	10派5.2元（含税）
2018年	不分配不转增		

由表4-3可知，2012—2018年的7个年度中，该公司有4个年度未进行利润分配。在分配的3个年度中，2013年度没有派发现金股利，2015年度虽有派现，但10股只派0.6元，扣税后股东所得无几；而2017年度却实施了高派现，每10股派5.2元（含税）。是什么原因导致公司在该年实施了如此高额的现金股利分配？

2.该公司历年盈利情况

股利分配政策的影响因素之一就是公司的盈利能力。该公司上市后至2018年度的盈利数据见表4-4。

由表4-4可知，2017年度高派现后，98%的可供分配利润都用来分配了，年末的未分配利润只剩573余万元，而2016年末未分配利润却有2亿多元。

表4-4　2012—2018年XNTG股份有限公司盈利数据表

年度	净利润（千元）	每股收益（摊薄）（元）	未分配利润（千元）
2012年	101 137	0.32	
2013年	102 348	0.32	119 464
2014年	104 719	0.19	144 475
2015年	79 926	0.1372	177 479
2016年	90 043	0.1547	212 452
2017年	113 690	0.1953	5 730
2018年	90 605	0.1556	82 745

3.该公司历年投资情况

股利分配政策的另一个影响因素是公司的投资。该公司2012—2018年的投资数据见表4-5。

表4-5　2012—2018年XNTG股份有限公司投资数据表

日期	事件
2012-09-19	建设6 000m^3/h制氧机（技改），投入募集资金6 258.00万元
2012-09-19	收购一号高功率电炉，投入募集资金9 574.34万元
2012-09-19	一锅炉改造（技改），投入募集资金1 635.00万元
2012-09-19	收购合金钢大方坯连铸机，投入募集资金2.27亿元
2012-09-19	钢变主变压器改造（技改），投入募集资金987万元
2012-09-19	650轧机改造工程（技改），投入募集资金530.29万元
2012-09-19	100mm无缝轧管机改造（技改），投入募集资金2 542.14万元
2015-05-11	收购西宁特钢集团有限责任公司新建2#超高功率电炉及其紧密相关，投入募集资金1.75亿元
2015-05-11	用于新产品准贝氏体钢的研制、开发和推广项目，投入募集资金2 844.20万元
2015-05-11	建设1 250吨液压剪切机，投入募集资金1 166.18万元
2018-08-06	合金钢连续式轧机工程，投入募集资金7.66亿元

4.该公司历年筹资情况

股利分配政策的另一个影响因素是公司的筹资。该公司上市后至2018年度的筹资数据见表4-6。

表4-6　2012—2018年XNTG股份有限公司筹资数据表

日期	筹资方式	筹资总额（万元）
2012年9月23日	以5.8元每股的价格发行8 000万股普通股	46 400
2015年5、6月	以每股7元的价格配售股份3 822万股	26 754
2018年8月11日	公开发行了490万张可转换公司债券，每张面值100元	49 000

5.该公司历年年末股本情况（见表4-7）

表4-7 2012—2018年XNTG股份有限公司股本数据表 单位：万股

年份	未上市流通股份	已上市流通股份	股份总数
2012年	24 800	7 200	32 000
2013年	24 000	8 000	32 000
2014年	40 800	13 600	54 400
2015年	42 222	16 000	58 222
2016年	42 222	16 000	58 222
2017年	42 222	16 000	58 222
2018年	42 222	16 000	58 222

6.该公司历年净资产收益率数据

净资产收益率是反映企业盈利能力大小的核心指标之一。2015—2018年该公司净资产收益率数据见表4-8。

表4-8 2015—2018年XNTG股份有限公司净资产收益率数据表

	2015年	2016年	2017年	2018年
摊薄的净资产收益率	5.88%	6.38%	9.39%	6.96%
加权平均的净资产收益率	6.53%	6.59%	7.80%	6.8%
扣除非经常性损益后的摊薄净资产收益率	6.17%	5.69%	9.05%	6.51%
扣除非经常性损益后的加权平均净资产收益率	6.88%	5.88%	7.52%	6.36%

7.股价数据

有些公司实施高派现的目的是拉高股票价格，从而配合股东和高管减持股票。公司2018年4月至9月的股价见表4-9。

表4-9 2018年4—9月XNTG股份有限公司股价表 单位：元/股

日期	收盘价	日期	收盘价	日期	收盘价
4/1	5.81	6/6	6.39	8/4	4.93
4/2	5.8	6/9	6.34	8/5	4.97
4/3	5.87	6/10	6.68	8/6	5.05
4/4	5.8	6/11	6.8	8/7	5.12
4/7	5.93	6/12	6.46	8/8	5.1
4/8	5.93	6/13	6.33	8/11	4.99
4/9	5.93	6/16	6.23	8/12	5.02
4/10	6.52	6/17	6.08	8/13	5.04
4/11	6.53	6/18	6.12	8/14	4.95

续表

日期	收盘价	日期	收盘价	日期	收盘价
4/14	7.08	6/19	6.03	8/15	4.89
4/15	7.16	6/20	5.92	8/18	4.83
4/16	7.07	6/23	5.85	8/19	4.76
4/17	6.79	6/24	5.81	8/20	4.76
4/18	6.82	6/25	5.88	8/21	4.86
4/21	6.5	6/26	5.79	8/22	4.85
4/22	6.63	6/27	5.7	8/25	4.84
4/23	6.57	6/30	5.52	8/26	4.89
4/24	6.38	7/1	5.27	8/27	4.82
4/25	6.49	7/2	5.26	8/28	4.76
4/28	6.3	7/3	5.4	8/29	4.7
4/29	6.56	7/4	5.42	9/1	4.68
4/30	6.33	7/7	5.35	9/2	4.85
5/12	6.45	7/8	5.37	9/3	4.84
5/13	6.45	7/9	5.45	9/4	4.82
5/14	6.63	7/10	5.4	9/5	4.96
5/15	6.71	7/11	5.48	9/8	4.83
5/16	6.86	7/14	5.42	9/9	4.78
5/19	6.77	7/15	5.31	9/10	4.78
5/20	6.72	7/16	5.52	9/11	4.8
5/21	6.62	7/17	5.5	9/12	4.82
5/22	6.54	7/18	5.59	9/15	4.75
5/23	6.64	7/21	5.4	9/16	4.77
5/26	6.69	7/22	5.32	9/17	4.77
5/27	6.67	7/23	5.39	9/18	4.72
5/28	6.67	7/24	5.44	9/19	4.7
5/29	6.46	7/25	5.37	9/22	4.72
5/30	6.45	7/28	5.27	9/23	4.67
6/2	6.37	7/29	5.1	9/24	4.69
6/3	6.29	7/30	5.13	9/25	4.73
6/4	6.35	7/31	5.13	9/26	4.68
6/5	6.64	8/1	5.06	9/29	4.65
				9/30	4.5

8.其他相关数据

除了上述数据资料，2015—2018年相关财务报表数据见表4-10、表4-11、表4-12。

表4-10　2015—2018年XNTG股份有限公司资产负债表相关数据　单位：千元

项目	2015-12-31	2016-12-31	2017-12-31	2018-12-31
货币资金	110 814	202 605	385 901	483 676
流动资产合计	1 721 187	1 611 565	1 712 247	1 953 490
固定资产合计	815 266	933 628	1 066 570	1 233 398
无形资产及其他资产合计		179 363	173 466	167 569
资产合计	2 536 454	2 724 556	2 952 283	3 354 457
应付股利	34 933		302 754	
流动负债合计	1 059 471	1 124 670	1 711 461	1 395 743
长期借款	65 000	200 000	30 000	165 000
应付债券	52 530			492 287
非流动负债合计	117 530	200 000		657 287
负债合计	1 177 001	1 324 670	1 741 461	2 053 030
股本	582 220	582 220	582 220	582 220
资本公积	550 975	550 975	550 975	550 975
盈余公积	48 779	54 844	71 897	85 488
未分配利润	177 479	211 848	5 730	82 745
股东权益合计	1 359 452	1 399 886	1 513 577	1 301 428
负债及所有者权益合计	2 536 454	2 724 556	2 952 283	3 354 457

表4-11　2015—2018年XNTG股份有限公司利润及利润分配表相关数据　单位：千元

项目	2015年	2016年	2017年	2018年
一、主营业务收入	1 318 282	1 238 875	1 354 044	1 606 696
二、主营业务利润	140 256	206 590	252 382	275 084
三、营业利润	92 178	102 267	128 063	103 225
四、利润总额	112 604	101 777	128 133	106 981
五、净利润	79 926	90 043	113 690	90 605
六、可供分配的利润	224 401	225 958	325 538	399 090
七、可供股东分配的利润	212 412	212 452	308 485	385 499
减：应付普通股股利	34 933		302 754	
八、未分配利润	177 479	212 452	5 730	82 745

表 4-12 **2015—2018年XNTG股份有限公司现金流量表相关数据** 单位：千元

项目	2015	2016	2017	2018
一、经营活动产生的现金流量				
经营活动现金流入小计	862 671	1 335 787	1 347 352	1 982 607
经营活动现金流出小计	811 037	1 161 220	1 225 728	1 817 704
经营活动产生的现金流量净额	51 634	174 567	121 624	164 902
二、投资活动产生的现金流量净额				
投资活动现金流入小计	0		486	1 560
投资活动现金流出小计	194 973	35 226	219 799	308 909
投资活动产生的现金流量净额	−194 973	−35 226	−219 312	−307 349
三、筹资活动产生的现金流量				
发行债券收到的现金				490 000
吸收权益性投资所收到的现金	215 287			
借款所收到的现金	376 000	629 850	551 850	871 800
筹资活动现金流入小计	591 287	629 850	551 850	1 361 800
偿还债务所支付的现金	346 000	605 300	374 850	751 850
发生筹资费用所支付的现金	1 941			
分配股利或利润所支付的现金	424	72 099	43 516	346 971
偿付利息所支付的现金	32 865			
筹资活动现金流出小计	381 230	677 399	418 366	1 119 008
筹资活动产生的现金流量净额	210 057	−47 549	133 484	242 792
四、汇率变动对现金的影响				
五、现金及现金等价物净增加额	66 718	91 791	35 796	100 345
六、不涉及现金收支的投资和筹资活动	887 744			
七、将净利润调节为经营活动的现金流量				
八、现金及现金等价物净增加情况				
货币资金的期末余额	110 814		173 401	273 746
减：货币资金的期初余额	44 096		137 605	173 401
现金及现金等价物净增加额	66 718	91 791	35 796	100 345

要求：

1.XNTG股份有限公司股利支付形式有哪些？不同的股利支付形式对公司有何不同

影响？

2.影响XNTG股份有限公司股利政策的法规因素有哪些？具体是如何影响的？

3.影响XNTG股份有限公司股利政策的公司因素有哪些？具体是如何影响的？

4.2017年度XNTG股份有限公司为何要派发如此高额的现金股利？

5.XNTG股份有限公司在其他年份为何不派发（少派发）股利/现金股利？

6.你从XNTG股份有限公司股利分配政策案例中得到哪些启示？

第五章
“公司财务分析评价”课程实训

E000 “公司财务分析评价”实训大纲

开课学期：第5学期
开课专业：财务管理
实训学时：6
实训学分：0.5
参考指导书：《财务管理专业实验（实训）指导书》

实训形式

案例分析和讨论。

实训目的和要求

“公司财务分析评价”是一门实践性很强的学科，因此，开展案例分析和讨论等是课程必不可少的重要环节。只有通过实践，才能巩固、应用所学理论，培养学生实际开展财务报表分析的基本技能；培养学生认真负责的工作态度和严谨细致的工作作风。要求学生动手前认真准备，案例分析讨论中积极思考，完成后认真总结提高，并按要求提交分析报告。

实训形式安排

公司财务分析评价案例分析和讨论6学时。

实训考核

要求学生上台讲解分析结果或对分析报告进行评分，作为平时分的一个组成部分。

实训项目与主要内容（见表5-1）

表5-1 “公司财务分析评价”实训项目与主要内容

序号	项目名称	主要内容	课 时	评分权重	必做/选做
1	XXZY股份有限公司报表分析案例	比率分析；综合分析；各用户的评价和决策	6	100%	必做

实训E001 XXZY股份有限公司报表分析案例

一、实训名称和性质（见表5-2）

表5-2 实训名称和性质

实训名称	XXZY股份有限公司报表分析
面向专业或课程	财务管理专业“公司财务分析评价”课程。
实训学时分配	6
实训性质	□调查 ☑案例 □软件模拟
必做/选做	☑必做 □选做

二、实训目的和要求

让学生通过实训，培养单项和综合财务分析能力，并站在不同的财务分析主体角度，指出公司存在的问题以及提出相应的解决对策。

要求学生认真对待实训，实训前复习相关知识及对案例进行初步分析，实训时深入分析案例，并按时提交实训案例分析报告。

三、知识准备

（一）前期要求掌握的知识

有关财务分析知识。

（二）相关理论

财务分析理论。

（三）参考书目

1.张新民，钱爱民．财务报表分析［M］．4版．北京：中国人民大学出版社，2017.

2.肖星．一本书读懂财报［M］．杭州：浙江大学出版社，2014.

3.吉布森，财务报表分析［M］．胡玉明，译．12版．大连：东北财经大学出版社，2012.

4.张惠忠，裘益政，胡素华．财务报告分析［M］．北京：科学出版社，2017.

5.裘益政，柴斌锋．财务报告分析［M］．北京：科学出版社，2017.

6.市值风云、野马财经、面包财经等公众号文章。

7.肖星的财务分析视频。

四、实训组织和安排

6课时的实训中，部分用于课堂个人案例分析，部分用于学生课堂讲解、同学提问、任课老师点评等。

具体实训步骤和内容：

1.回顾偿债能力、营运能力、盈利能力、现金流量、杜邦分析法的相关知识，不同财务分析主体财务分析目的的不同；

2.计算相关财务指标；

3.与往年数据、同业可比公司进行财务指标的对比分析，指出公司财务存在的不足和问题；

4.提出切实可行的改进措施，归纳各财务分析主体可能作出的决策。

五、注意事项

不同利益相关方对财务分析需求和侧重点的差别。

六、实训结果提交方式

案例分析报告。

七、实训考核方式和标准

本实验采用五级制。

1.优秀（A）：能够熟练掌握和应用相关知识，所提改进措施和所作决策有的放矢、正确合理；

2.良好（B）：能够较熟练地掌握和应用相关知识，所提改进措施和所作决策比较正确合理；

3.中等（C）：能够掌握和应用相关知识，所提改进措施和所作决策有一定的价值；

4.及格（D）：对相关知识的了解和应用不充分，所提改进措施和所作决策价值不大；

5.不及格（E）：对相关知识的了解和应用很不充分，所提改进措施和所作决策没有价值。

八、实训材料

（一）XXZY公司数据和资料

1.公司基本资料

公司的主营业务为现代中药及中药饮片的研发、生产与销售，辅之医疗器械、保健用品、软饮料、少量西药产品及医药流通等业务，于2010年在创业板上市。

2.公司合并资产负债表、合并利润表及合并现金流量表（见表5-3、表5-4、表5-5）

表5-3 **合并资产负债表** 单位：人民币千元

项目	2014-12-31	2015-12-31	2016-12-31	2017-12-31	2018-12-31
流动资产：					
货币资金	334 412	657 333	835 787	1 413 791	650 107
以公允价值计量且其变动计入当期损益的金融资产		21 274	26 364		23 337
应收票据	80 328	104 150	83 374	74 838	62 902
应收账款	395 561	515 775	795 181	808 223	835 703
预付款项	115 931	96 367	71 104	808 223	58 277
其他应收款	30 302	59 664	273 180	630 545	1 138 460
存货	284 296	341 750	503 133	504 547	590 062
一年内到期的非流动资产					10 844
其他流动资产	7 495	331 265	392 688	632 213	548 892
流动资产合计	1 248 325	2 127 574	2 980 809	4 872 380	3 918 586

续表

项目	2014-12-31	2015-12-31	2016-12-31	2017-12-31	2018-12-31
非流动资产：					
可供出售金融资产	35 650	85 650	268 650	319 650	251 297
持有至到期投资	80 000	70 000		10 044	
长期股权投资	52 818	1 508	960	5 197	114 897
固定资产	1 223 250	1 470 120	1 544 434	1 539 687	1 855 003
在建工程	258 306	150 758	1 321 174	858 971	827 985
生产性生物资产			452	1 212	429
无形资产	179 056	238 415	265 909	380 629	687 218
开发支出	58 954	63 536	135 258	179 192	91 133
商誉	422 528	422 528	634 536	646 661	644 667
长期待摊费用	6 457	11 804	15 257	14 959	15 558
递延所得税资产	6 769	8 413	18 346	27 005	31 449
其他非流动资产	16 167	1 696	802 942	385 100	187 389
非流动资产合计	2 339 959	2 524 428	5 007 918	4 368 307	4 707 023
资产总计	3 588 283	4 652 002	7 988 727	9 240 687	8 625 609
流动负债：					
短期借款	555 000	42 000	1 095 000	1 649 381	1 463 100
应付票据	74 226	31 495	101 110	53 217	20 052
应付账款	175 841	207 414	416 494	407 839	431 384
预收款项	30 942	33 369	36 786	79 988	63 239
应付职工薪酬	9 400	11 556	15 526	19 607	25 359
应交税费	20 041	25 086	31 922	36 216	23 267
其他应付款	191 899	212 937	355 518	240 599	343 136
一年内到期的非流动负债	80 000		500 055		852 900
其他流动负债			748 729	748 619	
流动负债合计	1 137 349	563 858	3 301 139	3 235 466	3 222 436
非流动负债：					
长期借款			754 000	926 000	212 200

续表

项目	2014-12-31	2015-12-31	2016-12-31	2017-12-31	2018-12-31
应付债券	536 895	498 975		895 696	1 096 219
长期应付款			200 000	235 750	9 407
递延收益	42 832	43 189	49 234	64 043	58 557
递延所得税负债					14 521
非流动负债合计	579 727	542 164	1 003 234	2 121 489	1 390 904
负债合计	1 717 076	1 106 022	4 304 373	5 356 955	4 613 340
所有者权益：					
股本	509 573	661 476	661 476	661 476	661 476
资本公积	732 231	2 134 418	2 134 303	2 134 326	2 134 326
减：库存股					71 886
其他综合收益	−3 641	−2 442	−65	−719	3 256
盈余公积	73 959	84 792	91 470	92 999	92 999
未分配利润	431 770	529 443	509 412	573 822	610 421
归属于母公司所有者权益合计	1 743 892	3 407 686	3 396 596	3 461 903	3 430 591
少数股东权益	127 315	138 295	287 758	421 829	581 678
所有者权益合计	1 871 207	3 545 980	3 684 354	3 883 732	4 012 269
负债和所有者权益总计	3 588 283	4 652 002	7 988 727	9 240 687	8 625 609

表 5-4 **合并利润表** 单位：人民币千元

项目	2014 年	2015 年	2016 年	2017 年	2018 年
一、营业总收入	1 523 980	1 464 605	1 862 088	2 187 317	2 504 252
其中：营业收入	1 523 980	1 464 605	1 862 088	2 187 317	2 504 252
二、营业总成本	1 322 613	1 280 033	1 809 968	2 309 574	2 464 579
其中：营业成本	888 856	839 083	1 274 021	1 542 067	1 591 112
税金及附加	12 082	13 954	15 928	19 104	18 637
销售费用	202 949	217 335	251 072	308 114	373 306
管理费用	160 599	159 084	187 053	218 247	224 310
研发费用					38 671
财务费用	50 491	31 457	60 536	163 039	157 816

续表

项目	2014年	2015年	2016年	2017年	2018年
资产减值损失	7 635	19 120	21 358	59 002	60 727
加：其他收益					35 410
公允价值变动收益（损失以"-"号填列）		-4 114	3 489		-5 543
投资收益（损失以"-"号填列）	5 574	5 107	3 601	156 609	56 805
资产处置收益（损失以"-"号填列）					-320
三、营业利润（亏损以"-"号填列）	206 942	185 565	59 210	105 550	126 026
加：营业外收入	21 105	34 123	59 407	27 975	1 766
减：营业外支出	3 452	2 185	4 018	7 625	15 789
四、利润总额（亏损总额以"-"号填列）	224 595	217 502	114 599	125 899	112 003
减：所得税费用	8 051	15 856	16 962	13 774	24 033
五、净利润（净亏损以"-"号填列）	216 544	201 646	97 637	112 125	87 971
其中：归属于母公司所有者的净利润	196 796	177 298	66 024	65 939	56 439
少数股东损益	19 748	24 348	31 613	46 186	31 531
六、其他综合收益的税后净额	-2 416	1 199	2 378	-654	3 975
七、综合收益总额	214 127	202 845	100 014	111 471	91 946
其中：归属于母公司所有者的综合收益总额	194 380	178 497	68 402	65 285	60 415
归属于少数股东的综合收益总额	19 748	24 348	31 613	46 186	31 531
八、每股收益：					
（一）基本（稀释）每股收益（元/股）[归母]	0.39	0.28	0.1	0.1	0.09
（二）基本（稀释）每股收益（元/股）[扣非后归母]	0.36	0.23	0.20	-0.23	-0.07

表5-5 **合并现金流量表** 单位：人民币千元

项目	2014年	2015年	2016年	2017年	2018年
一、经营活动产生的现金流量					
销售商品、提供劳务收到的现金	1 514 342	1 583 538	2 172 670	2 315 776	2 371 673
收到的税费返还	4 853	3 811	5 646	8 685	10 350
收到其他与经营活动有关的现金	50 460	68 694	305 023	345 214	143 891
经营活动现金流入小计	1 569 655	1 656 044	2 483 338	2 669 676	2 525 914

续表

项目	2014年	2015年	2016年	2017年	2018年
购买商品、接受劳务支付的现金	845 530	971 199	1 351 304	1 724 622	1 608 868
支付给职工以及为职工支付的现金	146 099	157 416	212 332	260 349	294 183
支付的各项税费	121 829	134 073	141 407	124 577	115 769
支付其他与经营活动有关的现金	290 616	233 465	579 813	450 595	415 855
经营活动现金流出小计	1 404 074	1 496 153	2 284 857	2 560 143	2 434 676
经营活动产生的现金流量净额	165 580	159 890	198 481	109 533	91 238
二、投资活动产生的现金流量					
收回投资收到的现金		10 000	17 000	27 284	19 150
取得投资收益收到的现金	4 053	6 062	4 148	2 274	76 919
处置固定资产、无形资产和其他长期资产收回的现金净额		3	5 043	20 367	73 121
处置子公司及其他营业单位收到的现金净额				485 624	1 134 000
收到其他与投资活动有关的现金		69	1 044 549	687 114	478 680
投资活动现金流入小计	4 053	16 135	1 070 740	1 222 664	1 781 871
购建固定资产、无形资产和其他长期资产支付的现金	243 854	276 952	1 966 047	777 865	495 464
投资支付的现金	263 962	351 881	183 000	91 565	22 241
取得子公司及其他营业单位支付的现金净额			104 355	141 826	35 750
支付其他与投资活动有关的现金			1 387 000	884 690	1 008 779
投资活动现金流出小计	507 817	628 833	3 640 402	1 895 946	1 562 235
投资活动产生的现金流量净额	−503 763	−612 699	−2 569 663	−673 282	219 636
三、筹资活动产生的现金流量					
吸收投资收到的现金	900	1 558 154	32 095	1 000	
取得借款收到的现金	962 000	472 000	2 121 000	2 147 661	1 642 870
发行债券收到的现金			747 600	2 391 075	199 000
收到其他与筹资活动有关的现金			2 935	93 380	145 689
筹资活动现金流入小计	962 900	2 030 154	2 903 630	4 633 116	1 987 559

续表

项目	2014年	2015年	2016年	2017年	2018年
偿还债务支付的现金	921 000	1 104 000	523 940	3 421 335	2 370 051
分配股利、利润或偿付利息支付的现金	150 273	135 197	157 262	172 230	207 381
支付其他与筹资活动有关的现金	2 794	2 689	1 333	76 136	167 609
筹资活动现金流出小计	1 074 067	1 241 886	682 536	3 669 701	2 745 041
筹资活动产生的现金流量净额	–111 167	788 268	2 221 094	963 415	–757 482
四、汇率变动对现金及现金等价物的影响	9	–11	706	–1 898	1 945
五、现金及现金等价物净增加额	–449 340	335 448	–149 381	397 768	–444 663
加：期初现金及现金等价物余额	744 184	294 844	630 292	480 911	878 679
六、期末现金及现金等价物余额	294 844	630 292	480 911	878 679	434 016

3.公司其他数据和资料

（1）利润分配及股价（见表5–6）

表5–6　　公司历年利润分配方案及年底股票收盘价

年度	利润分配方案	年底股票收盘价（元/股）
2014年	10派1.35元（含税）	16.68
2015年	10派1.2元（含税）	25.01
2016年	不分配不转增	12.90
2017年	10派0.302349元（含税）	8.97
2018年	10派0.34元（含税）	6.14

（2）融资及借款抵押、质押

截至2018年5月底，公司自上市以来IPO共融资10.54亿元，股权再融资（配股）共15.89亿元，债券融资共38.90亿元。公司2017年、2018年借款抵押、质押情况见表5–7。

表5–7　　2017—2018年公司借款抵押、质押情况　　单位：人民币千元

项目	2017-12-31		2018-12-31	
	期末账面价值	性质	期末账面价值	性质
应收票据			4 332	借款质押
应收账款	262 147	借款质押	33 018	借款质押
长期股权投资			457 500	借款质押
固定资产	61 912	借款抵押	61 938	借款抵押
在建工程	183 183	借款抵押	243 686	借款抵押
无形资产	19 951	借款抵押	19 445	借款抵押
合计	527 193		819 919	

（3）公司历年利息金额（见表5-8）

表5-8　公司历年利息金额　单位：人民币千元

项目	2014年	2015年	2016年	2017年	2018年
资本化利息	18 041	14 402	20 700	61 975	42 236
费用化利息（利息支出）	70 584	50 495	68 164	150 926	145 682

（4）净资产收益率（见表5-9）

表5-9　公司历年净资产收益率　单位：%

项目	2014年	2015年	2016年	2017年	2018年
归母加权平均净资产收益率	11.83	6.90	1.94	1.92	1.64
扣非后的归母加权平均净资产收益率	11.01	5.73	0.46	−4.43	−1.34

（5）投资收益

2017年，公司获得投资收益1.56亿元，系出售子公司100%股权给大股东。

（6）商誉减值

截至2017年12月31日，公司合并财务报表中商誉的账面价值为646 661千元，相应的减值准备余额为1 532千元。截至2018年12月31日，公司合并财务报表中商誉的账面价值为644 667千元，相应的减值准备余额为3 526千元。

（7）研发支出（见表5-10）

表5-10　公司历年研发支出　金额单位：人民币亿元

项目	2014年	2015年	2016年	2017年	2018年
费用化研发支出	0.51	0.46	0.33	0.40	0.39
资本化研发支出	0.17	0.48	0.72	0.63	0.72
研发支出合计	0.68	0.93	1.05	1.03	1.05
资本化率（%）	25.43	51.21	68.30	61.11	65.74

（二）可比公司历年财务指标

可比公司ZSYY是一家集药品研发、生产和市场营销为一体的国家火炬计划重点高新技术企业，目前的主营业务是中成药、化学药、中药材和中药饮片、化学原料药的研发、生产和销售，以及眼科的医疗服务和运营管理。两家公司在上市时间、所处行业、营业收入、净利润、总资产等方面均具有较高的可比性（见表5-11）。

表5-11　可比公司历年财务指标、比率

项目	2014年	2015年	2016年	2017年	2018年
一、偿债能力					
流动比率（倍）	4.01	1.10	2.92	2.25	2.69
速动比率（倍）	3.63	0.95	2.57	2.01	2.37
资产负债率（%）	17.67	36.73	18.96	23.18	24.66

续表

项目	2014年	2015年	2016年	2017年	2018年
利息保障倍数（倍）	58.07	39.94	81.77	64.95	15.68
二、营运能力					
总资产周转率（次）	0.57	0.47	0.40	0.40	0.45
流动资产周转率（次）	0.89	1.23	0.77	0.79	0.99
固定资产周转率（次）	3.52	4.46	4.81	6.28	8.63
应收账款周转率（次）	2.89	2.67	3.09	3.44	3.63
存货周转率（次）	3.76	3.21	1.96	3.01	3.17
三、盈利能力					
毛利率（%）	60.46	63.67	69.50	58.70	61.72
销售净利率（%）	16.51	18.74	24.84	21.54	18.23
总资产净利率（%）（用年末数）	9.36	8.87	9.95	8.71	8.21
加权平均净资产收益率（归母；%）	12.81	15.13	16.20	11.87	11.38
加权平均净资产收益率（扣非归母；%）	12.48	14.74	14.36	9.32	10.90
基本每股收益（归母；元）	0.62	0.41	0.55	0.52	0.54
基本每股收益（扣非归母；元）	0.61	0.40	0.49	0.41	0.51
市盈率（倍）	30.97	32.29	22.45	24.23	15.46
每股净资产（元）	8.82	2.86	4.20	4.58	4.85
市净率（倍）	2.18	4.63	2.94	2.75	1.72
股利支付率（%）	40.32	46.21	32.73	34.62	37.04
股利保障倍数（倍）	2.48	2.16	3.06	2.89	2.70
四、现金流量指标					
销售现金比率（倍）	0.08	0.12	0.20	0.19	0.14
营业净利润现金比率（倍）	0.47	0.65	0.80	0.87	0.76
现金流动负债比（倍）	0.28	0.16	0.45	0.34	0.37
现金债务总额比（倍）	0.25	0.16	0.42	0.33	0.25
每股经营现金净流量	0.27	0.26	0.42	0.45	0.40
现金股利保障倍数（倍）	1.09	1.41	2.31	2.52	2.01
五、其他					
商誉余额（千元）	34 851	950 713	1 351 162	1 179 574	1 351 162
商誉减值准备余额（千元）	2776	2776	0	0	0
研发费用资本化率（%）	29.41	37.13	49.16	45.75	43.15

要求：

1.计算并解释XXZY股份有限公司2014—2018年度偿债能力、营运能力的财务指标并作趋势和同业比较。作为公司的财务总监，综合评价该公司2014—2018年度的财务状况，并阐述应该从哪些方面及采用何种措施加以改善。

2.计算并解释XXZY股份有限公司2014—2018年度盈利能力的财务指标并作趋势和同业比较。作为公司的财务总监，综合评价该公司2014—2018年度的经营成果，并阐述应该从哪些方面及采用何种措施加以改善。

3.计算并解释XXZY股份有限公司2014—2018年度现金流量的财务指标并作趋势和同业比较。作为公司的财务总监，综合评价该公司2014—2018年度的现金流量状况，并阐述应该从哪些方面及采用何种措施加以改善。

4.运用杜邦分析法分析XXZY股份有限公司净资产收益率变动情况及变动原因（需采用因素分析法比较前后年份）；分析股东、债权人对报表的反应及依据报表可能作出的决策。

注：计算相关指标时，资产不需要用平均数。

第六章
"税务筹划"课程实训

F000 "税务筹划"实训大纲

开课学期：第4学期
开课专业：财务管理
实训学时：8学时
实训学分：0.5
参考指导书：《财务管理专业实验（实训）指导书》

实训形式

案例讨论、案例分析报告撰写。

实训目的和要求

"税务筹划"是一门实践性很强的学科，因此，在本课程的增值税、消费税、企业所得税、个人所得税筹划等内容中进行实验等实践性教学是课程必不可少的重要环节。只有通过实践，才能巩固、应用所学理论，培养学生参加企业税务筹划的基本技能；培养学生的税务筹划实践意识；培养学生认真负责的专业态度和严谨细致的工作作风。要求学生实验分析前认真准备，写作报告和讨论中积极思考，完成后认真总结提高，并按要求提交分析报告及相关材料。

实训形式安排

总学时8学时。其中，企业销售方式的税务筹划2学时，关联企业转让定价的税务筹划2学时，固定资产折旧的税务筹划2学时，个人所得的税务筹划2学时。

实训考核

实验案例分析报告的质量60%，案例讨论表现40%。

实训项目与主要内容

（见表6-1）

表6-1 "税务筹划"实训项目与主要内容

序号	项目名称	主要内容	课 时	评分权重	必做/选做
1	企业销售方式的税务筹划	增值税筹划	2	25%	必做
2	关联企业转让定价的税务筹划	消费税筹划	2	25%	必做
3	固定资产折旧的税务筹划	企业所得税筹划	2	25%	必做
4	个人所得的税务筹划	个人所得税筹划	2	25%	必做

实训F001 企业销售方式的税务筹划

一、实训名称和性质（见表6-2）

表6-2 实训名称和性质

实训名称	企业销售方式的税务筹划
面向专业或课程	财务管理专业“税务筹划”课程
实训学时分配	2
实训性质	□调查 ☑案例 □软件模拟
必做/选做	☑必做 □选做

二、实训目的和要求

“税务筹划”是一门实践性很强的学科，因此，在本课程的增值税内容中进行实训等实践性教学是课程必不可少的重要环节。通过本实训，旨在使学生巩固、应用所学理论，掌握增值税的税收筹划方法。

三、知识准备

（一）前期要求掌握的知识、相关理论

熟练掌握财务管理、中级财务会计和税收等课程的基本知识以及税收筹划的基本理论和基本方法，特别是增值税、企业所得税应纳税额的计算。

（二）参考书目

1.计金标．税收筹划［M］．7版．北京：中国人民大学出版社，2019.

2.盖地．税务筹划［M］．7版．北京：高等教育出版社，2019.

3.梁俊娇．税收筹划［M］．北京：中国人民大学出版社，2019.

4.中国注册会计师协会．税法［M］．北京：中国财政经济出版社，2020.

四、实训组织和安排

按照教学大纲要求，本次实训安排在增值税税收筹划课堂教学内容全部结束后进行，是对增值税税收筹划等相关知识体系的检查和整合。本项目要求学生一人一组，实验分析前认真准备，写作报告和讨论中积极思考，完成后认真总结提高，并按要求上交分析报告及相关材料。

五、注意事项

1.会计和税收制度在相关规定上的差别。

2.三种方案下企业所得税税前扣除的工资和其他费用均为600元。

六、实训结果提交方式

实训项目应按照要求写出规范的实训报告。每个实训项目的实训报告应填明课程名称、实训项目名称、班级、姓名、学号，根据实训项目具体内容不同，分别写明每个实训项目的实训目的、实训原理和步骤、实训内容及数据、实训结论、收获建议等。

七、实训考核方式和标准

本实训报告成绩采用五级制，由事先确定的各指导教师依据学生的实验实训态度和实验实训结果等确定。

1.优秀（A）：能够使用案例中提供的原始数据进行增值税中四种销售激励方式的税收筹划决策，四个方案的计算数据和案例分析结论完全正确。

2.良好（B）：能够使用案例中提供的原始数据进行增值税中四种销售激励方式的税收筹划决策，三个方案的计算数据和案例分析结论基本正确。

3.中等（C）：能够使用案例中提供的原始数据进行增值税中四种销售激励方式的税收筹划决策，两个方案的计算数据和案例分析结论基本正确。

4.及格（D）：能够使用案例中提供的原始数据进行增值税中四种销售激励方式的税收筹划决策，一个方案的计算数据和案例分析结论基本正确。

5.不及格（E）：不能够使用案例中提供的原始数据进行增值税中四种销售激励方式的税收筹划决策，四个方案的计算数据和案例分析结论不正确。

八、实训材料

企业销售方式的税务筹划

随着全球经济一体化趋势的形成，国内市场的竞争也逐渐激烈。在这种形势下，我国企业迎来发展机遇的同时也面临着严峻的挑战。在这个过程中，商场之间也形成了没有硝烟的战场，企业为了获取最高的经济效益，一些手段各异的促销方式也逐渐涌现出来。目前，商业企业为了在激烈的竞争中牟取利益，采取了不同形式的促销模式，又称营业推广。即在商品销售过程中，为刺激消费者购买而采取的能给消费者带来直接利益的促销手段。主要有打折让利、购物返券、满就送、价外馈赠、有奖销售、限时购物、降价销售、积分返利、会员折扣等促销方式。但不同的促销方式，具体的税负有何不同，却是一个蛮复杂的问题。我们认为，不同的促销方式要适应不同的税收政策，所以，企业在选择促销手段时，要根据其自身的实际情况，并合理利用税法提供的节税空间，从而选择具有针对性的促销手段对产品进行促销，在此基础上，还要对市场营销的效果进行分析，并兼顾税务筹划，以此来提高企业的经济效益。

万隆商场为增值税一般纳税人，经营百货业，主要以零售国内外名牌时装为主，商品销售平均利润率为30%。现商场准备在2020年国庆节期间开展一次大型的促销活动，以扩大商场在当地消费者中的影响，同时激发消费者的消费欲望，刺激节日消费。经财务部门初步测算如果将商品打八折让利销售，商场可以维持在原计划利润的水平上。由于商场的决策层对销售活动的相关涉税问题了解不是很深，于是他们向会计师事务所的专家进行了咨询。为了帮助该商场了解销售环节的相关涉税问题，并就促销方案作出决策，会计师事务所的专家们首先提出了以下四个备选方案。

方案一：商品打折销售。让利（折扣）20%销售，即商场将10 000元（含税价）的货物以8 000元的价格（含税价）销售。

方案二：赠送商品销售。购物满100元获赠价值20元的商品，即商场在销售10 000元货物的同时，另外再向购货人赠送2 000元的商品（含税价）。

方案三：返还现金销售。返还20%的现金，即商场销售10 000元货物的同时，向购货人返还2 000元现金。

方案四：加量不加价销售。顾客购物满10 000元，商场送加量，顾客可再选购2 000元商品，即实行捆绑式销售，总价格10 000元不变。

现以销售10 000元的商品为基数测算，其购进成本为含税价7 000元，商场每销售10 000元商品发生并可以在企业所得税前扣除的工资和其他费用为600元。该商场适用13%的增值税税率，25%的企业所得税税率。由于城市维护建设税及教育费附加对结果影响较小，因此，计算时不予考虑。

要求：搜集相关的增值税、企业所得税等税收法规资料

1.计算四种方案的应纳增值税税额。

2.计算四种方案的应纳企业所得税税额。

3.计算四种方案的税后利润，并以此为依据作出税收筹务方案选择。

4.本案例体现了会计和税收制度在相关规定上的差别，表现在哪些方面?

实训F002 关联企业转让定价的税务筹划

一、实训名称和性质（见表6-3）

表6-3 实训名称和性质

实训名称	关联企业转让定价的税务筹划
面向专业或课程	财务管理专业“税务筹划”课程
实训学时分配	2
实训性质	□调查 ☑ 案例 □软件模拟
必做/选做	☑必做 □选做

二、实训目的和要求

“税务筹划”是一门实践性很强的学科，因此，在本课程的消费税内容中进行实训等实践性教学是课程必不可少的重要环节。通过本实训，旨在使学生巩固、应用所学理论，掌握消费税的税收筹划方法。

三、知识准备

（一）前期要求掌握的知识、相关理论

熟练掌握财务管理、中级财务会计和税收等课程的基本知识以及税收筹划的基本理论和基本方法，特别是消费税应纳税额的计算。

（二）参考书目

1.计金标．税收筹划［M］．7版.北京：中国人民大学出版社，2019.

2.盖地．税务筹划［M］．7版.高等教育出版社，2019.

3.梁俊娇．税收筹划［M］．中国人民大学出版社，2019.

4.中国注册会计师协会．税法［M］．中国财政经济出版社，2020.

四、实训组织和安排

按照教学大纲要求，本次实训安排在消费税税收筹划课堂教学内容全部结束后进行，是对消费税税收筹划等相关知识体系的检查和整合。本项目要求学生一人一组，实验分析前认真准备，写作报告和讨论中积极思考，完成后认真总结提高，并按要求上交分析报告

及相关材料。

五、注意事项

1.关联企业的界定。

2.关联交易的税收调整规定。

六、实训结果提交方式

实训项目应按照要求写出规范的实训报告。每个实训项目的实训报告应填明课程名称、实训项目名称、班级、姓名、学号，根据实训项目具体内容不同，分别写明每个实训项目的实训目的、实训原理和步骤、实训内容及数据、实训结论、收获建议等。

七、实训考核方式和标准

本实训报告成绩采用五级制，由事先确定的各指导教师依据学生的实验实训态度和实验实训结果等确定。

1.优秀（A）：能够使用案例中提供的原始数据进行关联企业转让定价的税收筹划决策，计算数据和案例分析结论完全正确。

2.良好（B）：能够使用案例中提供的原始数据进行关联企业转让定价的税收筹划决策，计算数据和案例分析结论基本正确。

3.中等（C）：能够使用案例中提供的原始数据进行关联企业转让定价的税收筹划决策，计算数据基本正确。

4.及格（D）：能够使用案例中提供的原始数据进行关联企业转让定价的税收筹划决策，案例分析基本正确。

5.不及格（E）：不能够使用案例中提供的原始数据进行关联企业转让定价的税收筹划决策，计算数据和案例分析结论不正确。

八、实训材料

关联企业转让定价的税务筹划

所谓关联企业是指有下列关系之一的公司、企业和其他经济组织：(1) 在资金、经营、购销等方面，存在直接或者间接的拥有或者控制关系；(2) 直接或者间接地同为第三者所拥有或者控制；(3) 在利益上具有相关联的其他关系。转让定价又称“转移定价”，是指有关联的企业之间进行产品交易和劳务供应时为均摊利润或转移利润，根据双方的意愿，制定低于或高于市场价格的价格，以实现避税。它是企业进行纳税筹划的最基本的方法之一。

关联企业之间采用转让定价的手段很多，归纳起来主要有以下几种形式：

1.商品交易采用压低定价的方法，使企业应纳的流转税变为利润而转移到对方企业，进行避税。转让方虽然减少了本企业的销售收入，但可以通过从对方企业多分得利润等形式得到补偿。

2.商品交易采取抬高定价的策略，转移收入，实现避税。有些实行高增值税的企业，在向其低税负的关联企业购进产品时，有意抬高进货价格，将利润转移给关联企业。这样既可以增加本企业增值税扣税额，减轻增值税税负，又可以降低所得税税负，然后从低税负的关联企业多留的企业留利中多分得利润等。

3.关联企业之间采用无偿借款或支付预付款的方式，转移利息负担，以实现避税目的。有些资金比较宽裕或贷款来源较广的企业，由于其税负相对较重，往往采用无偿借款或支付预付款的方式给其关联企业使用，这样，这部分资金所支付的利息全部由提供资金的企业负担，增加了成本，降低了所得税税负。

4. 关联企业之间劳务提供采取不计报酬或不合常规计报酬的方式，转移收入避税。

5. 关联企业之间通过有形资产的转让或使用，采用不合常规的价格，转移利润进行避税。有些企业（特别是国有大中型企业）将更新闲置的固定资产以不合常规的低价销售或处理给某些关联企业，其损失部分由企业成本负担，减轻了所得税税负，然后再从中获取个人和集体的好处。

6. 关联企业间通过无形资产的转移和使用，采用不计报酬或不合常规价格，转移收入，实现避税。有些国有企业将本企业的生产配方、生产工艺技术、商标和特许权无偿或低价提供给一些关联企业，其报酬不通过技术转让收入核算，而是从对方的企业留利中获得好处。这样既减少了税收，又可为企业解决福利及其他方面的需要。

按照1979年经济合作与发展组织关于转让定价的调查报告序言部分的说明，转让定价本来是一个中性概念。这个专用概念涉及跨国企业或关联企业中各个经济实体之间商品、劳务和无形资产转让时的定价问题。如果商品、劳务或无形资产定价过低，则买方的盈利能力就会增强，而卖方的获利能力就会相对减弱；反之，如果定价过高，则卖方的获利能力就会增强，而买方则会遭受同样的损失。但对于这个跨国集团或关联企业的整体来说，则获利丝毫没有受到影响，因为利润转移只是在跨国集团或关联企业之间内部的各个公司实体之间进行的。比如，在生产企业和商品企业承担的纳税负担不一致的情况下，若商业企业适用的税率高于生产性企业或反过来生产性企业的适用税率高于商业企业时，那么，有联系的商业企业和生产企业就可以通过某种契约的形式，增加低税率一方的利润，使两者共同承担的税负最小化。

贵州某酒厂主要生产粮食白酒，产品销售给全国各地的批发商，也对当地的消费者直接销售。按照以往的经验，当地的消费者每年到工厂以零售价格直接购买的白酒大约50 000斤。为了提高企业的盈利水平，2019年初企业在本市设立了一个独立核算的白酒经销部。该厂按照销售给其他批发商的产品价格与经销部结算，每斤4元，经销部再以每斤5元的价格对外销售。粮食白酒消费税实行从量定额和从价定率的征收方式，从价税率为25%，同时按每斤0.5元计征消费税。假定当地消费者的购买水平不变。

要求：

1. 分析筹划前后该酒厂消费税税负的变化。

2. 分析筹划前后该酒厂增值税税负的变化。

3. 你认为该酒厂的行为是否属于偷税行为？为什么？

4. 税收征管中如何对关联企业的转让定价进行调整？

实训F003 固定资产折旧的税务筹划

一、实训名称和性质（见表6-4）

表6-4 实训名称和性质

实训名称	固定资产折旧的税务筹划
面向专业或课程	财务管理专业“税务筹划”课程
实训学时分配	2
实训性质	□调查 ☑案例 □软件模拟
必做/选做	☑必做 □选做

二、实训目的和要求

“税务筹划”是一门实践性很强的学科，因此，在本课程的企业所得税内容中进行实训等实践性教学是课程必不可少的重要环节。通过本实训，旨在使学生巩固、应用所学理论，掌握企业所得税的税收筹划方法。

三、知识准备

（一）前期要求掌握的知识、相关理论

熟练掌握财务管理、中级财务会计和税收等课程的基本知识以及税收筹划的基本理论和基本方法。特别是固定资产折旧、企业所得税应纳税额的计算。

（二）参考书目

1.计金标. 税收筹划［M］. 7版. 北京：中国人民大学出版社，2019.

2.盖地.税务筹划［M］. 7版. 北京：高等教育出版社，2019.

3.梁俊娇.税收筹划［M］. 北京：中国人民大学出版社，2019.

4.中国注册会计师协会. 税法［M］. 北京：中国财政经济出版社，2020.

四、实训组织和安排

按照教学大纲要求，本次实训安排在企业所得税税收筹划课堂教学内容全部结束后进行，是对企业所得税税收筹划等相关知识体系的检查和整合。本项目要求学生一人一组，实验分析前认真准备，写作报告和讨论中积极思考，完成后认真总结提高，并按要求上交分析报告及相关材料。

五、注意事项

1.直线法、加速折旧的双倍余额递减法和年数总和法的具体计算。

2.对加速折旧法的特殊考虑。

六、实训结果提交方式

实训项目应按照要求写出规范的实训报告。每个实训项目的实训报告应填明课程名称、实训项目名称、班级、姓名、学号，根据实训项目具体内容不同，分别写明每个实训项目的实训目的、实训原理和步骤、实训内容及数据、实训结论、收获建议等。

七、实训考核方式和标准

本实训报告成绩采用五级制，由事先确定的各指导教师依据学生的实验实训态度和实验实训结果等确定。

1.优秀（A）：能够使用案例中提供的原始数据进行三种折旧方法的税收筹划决策，三个方法的计算数据和案例分析结论完全正确。

2.良好（B）：能够使用案例中提供的原始数据进行三种折旧方法的税收筹划决策，三个方法的计算数据和案例分析结论基本正确。

3.中等（C）：能够使用案例中提供的原始数据进行三种折旧方法的税收筹划决策，两个方法的计算数据基本正确。

4.及格（D）：能够使用案例中提供的原始数据进行三种折旧方法的税收筹划决策，一个方法的计算数据基本正确。

5.不及格（E）：不能够使用案例中提供的原始数据进行三种折旧方法的税收筹划决策，三个方法的计算数据和案例分析结论不正确。

八、实训材料

固定资产折旧的税务筹划

企业的固定资产折旧方法与企业财务状况及其变动趋势密切相关，通过折旧方法的选择可以调整和改善企业的财务状况。因此，在遵守国家税法的前提条件下，根据企业自身固定资产的性质、消耗方式，灵活、理性地选择固定资产的折旧方法，是进行所得税纳税筹划的重要内容。

固定资产折旧是一个成本分摊的过程，企业采用不同的折旧方法可以使每期的固定资产折旧的摊销额不同，因而分摊到各期生产成本中的折旧也不同，从而影响到企业的利润水平，最终影响企业所得税负。因此，选择不同的折旧方法对企业的纳税有很大的影响。

具体来说，企业可采用的折旧方法有：年限平均法（直线法）、工作量法、双倍余额递减法、年数总和法等。双倍余额递减法及年数总和法通常称为加速折旧法。企业采用不同的折旧方法直接影响企业的应纳税额。三种主要折旧方法的计算原理如下。

（1）直线法

年折旧额=固定资产原值×（1–净残值率）/折旧年限

（2）双倍余额递减法

年折旧率=2/预计使用年限

年折旧额=固定资产账面净值×年折旧率

最后两年：

年折旧额=（固定资产账面净值–预计净残值）/2

（3）年数总和法

年折旧率=尚可使用年限/预计使用年限之和

年折旧额=固定资产原值×（1–净残值率）×年折旧率

海兴公司为一生产家用电器的企业，2019年12月31日取得了一台大型设备，价值1 500万元，残值按原价的10%估算，假设折旧年限为5年，该企业适用25%的企业所得税税率，贴现率假定为10%。5年内，假设该企业每年未扣除折旧的税前利润为500万元。假设海兴公司可以在固定资产折旧方法上做出选择。

要求：

1.计算三种方法下每年计提的固定资产折旧额、应纳税所得额、应纳所得税税额和应纳所得税税额现值。

2.分析此案例中直线法和加速折旧法对该企业所得税的影响，并作出筹划选择。

3.假设该公司为国家重点扶持企业，享受“三免三减半”的税收优惠，加速折旧的筹划方式一定比非加速折旧的方式好吗？为什么？

实训F004 个人所得的税务筹划

一、实训名称和性质（见表6-5）

表6-5 实训名称和性质

实训名称	个人所得的税务筹划
面向专业或课程	财务管理专业“税务筹划”课程
实训学时分配	2
实训性质	□调查 ☑案例 □软件模拟
必做/选做	☑必做 □选做

二、实训目的和要求

“税务筹划”是一门实践性很强的学科，因此，在本课程的个人所得税内容中进行实训等实践性教学是课程必不可少的重要环节。通过本实训，旨在使学生巩固、应用所学理论，掌握个人所得税的税务筹划方法。

三、知识准备

（一）前期要求掌握的知识、相关理论

熟练掌握财务管理、中级财务会计和税收等课程的基本知识以及税务筹划的基本理论和基本方法，特别是个人所得税税额的计算方法。

（二）参考书目

1.计金标．税收筹划［M］．7版．北京：中国人民大学出版社，2019.

2.盖地．税务筹划［M］．7版．北京：高等教育出版社，2019.

3.梁俊娇．税收筹划［M］．北京：中国人民大学出版社，2019.

4.中国注册会计师协会．税法［M］．北京：中国财政经济出版社，2020.

四、实训组织和安排

按照教学大纲要求，本次实训安排在个人所得税税务筹划课堂教学内容全部结束后进行，是对个人所得税税务筹划等相关知识体系的检查和整合。本项目要求学生一人一组，实验分析前认真准备，写作报告和讨论中积极思考，完成后认真总结提高，并按要求提交分析报告及相关材料。

五、注意事项

个人所得税相关政策随时会发生变化，关注工资薪金、劳务报酬和稿酬等所得在计算个人所得税时的政策变化。

六、实训结果提交方式

实训项目应按照要求写出规范的实训报告。每个实训项目的实训报告应填明课程名称、实训项目名称、班级、姓名、学号，根据实训项目具体内容不同，分别写明每个实训项目的实训目的、实训原理和步骤、实训内容及数据、实训结论、收获建议等。

七、实训考核方式和标准

本实训报告成绩采用五级制，由事先确定的各指导教师依据学生的实验（实训）态度和实验（实训）结果等确定。

1.优秀（A）：能够使用案例中提供的原始数据进行个人所得税的税务筹划决策，计算数据和案例分析结论完全正确。

2.良好（B）：能够使用案例中提供的原始数据进行个人所得税的税务筹划决策，计算数据和案例分析结论基本正确。

3.中等（C）：能够使用案例中提供的原始数据进行个人所得税的税务筹划决策，计算数据基本正确。

4.及格（D）：能够使用案例中提供的原始数据进行个人所得税的税务筹划决策，案例分析基本正确。

5.不及格（E）：不能够使用案例中提供的原始数据进行个人所得税的税务筹划决策，计算数据和案例分析结论不正确。

八、实训材料

个人所得的税务筹划

美国政治家本杰明·富兰克林曾说过：“世界上只有两件事情不可避免：一是死亡，二是税收。”虽然税收不可避免，但我们可以在法律允许的情况下，以合法的手段和方式减少缴纳税款。随着我国经济的快速发展，人们的生活水平在逐渐地提升，同时个人取得的收入也在逐渐地提高，个人所得税的纳税人群在不停地上升。对于我们个人而言，个税是生活中常见的一个税种。在公司工作，我们要交工资薪金所得个税；兼职赚外快，我们要交劳动报酬所得个税；投资分红，我们要交利息、股息、红利所得个税；连中个百万大奖也需要交偶然所得个税。在当今国内外税收法律制度和市场经济的大背景下，做好个人所得税的纳税筹划，是纳税人的基本权利，也是我们应有的必备技能之一。纳税人应该结合自身情况，以相应法律法规为基础，坚决在合理、合法的大前提下，坚持成本效益原则，重视个人所得税的纳税筹划，加强与有着专门技能的筹划人或筹划部门合作，从而降低自己的税收负担，最大程度获得相应的税收效益，达到个人所得最大化。

2019年1月1日，新修改的《中华人民共和国个人所得税法》正式实施。新个税法中的个税免征额提高、六大专项附加扣除等规则的落地，减轻了纳税人的负担，也增加了老百姓的收入。

李先生是一位大学教师，擅长写作小说，家住在杭州，2019年取得以下收入：

（1）1—12月每月取得由单位支付的工资薪金收入15 000元。

（2）12月末一次性取得全年奖金30 000元（单独计税）。

（3）3月出版一本小说取得稿费50 000元。某影视公司购买小说的版权，又支付报酬10 000元。

（4）3月份发票单张中奖1 100元。

（5）5月份城市改造，自家院落被拆迁获得拆迁补偿89万元。

（6）7月取得一次审稿收入35 000元。

（7）8月取得国债利息收入6 235元。

（8）10月出版的小说获省人民政府颁发的文学成果奖5 000元。

假设该教师“三险一金”专项扣除每月为2 000元，有一子女上幼儿园，同时父母已经60多岁（与姐姐共同赡养）。

要求：

1.计算李先生2019年应缴纳的个人所得税总额。

2.2019—2021年，全年一次性奖金可以单独计税，也可以与当年综合所得合并纳税，请问李先生应选择哪种计税方式？为什么？

3.李先生为了出版小说，需要到浙江嘉兴进行实地考察研究，预计当年考察的费用支出为1万元，请问李先生如何筹划可以节税？

第七章
“管理会计”课程实训

G000 “管理会计”实训大纲

开课学期：第4学期
开课专业：财务管理、会计学
实训学时：8学时
实训学分：0.5
参考指导书：《财务管理专业实验（实训）指导书》

实训形式

案例讨论、案例分析报告撰写。

实训目的和要求

“管理会计”是一门实践性很强的学科，因此，实践性教学是课程必不可少的重要环节。管理会计实验有助于会计学本科专业学生理解和掌握基础性管理会计的基本原理、各种决策、控制、责任考核的技术与方法。提高学生理论联系实际的能力，使学生在理论学习过程中熟悉实务、加强实践。同时，培养学生认真负责的专业态度和严谨细致的工作作风。要求学生实验分析前认真准备，写作报告和讨论中积极思考，完成后认真总结提高，并按要求提交分析报告及相关材料。

需要一套至少可供一个自然班使用的管理会计案例；需要至少可供一个自然班使用的教室或机房。

实训形式安排

总学时8学时。其中，完全成本与变动成本计算2学时，成本习性及本量利分析2学时，短期经营决策的分析与评价2学时，标准成本系统2学时。

实训考核

实验案例分析报告的质量60%，案例讨论表现40%。

实训项目与主要内容（见表7-1）

表7-1 “管理会计”实训项目与主要内容

序号	项目名称	主要内容	课 时	评分权重	必做/选做
1	时代公司成本计算方法的选择	完全成本与变动成本计算	2	25%	必做
2	皮箱公司的本量利分析	成本习性及本量利分析	2	25%	必做
3	公司接受新订单的决策	短期经营决策的分析与评价	2	25%	必做
4	公司业绩评价	标准成本系统	2	25%	必做

实训G001 时代公司成本计算方法的选择

一、实训名称和性质（见表7-2）

表7-2 实训名称和性质

实训名称	时代公司成本计算方法的选择
面向专业或课程	“管理会计”课程
实训学时分配	2
实训性质	□调查 ☑案例 □软件模拟
必做/选做	☑必做 □选做

二、实训目的和要求

随着科学技术的迅猛发展和市场环境的日趋严峻，预测、决策和控制的重要性日益突出，人们要求会计工作能提供更为广泛、深入和适用的信息，当然也包括成本方面的信息。与传统成本法相比，变动成本能够为预测、决策、控制提供更为有用的信息。本实验旨在使学生通过案例，比较两种成本计算方法，掌握变动成本法的计算方法及其对决策的有用性。

三、知识准备

（一）前期要求掌握的知识、相关理论

熟练掌握有关变动成本法和传统成本法的知识。

（二）参考书目

孙茂竹. 管理会计学［M］. 8版. 北京：中国人民大学出版社，2018.

四、实训组织和安排

1.阅读实验材料和原始数据。

2.与案例相结合，要求学生阐述自己的观点。

3.进行小组讨论。

4.撰写实验报告。

五、注意事项

根据案例中给出的条件，分析两种成本计算方法在哪些方面产生差异。

六、实训结果提交方式

以实验报告的形式进行提交。

七、实训考核方式和标准

本实验采用五级制。

1.优秀（A）：能够使用两种成本计算方法分析成本差异，明确变动成本法的优缺点，数据完全正确，分析全面深刻，阐述完整。

2.良好（B）：能够使用两种成本计算方法分析成本差异，明确变动成本法的优缺点，数据基本没错，分析全面深刻，阐述较完整。

3.中等（C）：不能熟练使用两种成本计算方法分析成本差异，但明确变动成本法的优缺点，数据基本没错，分析较全面，阐述较完整。

4.及格（D）：不能熟练使用两种成本计算方法分析成本差异，基本明确变动成本法的优缺点，数据基本没错，分析一般。

5.不及格（E）：不能够使用两种成本计算方法分析成本差异，不能明确区分变动成本法与传统成本法，数据不正确，基本没有分析。

八、实训材料

时代公司成本计算方法的选择

时代公司是一家生产不锈钢工具的公司，该公司由于近年来销售持续下降，董事会决定于2018年初聘请一名新的销售经理王明，来改善公司的销售情况。王明到任后，迅速地采取了一系列手段来提高销售收入，从2018年第一季度的销售情况来看，销售收入有了大幅度的上涨。但是总经理张军却发现虽然第一季度的销售收入提高了，但是公司的利润水平却上升有限。

张军对此感到十分困惑，便与该公司的会计经理李玉商量。李玉指出这是由于公司的成本核算采用了完全成本法的原因。在这种成本计算方法下，产品成本包含固定性制造费用，第一季度销售的主要为前期留下的存货，而本期生产的产品较少，所以第一季度的利润较低。张军对于这一解释无法理解，他要求李玉做出一份能直接反映销售收入和利润之间关系的报表。于是李玉建议可以采用变动成本法对成本重新核算。

李玉重新编制了2017年第4季度和2018年第1季度的利润表和资产负债表，并与原采用完全成本法的利润相比较（相关数据见表7–3、表7–4）。

表7–3 完全成本法和变动成本法利润表比较 单位：元

利润表				
项目	2017年第4季度		2018年第1季度	
	完全成本法	变动成本法	完全成本法	变动成本法
销售收入	562 528	562 528	726 734	726 734
销售成本（标准额）	315 016	219 386	406 971	283 426
毛利润（标准额）	247 512	343 142	319 763	443 308
生产成本差异	（10 568）	（10 568）	（9 215）	（9 215）
人工差异	8 070	8 070	7 000	7 000
材料差异	1 730	—	（49 748）	—
制造费用数量差异	1 125	2 342	2 209	2 209
制造费用支出差异	247 869	342 986	270 009	443 302
实现毛利润	—	125 374	—	150 449
固定制造费用	195 813	195 813	242 074	242 074
销售与管理费用	52 056	21 799	27 935	50 779
税前收益				

注：圆括号内数字表示不利（借方）差异。

由于会计方法不同而受到影响的资产账户只有存货。负债与所有者权益这一栏只有留存收益受到影响（因为不允许将变动成本法用于税收报告目的，因而没有税收债务的影响）。

陈军看到用变动成本法重新编制的2017年第4季度和2018年第1季度的利润表和资产

表7-4　**资产负债表部分项目**　单位：元

项目	2017年12月31		2018年3月31日	
	完全成本法	变动成本法	完全成本法	变动成本法
存货	1 092 189	760 632	1 235 377	860 352
留存收益	2 023437	1 691 880	2 442 650	2 067 625

负债表后，感到非常满意。他觉得在其他条件不变的情况下，变动成本法使得利润随着销售的变化而变化，比完全成本法更好。所以他决定在下次公司会议上提议下个季度采用变动成本法来核算成本。

在下次召开的公司会议上，陈军提出了他的建议。对此，李玉表示赞同，采用变动成本法可以简化成本核算的工作，减少分配固定性制造费用这一程序。固定性制造费用的分配具有主观性，很容易引起各部门之间的矛盾，而变动成本法将其作为期间成本，全额计入当期损益，很好地解决了这一问题。

但是财务总监和董事长却表示了不同的意见。财务总监提出完全成本法重视对固定成本的弥补，这对公司的长期决策是有利的。变动成本法对这一点是忽视的。而且会计准则和税法上也要求采用完全成本法核算成本，如果采用变动成本法，其成本信息只能用于内部决策，就会加大工作量。

董事长认为采用变动成本法，资产负债表中的存货和留存收益金额都较原来少。并且采用变动成本法两个季度的利润合计金额为72 578元，而原方法下两个季度的利润合计金额为79 991元。对于公司的股东和债权人来说，这都不是件好事。

参考资料：ANTHONY R N，HAWKINS D F，MERCHANT K A. 会计学教程与案例——管理会计分册（影印版）[M]. 北京：机械工业出版社，2004：121-122 .

思考题：

1.分析完全成本法和变动成本法的差别。

2.企业选择成本方法的原则有哪些？

3.请对陈军、李玉、财务总监以及董事长的观点进行分析和评价。

4.如果企业采用变动成本法，如何设计企业的会计信息系统？会对公司管理层决策带来哪些影响？

实训G002　皮箱公司的本量利分析

一、实训名称和性质（见表7-5）

表7-5　**实训名称和性质**

实训名称	皮箱公司的本量利分析
面向专业或课程	“管理会计”课程
实训学时分配	2
实训性质	□调查 ☑案例 □软件模拟
必做/选做	☑必做 □选做

二、实训目的和要求

本量利分析是对成本、产量（或销量）、利润之间相互关系进行分析的一种方法。本量利分析的基本原理和分析方法在企业的预测、决策、计划和控制等多方面具有广泛的用途，也是管理会计中的一项基础内容。

本实验旨在通过分析本量利之间的关系及各个影响因素，帮助学生熟悉在企业中本量利分析在管理层决策中的重要作用。

三、知识准备

（一）前期要求掌握的知识、相关理论

熟练掌握有关本量利分析方法的知识。

（二）参考书目

孙茂竹. 管理会计学［M］. 8版. 北京：中国人民大学出版社，2018.

四、实训组织和安排

1.阅读实验材料和原始数据。

2.与案例相结合，要求学生阐述自己的观点。

3.进行小组讨论。

4.撰写实验报告。

五、注意事项

注意区分决策的相关成本和无关成本，以及各个因素变化对本量利的影响。

六、实训结果提交方式

以实验报告的形式进行提交。

七、实训考核方式和标准

本实验采用五级制。

1.优秀（A）：能够正确计算盈亏临界点，明确各因素变化对本量利的影响，数据完全正确，并能根据数据分析提出自己的建议。

2.良好（B）：能够正确计算盈亏临界点，明确各因素变化对本量利的影响，数据基本没错，并能根据数据分析提出自己的建议。

3.中等（C）：能够正确计算盈亏临界点，明确各因素变化对本量利的影响，数据基本没错。

4.及格（D）：能够正确计算盈亏临界点，基本明确部分因素变化对本量利的影响，数据基本没错。

5.不及格（E）：不能够正确计算盈亏临界点，无法明确各因素变化对本量利的影响，数据不正确。

八、实训材料

皮箱公司的本量利分析

N公司为一家生产皮箱的公司，其生产的皮箱为大型、中型和小型三种型号。大型和小型皮箱是为S公司专门生产的，并不对外销售，每月S公司从N公司订货100个大型皮箱和210个小型皮箱。大型皮箱的单价为540元/个，小型皮箱的单价为180元/个。中型皮箱对外进行销售，单位售价为290元/个。2020年第1季度，N公司的皮箱销售量和利润表分别见表7-6和表7-7。

表7-6 N公司2020年第1季度皮箱销售量表 单位：个

项目	销售量	
型号	1月	2月	3月
大型皮箱	100	100	100
中型皮箱	1 132	1 009	986
小型皮箱	210	210	210

表7-7 N公司2020年第1季度利润表 单位：元

项目	1月	2月	3月
收入			
大型皮箱	54 000	54 000	54 000
中型皮箱	328 280	292 610	285 940
小型皮箱	37 800	37 800	37 800
总收入	420 080	384 410	377 740
费用			
原材料	323 360	294 455	289 050
工资与薪金	56 580	51 660	50 740
折旧费			
设备	15 000	15 000	15 000
厂房	52 000	52 000	52 000
动力	2 003	1 827	1 795
管理费用	13 200	13 200	13 200
销售费用	4 800	4 800	4 800
总费用	466 943	432 942	426 585
净收益	（46 863）	（48 532）	（48 845）

该公司生产皮箱所使用的原料主要为进口原料皮，由于受到金融风暴的影响，近2年来进口原料皮价格一直呈上涨趋势。2020年第1季度每张原料皮的价格为94元，远高于上年同期价格，涨幅达108.88%，甚至已超过了金融风暴前的价格。而N公司皮箱销售价格目前未做调整，公司2020年第1季度连续亏损。

N公司各型号皮箱所用进口原料皮的数量和需人工加工的时间见表7-8。

表7-8 各型号皮箱所用进口原料皮的数量和需人工加工的时间

项目	进口原料皮	加工时间
大型皮箱	4张	5小时
中型皮箱	2.5张	4小时
小型皮箱	1张	3小时

目前，N公司购入进口原料皮的单价为每张94元，工人的工资为10元/小时。

针对进口原料皮价格上涨的问题，总经理建议将皮箱的价格上涨50%，并不再使用进口原料皮，而改用价格相对便宜的国产皮。

思考题：

1.根据给出的资料分析，N公司要销售多少个中型皮箱才能达到盈亏平衡？

2.如果改用国产皮为原料，则国产皮的单价为多少时，在目前的销售情况下，N公司才能不亏损？

3.如果按照总经理的建议，将皮箱的价格上涨，则单价要上涨百分之几才能盈利（假设三种皮箱价格上涨的幅度相同）？

4.你能否提出一些建议，使N公司可以扭亏为盈？

实训G003　公司接受新订单的决策

一、实训名称和性质（见表7-9）

表7-9　实训名称和性质

实训名称	公司接受新订单的决策
面向专业或课程	“管理会计”课程
实训学时分配	2
实训性质	□调查 ☑案例 □软件模拟
必做/选做	☑必做 □选做

二、实训目的和要求

经营决策属于企业的短期决策，通过本实验，要求学生熟悉短期经营决策的意义和影响因素，掌握各种短期经营决策的分析与评价方法。

三、知识准备

（一）前期要求掌握的知识、相关理论

熟练掌握有关经营决策的基本理论和基本方法。

（二）参考书目

孙茂竹. 管理会计学［M］. 8版.北京：中国人民大学出版社，2018.

四、实训组织和安排

1.阅读实验材料和原始数据。

2.与案例相结合，要求学生阐述自己的观点。

3.进行小组讨论。

4.撰写实验报告。

五、注意事项

注意计算两方案在收入、成本及利润方面的差异，以及对非财务因素的分析。

六、实训结果提交方式

以实验报告的形式进行提交。

七、实训考核方式和标准

本实验采用五级制。

1.优秀（A）：能够正确分析相关收入、成本及利润，数据完全正确，并能根据资料分析其他非财务因素的影响。

2.良好（B）：能够正确分析相关收入、成本及利润，数据基本没错，并能根据资料分析其他非财务因素的影响。

3.中等（C）：能够正确分析相关收入、成本及利润，数据基本没错。

4.及格（D）：能够基本分析相关收入、成本及利润，数据基本没错。

5.不及格（E）：不能够正确分析相关收入、成本及利润，数据不正确。

八、实训材料

嘉兴田园鞋业有限公司

嘉兴田园鞋业有限公司主要生产高级室内拖鞋，企业坚持“质量第一，用户至上”的经营宗旨，开展技术创新，创名优产品。产品有卡通系列童拖鞋，绣花系列女拖鞋，印花系列拖鞋，精灵保暖拖鞋，竹草凉席拖鞋，花色品种达200余种。年生产能力为100 000双，根据销售预测编制的计划年度利润表见表7–10。

表7–10 **计划年度预计利润表** 单位：元

销售收入（80 000双）	（每双售价10元）	80000双
	单位成本	总成本
生产成本：	8.125	650 000
其中：原材料	4.025	322 000
加工费	0.975	78 000
管理费用*	3.125	250 000
销售费用	1.5	120 000
其中：门店及网店销售计件工资	0.5	40 000
管理费用*	1	80 000
税前利润	0.375	30 000

*管理费用中的80%是固定成本。

年初东方宾馆直接来厂订货30 000双，但每双只愿出价7.50元，而且必须一次全部购置，否则不要。此项业务不会影响该厂在市场上的正常需要量。

对东方宾馆的订货，总经理认为对方出价7.50元，大大低于生产和销售成本，而且还影响10 000双的正常销售，可能造成亏损，不应接受。生产主管算了一笔账，认为即使减少正常销售10 000双，按7.50元接受30 000双订货对企业还是有利的，应该接受。

销售主管认为正常销售量应该保证，不能减少。接受30 000双订货，缺少的10 000双可采取加班的办法来完成，但要支付加班费每双1.80元，其他费用不变，生产主管对销售主管的建议竭力反对，认为这10 000双肯定亏本。销售主管坚持认为这样对企业更有利。他们带着这个问题要求会计主管答复：

1.总经理的意见对吗？

2.生产主管的账是怎样算的？利润是多少？

3.按销售主管的建议，企业的利润应是多少？

4.应采纳哪一方案？

5.如果加班生产10 000双，各方面费用要增加40 000元（包括加班费），应如何决策？

6.还需考虑什么因素？

实训G004 公司业绩评价

一、实训名称和性质（见表7-11）

表7-11 实训名称和性质

实训名称	公司业绩评价
面向专业或课程	“管理会计”课程
实训学时分配	2
实训性质	□调查 ☑案例 □软件模拟
必做/选做	☑必做 □选做

二、实训目的和要求

企业业绩评价是指为了达到一定的目的、运用特定的指标、比照统一的标准、采取一定的方法，对企业业绩作出判断，并与激励结合的考评制度。通过本实验旨在使学生掌握业绩评价的方法以及体系的建立。

三、知识准备

（一）前期要求掌握的知识、相关理论

熟练掌握有关业绩评价的基本知识。

（二）参考书目

孙茂竹. 管理会计学［M］. 8版. 北京：中国人民大学出版社，2018.

四、实验组织和安排

1.阅读实验材料和原始数据。

2.与案例相结合，要求学生阐述自己的观点。

3.进行小组讨论。

4.撰写实验报告。

五、注意事项

注意分析业绩评价体系的建立和企业的特点相一致。

六、实训结果提交方式

以实验报告的形式进行提交。

七、实训考核方式和标准

本实验采用五级制。

1.优秀（A）：能够正确全面分析其业绩评价存在的问题及原因，并能结合企业实际情况提出可操作性的建议。

2.良好（B）：能够正确分析其业绩评价存在的问题及原因，并能结合企业实际情况提出可操作性的建议

3.中等（C）：能够分析其业绩评价存在的问题及原因，并能结合企业实际情况提出建议。

4.及格（D）：能够分析其业绩评价存在的问题及原因，并提出建议。

5.不及格（E）：不能够分析其业绩评价存在的问题及原因，建议有缺陷。

八、实训材料

一碗牛肉面

我跟朋友在路边一个不起眼的小店里吃面，由于客人不多，我们就顺便和小老板聊了会儿。谈及如今的生意，老板感慨颇多，他曾经辉煌过，于兰州拉面最红的时候在闹市口开了家拉面馆，日进斗金啊！后来却不做了。朋友心存疑虑地问他为什么。

“现在的人贼呢！”老板说，“我当时雇了个会做拉面的师傅，但在工资上总也谈不拢。”

“开始的时候为了调动他的积极性我们是按销售量分成的，一碗面给他5毛的提成，经过一段时间，他发现客人越多他的收入也越多，这样一来他就在每碗里放超量的牛肉来吸引回头客”，“一碗面才10块，本来就靠个薄利多销，他每碗多放几片牛肉我还赚哪门子啊！”

“后来看看这样不行，钱全被他赚去了！就换了种分配方式，给他每月发固定工资，工资给高点也无所谓，这样他不至于多加牛肉了吧？因为客多客少和他的收入没关系。”

“但你猜怎么着？”老板有点激动了，“他在每碗里都少放许多牛肉，把客人都赶走了！”“这是为什么？”现在开始轮到我们激动了。“牛肉的分量少，顾客就不满意，回头客就少，生意肯定就清淡，他（大师傅）才不管你赚不赚钱呢，他拿固定的工钱巴不得你天天没客人才清闲呢！”

啊！结果一个很好的项目因为管理不善而黯然退出市场，尽管被管理者只有一个。

思考题：

1.拉面馆的问题出在哪里？

2.老板应该怎么办？

第八章

“高级财务管理”课程实训

H000 “高级财务管理”实训大纲

开课学期：第6学期
开课专业：财务管理
实训学时：8学时
实训学分：0.5
参考指导书：《财务管理专业实验（实训）指导书》

实训形式

案例讨论、案例分析报告撰写。

实训目的和要求

“高级财务管理”（包括企业集团财务、国际财务两个专题）是一门实践性很强的学科，因此，对本课程的筹资、投资、纳税安排、股利政策、财务分析等内容进行实验等实践性教学是课程不可缺少的环节。只有通过实验（实训），才能巩固、应用所学理论，培养学生参加实际企业集团和国际企业财务管理的基本技能；培养学生的财务管理实践意识；培养学生认真负责的专业态度和严谨细致的工作作风。要求学生实验（实训）分析前认真准备，写作报告和讨论中积极思考，完成后认真总结提高，并按要求提交分析报告及相关材料。

实训形式安排

总学时8学时。其中，“企业集团财务”专题中企业集团财务战略内容2学时（或企业集团融资管理策略内容2学时），企业集团投资管理策略内容2学时（或企业集团股利政策内容2学时）；“国际财务”专题中国际财务管理总论2学时（或国际融资管理2学时），国际投资管理2学时（或国际税收管理2学时）。

实训考核

实验案例分析报告的质量60%，案例讨论表现40%。

实训项目与主要内容（见表8-1）

表8-1　“高级财务管理”实训项目与主要内容

序号	项目名称	主要内容	课 时	评分权重	必做/选做
一	企业集团财务部分				
1	大宇神话破灭的原因和启示	企业集团财务战略	2	25%	选做
2	金蝶公司的上市之路	企业集团融资管理策略	2	25%	选做
3	福荣公司是否应该营销自行研制的生产设备	企业集团投资管理策略	2	25%	选做
4	FPL公司：在支付股利与企业成长中作取舍	企业集团股利政策	2	25%	选做
二	国际财务部分				
5	中信泰富外汇衍生品投资出现巨额亏损	国际企业外汇风险管理	2	25%	选做
6	阿里巴巴集团海外上市融资	国际融资管理	2	25%	选做
7	跨国资本预算：布雷泽公司在泰国的投资决策	国际投资管理	2	25%	选做
8	苹果公司的全球避税策略	国际税收管理	2	25%	选做

《高级财务管理》课程实验（实训）报告评分标准

《高级财务管理》（财务管理专题）课程的实验（实训）形式主要是案例分析，具体采用学生个人分别完成和小组讨论的形式。

实验（实训）报告成绩分为优秀、良好、中等、及格、不及格五个等级。实验（实训）报告成绩由事先确定的各指导教师依据学生的实验（实训）态度和实验（实训）结果等确定。

1.优秀（A）

案例分析结论正确。

实验（实训）报告格式规范、实验（实训）目的明确、实验（实训）原理与步骤正确、实验（实训）内容数据记录全面、能熟练地综合运用本专业的基本理论和基本技能、实验（实训）体会体现财务管理专业特征。

2.良好（B）

案例分析结论正确。

实验（实训）报告格式规范、实验（实训）目的明确、实验（实训）原理与步骤正确、实验（实训）内容数据记录全面、能比较熟练地运用本专业的基本理论和基本技能、有一定的实验（实训）体会。

3.中等（C）

案例分析结论基本正确。

实验（实训）报告基本格式规范、实验（实训）目的明确、实验（实训）原理与步骤正确、实验（实训）内容数据记录较全面、能较好地运用有关基本理论、有一定的实验（实训）体会。

4.及格（D）

案例分析结论有缺陷，但有些方面正确。

实验（实训）报告基本格式基本规范、实验（实训）目的基本明确、实验（实训）原理与步骤基本正确、实验（实训）内容数据记录比较全面、能基本掌握和运用有关基本理论知识、有一定的实验（实训）体会。

5.不及格（E）

案例分析结论不正确；报告有抄袭现象。

实验（实训）报告基本格式不规范、实验（实训）目的不明确、实验（实训）原理与步骤不正确、实验（实训）内容数据记录不全、没有体会或体会不符合财务管理专业特征。

《高级财务管理》课程实训报告写作要求

为统一格式及写作要求，对《高级财务管理》（财务管理专题）课程实训报告的写作提出具体要求如下：

1.每个实训项目均应按照要求写出规范的实训报告。如果实训项目是以分组形式进行的，还要求提交每个小组的报告。

2.每个实训项目的实训报告应填明课程名称、实训项目名称、班级、姓名、学号，根据实训项目具体内容不同，分别写明每个实训项目的实训目的、实训原理和步骤、实训内容及数据、实训结论、收获建议等。

3.具体报告的内容根据不同项目的具体内容写作，但要求独立思考，充分发挥主观能动性，计算数据必须准确，管理和决策方法可以灵活。

4.欢迎新观点、新思路、新方法的提出。

5.成绩考核。《高级财务管理》（财务管理专题）课程占《财务管理实验Ⅱ》课程总成绩的25%。课程实训选用教材中的8个案例中的4个案例，每个案例各占25%，每个案例的评分主要注重分析报告的质量和讨论表现。

《高级财务管理》（企业集团财务部分）实训指导书

实训H001　大宇神话破灭的原因和启示

一、实训名称和性质（见表8-2）

表8-2　实训名称和性质

实训名称	大宇神话破灭的原因和启示
面向专业或课程	财务管理专业“高级财务管理”课程
实训学时分配	2
实训性质	☐调查 ☑案例 ☐软件模拟
必做/选做	☐必做 ☑选做

二、实训目的和要求

掌握企业集团财务战略成功的经验或失败的教训；熟悉企业集团发展的可持续增长率问题。

三、知识准备

（一）前期要求掌握的知识

已学习企业集团财务战略的相关知识。

（二）实验流程

本实验主要涉及企业集团财务战略失败的原因；企业集团发展的可持续增长率计算和应用问题；企业集团财务战略成败的经验教训。

四、实训组织和安排

课前教师布置具体任务及目标，要求形成实验研讨小组；课堂组织案例研讨，采用小组代表讲解、其他同学参与的形式交流；课后各实验小组提交个人分析报告。

五、注意事项

韩国大宇汽车公司的发展历程，尤其是融资投资战略对企业集团经营和财务管理的影响。

六、实训结果提交方式

要求学生实验分析前认真准备，写作和讨论中积极思考，完成后认真总结提高，并按要求上交分析报告及相关材料。

七、实训考核方式和标准

参见“高级财务管理”课程实验（实训）报告评分标准。

八、实训材料

大宇神话破灭的原因和启示

大宇汽车公司是韩国第二大企业集团——大宇集团的骨干企业，成立于1978年，曾创造了世界车坛的一个速成神话，从成立到崛起为汽车业界巨无霸之一，仅用了不到20年的时间，这曾给极为强调民族自尊的韩国人带来过无限的自豪和荣耀。但刚刚进入新世纪，大宇汽车这座“摩天大楼”却轰然倒塌，又是那么令人措手不及——因资不抵债和经营不善，韩国仅次于现代汽车公司的第二大汽车生产企业大宇汽车公司于2000年11月8日被迫申请破产，韩国政府决定向外国公司出售大宇汽车公司。

1997年底韩国发生金融危机后，其他韩国大企业集团都开始收缩，而大宇仍然我行我素，结果债务越背越重。1999年初，韩国政府提出大企业集团进行自律结构调整方针后，其他集团都把结构调整的重点放在改善财务结构方面，努力减轻债务负担。而大宇集团掌舵人金宇中却不以为然，继续大量发行债券，继续进行“借贷式经营”，贻误了结构调整的时机，大宇集团最终没能抗住800亿美元的巨额债务，集团在勉强苦撑了2年、耗尽政府提供的无数救援贷款之后，终于在1999年8月被迫解体。集团解体后，成了没娘孩子的大宇汽车背着150亿美元的债务进入了“整顿企业”的行列。1999年，大宇汽车公司汽车产量为93万辆，该公司资产近18万亿韩元（1 200韩元约合1美元），而负债额达到18余万亿韩元。2000年11月，债权银行因大宇汽车亏损日益严重，拒绝继续提供资金，使该公司被迫向法院申请破产。

实际上，2000年以后，大宇汽车一直徘徊在破产边缘，具体表现为：一是营业成绩持续下降，亏损不断增长。据统计，仅在2000年上半年，大宇汽车每月净亏损就接近1 000亿韩元。二是工厂开工率大幅下降，可是人员精简不见进展。2000年以来大宇汽车公司的工人有几个月未能及时领到工资，也无力正常发放退休职员的养老金。到2000年年底，公司的正常营运资金有近4 500亿韩元的缺口。

资料来源：

1.张延波. 高级财务管理［M］. 2版. 北京：中央广播电视大学出版社，2004.

2.相关网络资料.

要求：

1.大宇公司破产的主要原因是什么？

2.简述公司可持续增长率的计算方法及应用。

3.通过大宇公司破产的案例，你将得到哪些经验教训？

实训H002 金蝶公司的上市之路

一、实训名称和性质（见表8-3）

表8-3 实训名称和性质

实训名称	金蝶公司的上市之路
面向专业或课程	财务管理专业“高级财务管理”课程
实训学时分配	2
实训性质	☐调查 ☑案例 ☐软件模拟
必做/选做	☐必做 ☑选做

二、实训目的和要求

掌握企业集团融资的质量标准；熟悉企业集团融资方式、渠道以及影响因素。

三、知识准备

（一）前期要求掌握的知识

已学习企业集团筹资管理策略的相关知识。

（二）实验流程

本实验主要涉及企业集团融资的质量标准；企业集团融资方式、渠道的选择以及影响因素。

四、实训组织和安排

课前教师布置具体任务及目标，要求形成实验研讨小组；课堂组织案例研讨，采用小组代表讲解、其他同学参与的形式交流；课后各实验小组提交个人分析报告。

五、注意事项

金蝶公司的发展历程对企业融资财务管理的影响。

六、实训结果提交方式

要求学生实验分析前认真准备，写作和讨论中积极思考，完成后认真总结提高，并按要求上交分析报告及相关材料。

七、实训考核方式和标准

参见“高级财务管理”课程实验（实训）报告评分标准。

八、实训材料

金蝶公司的上市之路

深圳金蝶公司在20世纪数年之内发展成为我国财务软件产业的卓越代表，是中国最大的财务软件及企业管理软件的开发者和供应商之一。金蝶公司创立之初，便迅速开发自己的新产品。1998年2月，金蝶公司宣布与微软公司在开发方面进一步合作，并推出国内第一家基于三层结构技术的大型数据库（C/S）版本的财务软件。金蝶公司所处的软件产业作为一种高效益、高风险的行业，其商品化需要大量的资金不断地投入。5年中，金蝶公司数次向银行主动申请，也有几次银行主动上门来洽谈，最终却只获得80万元贷款，原因就在于没有足够的资产作抵押，也缺乏担保，此时金蝶公司只有区区500万元固定资产。

1998年，IDG广州太平洋技术创业投资基金总经理王树了解到金蝶公司的基本情况后，登门造访了金蝶公司。短短3个月闪电般的接触，双方就达成了合作协议。IDG广州太平洋技术创业投资基金以参股形式对金蝶公司进行投资后，折价入股，成为金蝶公司的股东之一，享有股东的权利，但它对金蝶公司不控股，不参与经营，只是不断地做些有益的辅助工作，以帮助企业作决策咨询、提供开发方向的建议等方式来施加影响。但是在这看似宽松的合作之下，风险投资带给金蝶公司的风险意识和发展压力陡然增加。因为按照金蝶公司与IDG的合作协议，金蝶公司必须在获得第一笔投资后的1年内，达到双方规定的目标，即在1997年的基础上，1998年取得200%的增长，才有资格获得IDG的第二笔1 000万元的投资。正是这种风险压力，促使金蝶公司迅速调整自己，达成协议目标。

利用风险资本创业的高新技术企业，由于企业自身的快速增长，往往需要可持续性的及时的融资。这样，风险企业需要的常常不是一个融资对象，而是更为广阔的融资渠道，由此来保证融资的源源不断和及时有效。也只有这样做才能为后续的研究发展增强融资能力。当然风险投资企业最终还是要靠上市来实现价值。上市不仅为风险投资方的退出提供了可能，而且金蝶公司实行的员工持股计划的激励效果也将充分发挥出来，这有利于金蝶公司吸引和留住优势人才。2001年2月，金蝶公司在香港创业板成功上市。

资料来源：张延波．高级财务管理［M］．2版．北京：中央广播电视大学出版社，2004.

要求：

1.根据金蝶公司的实际情况，阐明企业集团融资的质量标准应该包括哪些方面。

2.试根据当时的情况，阐明2001年金蝶公司在香港创业板上市的理由何在。

实训H003 福荣公司是否应该营销自行研制的生产设备

一、实训名称和性质（见表8-4）

表8-4 实训名称和性质

实训名称	福荣公司是否应该营销自行研制的生产设备？
面向专业或课程	财务管理专业课程
实训学时分配	2
实训性质	□调查 ☑案例 □软件模拟
必做/选做	□必做 ☑选做

二、实训目的和要求

通过实验能掌握企业集团投资政策，尤其是投资领域规范的规律；熟悉企业集团投资决策的整个过程。

三、知识准备

（一）前期要求掌握的知识

学过企业集团投资政策和决策的相关知识。

（二）实验流程

企业集团投资政策的内容和标准；投资决策的整个过程及其影响因素。

四、实训组织和安排

课前教师布置具体任务及目标，要求形成实训研讨小组，要求学生利用业余时间查找集团公司投资政策，尤其是相关投资领域方面的资料；课堂组织案例研讨，采用小组代表讲解、其他同学参与的形式交流；课后各实验小组提交个人分析报告及参与者平时成绩评分。

五、注意事项

着重循着集团公司生存和发展、市场竞争优势、核心竞争力、战略发展结构、投资、投资领域的关系的思路进行分析，为其他企业集团进行投资决策和投资政策制定提供有益的借鉴。

六、实训结果提交方式

要求学生实验分析前认真准备，写作和讨论中积极思考，完成后认真总结提高，并按要求上交分析报告及相关材料。

七、实训考核方式和标准

参见“高级财务管理”课程实验（实训）报告评分标准。

八、实训材料

福荣公司是一家以产品生产经营为主导业务的上市集团公司，市场占有率高达同行业同类产品的70%以上。国外进口一台该产品的专用生产设备价格超过2 000万美元（折合人民币约13 000万元）。4年前该集团通过多方募集资金进口了一台设备，但存在的问题是，技术性能复杂，操作维护难度大，且无法满足其他产品规格生产的需要，再进口4台在财力方面显然是不可能的。

该公司聘请国内外专家经过1年的研制，以每台仅400万元人民币的成本研制出了5种适用于不同产品规格的生产设备，并且在功能效率以及产品质量上都远远超过了国外进口设备，由此奠定了该集团公司在国内同行竞争中的绝对优势地位。

当前国内市场上述5种规格的生产设备距饱和需要量约50台。此时，国内同行众多厂家以平均每台5 000万元人民币的价格期望定购该集团公司自行研制的生产设备，约计25台。

资料来源：相关网络资料编辑整理。

要求：

如果你是福荣集团公司的决策者，请作出是否营销该设备的决策，并阐述理由。

实训H004　FPL公司：在支付股利与企业成长中作取舍

一、实训名称和性质（见表8-5）

表8-5　实训名称和性质

实训名称	FPL公司：在支付股利与企业成长中作取舍
面向专业或课程	财务管理专业“高级财务管理”课程
实训学时分配	2
实训性质	□调查 ☑案例 □软件模拟
必做/选做	□必做 ☑选做

二、实训目的和要求

通过实验使学生熟悉企业集团股利政策决策方法和影响因素；了解企业集团股利政策的重要意义。

三、知识准备

（一）前期要求掌握的知识

学过企业集团股利政策方面的相关内容。

（二）实验流程

企业集团股利政策的制定步骤；制定股利政策的影响因素；如何判断大势。

四、实训组织和安排

课前教师布置具体任务及目标，要求形成实训研讨小组；课堂组织案例研讨，采用小组代表主讲、其他同学参与的形式交流；课后各实验小组提交个人分析报告及参与者平时成绩评分。

五、注意事项

股利政策与企业成长阶段的相关性。

六、实训结果提交方式

要求学生实验分析前认真准备，写作和讨论中积极思考，完成后认真总结提高，并按要求上交分析报告及相关材料。

七、实训考核方式和标准

参见“高级财务管理”课程实验（实训）报告评分标准。

八、实训材料

FPL公司：在支付股利与企业成长中作取舍

FPL为美国佛罗里达州最大、全美第四大信誉良好的电力公司。长期以来，FPL公司经营利润一直稳定增长，经营现金流稳定，负债比率较低，资信等级长期维持在A级以上，公司现金红利支付率一直在75%以上，是一个典型的价值型公司。

1994年，面对电力市场日益加剧的竞争环境，FPL公司决定采用扩张战略，并制定了未来5年39亿美元的投资计划。但公司需要减少非投资方面的现金流出，增强财务能力和流动性，增加留存收益和内部融资能力，降低财务风险，保持A级以上的资信等级。而公司的近期发展又不能大幅提高每股利润，因此，继续维持高现金红利支付率的经营压力很大。为保证公司实现长远发展战略目标，1994年5月初，FPL公司考虑在其季报中宣布削减30%的现金红利，此举可以使公司减少1.5亿美元的现金支出，虽然相对于公司未来5年39亿美元的资本支出计划来说，这笔钱似乎杯水车薪，但有助于公司减轻今后的经营压力，增加股利政策的灵活性，使现金红利在今后几年有较大的上升空间。

但大幅度削减现金红利不可避免地会导致公司股票价格大幅下跌，动摇投资者的信心，进而影响公司与既有的稳定投资者的关系。后来的事实也证实了这种影响。大多数投资银行分析家相继调低了FPL公司股票等级，导致FPL公司尚未宣布红利政策，股票价格就下跌了6%。

1994年5月中旬，FPL公司公布了最终的分红方案，把该季度现金红利削减了32.3%。公司同时宣布了在以后3年内回购1 000万股普通股的计划，并且承诺以后每年的现金红利增长率不会低于5%。

尽管在宣布削减红利的同时，FPL公司在给股东的信中说明了调低现金红利的原因，并且做出回购和现金红利增长的承诺，但股票市场仍然视削减现金红利为利空信号，当天公司股价就下跌了14%。反映了股票市场对FPL公司前景很不乐观的预期。但几个月后，FPL公司的股价随大势上涨回升，并超过了宣布削减现金红利以前的价格。

1994年以来，FPL公司的扩张战略奏效，每股收益和股票市价继续保持了增长势头，基本上兑现了当初许给股东的诺言。公司股价大幅度增长，最高时比1994年翻了近5倍。

资料来源：张延波. 高级财务管理［M］. 2版. 北京：中央广播电视大学出版社，2004.

要求：

1.股利政策的变动可能产生哪些不利影响？

2.FPL公司股利政策变更取得成功的关键点何在？

3.从FPL公司对股利政策的把握案例中你得到了什么启示？

《高级财务管理》（国际财务部分）实训指导书

实训H005　中信泰富外汇衍生品投资出现巨额亏损

一、实训名称和性质（见表8-6）

表8-6　实训名称和性质

实训名称	中信泰富外汇衍生品投资出现巨额亏损
面向专业或课程	财务管理专业“高级财务管理”课程
实训学时分配	2
实训性质	☐调查 ☑案例 ☐软件模拟
必做/选做	☐必做 ☑选做

二、实训目的和要求

“高级财务管理”（国际财务）是一门实践性很强的学科，因此，在本课程内容中进行实训等实践性教学是课程必不可少的重要环节。通过本实训，旨在使学生巩固、应用所学理论，理解经济环境对国际企业财务管理的影响及如何进行外汇风险管理。

三、知识准备

（一）前期要求掌握的知识、相关理论

熟练掌握企业外汇风险管理的一般财务管理知识，而且要求学生事先掌握好与本课程相关的管理学、国际经济学、国际金融、相关经济法律等知识。

（二）参考书

1.王建英，支晓强，袁淳．国际财务管理学［M］．北京：中国人民大学出版社，2007.

2.张延波．高级财务管理［M］．北京：中国广播电视大学出版社，2004.

3.马杜拉．国际财务管理［M］．张俊瑞，田高良，李彬，等译．9版．北京：北京大学出版社，2010.

四、实训组织和安排

按照教学大纲要求，本次实训安排在外汇风险管理课堂教学内容全部结束后进行，是对外汇风险管理等相关知识体系的检查和整合。要求学生一人一组，实验分析前认真准备，写作报告和讨论中积极思考，完成后认真总结提高，并按要求上交案例分析报告及相关材料。

五、注意事项

正确理解外汇金融衍生品投资对企业外汇风险管理的影响。

六、实训结果提交方式

实训项目应按照要求写出规范的实训报告。每个实训项目的实训报告应填明课程名称、实训项目名称、班级、姓名、学号，根据实训项目具体内容不同，分别写明每个实训项目的实训目的、实训原理和步骤、实训内容及数据、实训结论、收获建议等。

七、实训考核方式和标准

参见“高级财务管理”课程实验（实训）报告评分标准。

八、实训材料

中信泰富外汇衍生品投资出现巨额亏损

中信泰富（HK，00267）在澳大利亚有SINO－IRON铁矿投资项目，亦是西澳最大的磁铁矿项目。整个投资项目的资本开支，除目前的16亿澳元之外，在项目进行的25年期内，还将至少每年投入10亿澳元，很多设备和投入都必须以澳元来支付。为规避澳元升值的风险，公司于2008年7月与13家银行共签订了24款外汇累计期权合约，对冲澳元、欧元及人民币升值影响，其中，澳元合约占绝大部分。由于合约只考虑对冲相关外币升值影响，没有考虑相关外币的贬值可能，在全球金融危机迫使澳大利亚减息并引发澳元下跌的情况下，2008年10月20日中信泰富公告因澳元贬值跌破锁定汇价，澳元累计认购期权合约公允价值损失约147亿港元；11月14日中信泰富发布公告称，中信集团将提供总额为15亿美元（约116亿港元）的备用信贷，用于重组外汇衍生品合同的部分债务义务，中信泰富将发行等值的可换股债券，用来替换上述备用信贷。据香港《文汇报》报道，随着澳元持续贬值，中信泰富因外汇累计期权已亏损186亿港元。截至2008年12月5日，中信泰富股价收于5.80港元，在一个多月内市值缩水超过210亿港元。另外，就中信泰富投资外汇造成重大亏损，并涉嫌信息披露延迟，香港证监会正对其展开调查。此事件直接导致荣智健辞去主席及董事之职，范鸿龄则辞去董事总经理之职。

由于铁矿石是钢铁产业的主要原料，中信泰富采取了直接在澳大利亚西部经营铁矿的方式以降低成本。同时为了锁定从澳大利亚和欧洲购买设备和原材料款的外汇开支的成本，中信泰富投资累计外汇期权进行对冲。累计期权杠杆式外汇合约（Accumulator，全名是Knock Out Discount Accumulator），是ELN（股票挂钩票据）的变种衍生产品。

我们首先来了解一下什么是累计期权。累计期权是一种以合约形式买卖资产的金融衍生工具，设有取消价及行使价。行权价低于取消价，而行权价通常比签约时的市价低。合约生效后，当挂钩资产的市价在取消价和行权价之间时，投资者可定时以行权价从对手方买入指定数量的资产，行使买入的权利并获得收益，而且，在投资者获利区间内，挂钩资产的价格越高，投资者收益越大。当挂钩资产的市价高于取消价时，合约便终止，投资者不能再以折让价买入资产以获得资产价格上涨的收益。当挂钩资产的市价低于行使价时，投资者便须定时用行使价买入双倍甚至四倍数量的资产，直至合约完结为止。通过分析累计期权的损益，不难发现，该衍生品相当于投资者向对手方卖出看跌期权的同时购买的看涨期权。对手方以行权价相对于市价折扣的形式向投资者买入该衍生品合约。

中信泰富Accumulator合约可以分解为两种障碍期权组合：一种是向上敲出的看涨期权（Up-and-Out Call）；另一种是向上敲出的看跌期权（Up-and-Out Put）。从障碍期权结构看，看涨期权和看跌期权的条款是一样的。通常这种合约在签订之时，双方没有现金支付，相当于在未来2年内的每个月，中信泰富获得1个向上敲出的看涨期权，同时送给银行2.5个向上敲出的看跌期权作为对价。据蒙特卡洛（Monte Carlo）方法定价测算，按汇率历史波动率（约15%）模拟计算表明，中信泰富在签订单笔外汇合约时就已亏损了667万美元，其原因就是中信泰富得到的1个看涨敲出期权的价值远远小于其送给交易对手的2.5个看跌敲出期权的价值。

公开披露信息显示，为了降低西澳铁矿项目和其他投资项目面临的货币风险，中信泰富主要签署了4种杠杆式外汇合约，合约杠杆倍数绝大多数为2.5倍，但这些外汇合约的收益与风险却完全不对等。

合约规定，每份澳元合约都有最高利润上限，当达到这一利润水平时，合约自动终止。所以在澳元兑美元汇率高于0.87时，中信泰富可以赚取差价，但如果该汇率低于0.87，却没有自动终止协议，中信泰富必须不断以高汇率接盘，理论上亏损可以无限大。中信泰富披露，该公司持有的澳元合约到期日为2010年10月，当每份合约达到150万～700万美元的最高利润时，合约终止。中信泰富手中所有的澳元合约加起来，最高利润总额仅为5 150万美元，约合4亿港元，即这些合约理论上的最高利润为4亿港元。但是，只要合约不中止，中信泰富的澳元合约所需要接受的澳元总额就高达90.5亿澳元，相当于超过485亿港元！只要澳元兑美元不断贬值，中信泰富就必须不断高位接货，直到接货总量达90.5亿澳元为止。而双币合约则更加复杂，按规定，中信泰富必须以0.87的澳元兑美元的汇率，或者1.44的欧元兑美元汇率，按照表现更弱的一方来接盘澳元或者欧元，直到2010年7月；而人民币合约则参考美元兑人民币汇率6.84计算盈亏。在这些合约之下，中信泰富所有的合约加起来可能获得的最高收益还不到4.3亿港元，但接盘外币的数量却超过500亿港元！根据敏感性分析，目前澳元相对美元每贬值1美分，中信泰富将亏损9 400万美元，公司每股将亏损0.33港元。由于相关汇率继续走低的可能性仍然存在，中信泰富面临的亏损仍可能继续扩大（见表8-7）。

表8-7 **中信泰富外汇合约份额**

合约品种	简称	结算周期	接盘总量
澳元累计目标可赎回远期合约	澳元合约	每月结算	90.5亿澳元
每日累计澳元远期合约	每日澳元合约	每日结算	1.33亿澳元
双货币累计目标可赎回远期合约	双币合约	每月结算	2.97亿澳元
人民币累计目标可赎回远期合约	人民币合约	每月结算	参考美元兑人民币汇率6.84计算盈亏

Accumulator击倒中信泰富的原因主要有以下几个方面：

（1）外部原因——澳元汇率波动。这起外汇杠杆交易直接的原因是澳元的走高。由于未来有兑换澳元的需要，为规避汇价继续上升的风险，中信泰富签订了澳元累计目标可赎回远期合约，以及每日累计澳元远期合约。根据合约，中信泰富每月需要购入一批澳元，加权平均兑换价为1澳元兑0.87美元，但从7月下旬开始，国际货币市场出现异动，澳元兑美元掉头下跌。此前市场普遍认为澳元会升值，用远期合约锁定收益是合理的，因为这样做比市场现价低，而且留有超过10%的空间。但金融危机使美元升值，在长达3个多月的跌势中，中信泰富却没有做对冲并及时停止交易，导致巨额亏损，这说明在做远期合约时对合约的时间、汇率的走势判断上应给自己留有余地，签订单一方向性的合约不可取，应增强风险防范意识。

（2）直接原因——外汇衍生品投机行为。中信泰富采用金融工具对冲外汇及利率风险本无特别之处，倘若在进行对冲前已有投资预算的详细规划并判断在风险承受范围内，旁人也无可指责。但据报道，中信泰富在2008年7月的前3周内，签订了10多份合约。当澳元兑美元的价格走势对其有利时，最多需买36亿澳元，而当价格大幅下跌时，则需要购入最多90亿澳元。而中信泰富的真实澳元需求只有30亿澳元，说明有投机的嫌疑。金融市场，特别是汇率市场的走势，是大国间各种政治、经济、金融力量激烈博弈的中心战场。在我国参与方难以掌握交易所规则，难以确保获知他人第一信息权及本方信息保密权的情况下，贸然涉足不熟悉的领域，难免成为市场投机力量的猎物。

（3）间接原因——合约陷阱。中信泰富没有识别出合约隐含的三大陷阱才最终酿成今日苦酒。一是目标错位。作为未来外汇需求的套保，其目标是锁定购买澳元的成本，也就是最小化澳元波动的风险，但其签订的Accumulator合约的目标函数却是最大化利润，对风险没有任何约束。换言之，中信泰富的风险是完全敞开的。二是错选工具。Accumulator不是用来套期保值的，而是一个投机产品。虽然企业需求各异，通常需要定制产品来满足其特定需求，但是在定制产品过程中，企业自身发挥主导作用，而不应是被动的角色。另外，在很多情况下，通过对远期、期货、互换、期权等进行组合，也可以达到企业特定的套期保值需求，而不必通过Accumulator。三是对手欺诈。花旗银行香港分行、渣打银行、汇丰银行、德意志银行等利用他们的定价优势，恶意欺诈，在合同签订之时，中信泰富就已经完全输了。在最理想的情况下，中信泰富最大盈利5150万美元，但是因为定价能力不对等，签订合同时，中信泰富就已经亏了1亿美元。

（4）根本原因——内部监控制度出现问题。正如很多市场人士已经指出的，中信泰富的外汇衍生品交易亏损事件，反映出其内部的风险监管和治理机制存在问题。据中信泰富审核委员会的调查，此事并不牵涉欺诈或其他不法行为，而是财务董事未遵守集团对冲风险政策，且在进行交易前未按规定取得主席批准，超越了其权限所为。显然，风险控制关系到公司的治理结构，治理机制若不健全，本身就是企业的一大风险源。一个内部治理结构混乱的企业，其风险控制的能力肯定就差，从而发生的经营风险也多。

资料来源：丁洪. 中信泰富外汇衍生品投资亏损案例分析与启示［J］. 南方金融，2009（3）：29-31.

要求：

1.请简单绘制出外汇累计期权市价-收益图。

2.根据对案例的学习，得到的启发有哪些？

实训H006 阿里巴巴集团海外上市融资

一、实训名称和性质（见表8-8）

表8-8 实训名称和性质

实训名称	阿里巴巴集团海外上市融资
面向专业或课程	财务管理专业“高级财务管理”课程
实训学时分配	2
实训性质	□调查 ☑案例 □软件模拟
必做/选做	☑必做 □选做

二、实训目的和要求

“高级财务管理”（国际财务）是一门实践性很强的学科，因此，在本课程内容中进行实训等实践性教学是课程必不可少的重要环节。通过本实训，旨在使学生巩固、应用所学理论，理解国际股权融资的特殊方式，即借壳上市。

三、知识准备

（一）前期要求掌握的知识、相关理论

熟练掌握企业国际股权融资的一般财务管理知识，而且要求学生事先掌握好与本课程相关的管理学、国际经济学、国际金融、相关经济法律等知识。

（二）参考书目

1.王建英，支晓强，袁淳．国际财务管理学［M］．北京：中国人民大学出版社，2007.

2.张延波．高级财务管理［M］．北京：中国广播电视大学出版社，2004.

3.马杜拉．国际财务管理［M］．张俊瑞，田高良，李彬，等译．9版．北京：北京大学出版社，2010.

四、实训组织和安排

按照教学大纲要求，本次实训安排在国际融资管理课堂教学内容全部结束后进行，是对国际融资管理等相关知识体系的检查和整合。要求学生一人一组，实验分析前认真准备，写作报告和讨论中积极思考，完成后认真总结提高，并按要求上交案例分析报告及相关材料。

五、注意事项

搜集相关资料，了解阿里巴巴所处的行业环境，以正确理解阿里巴巴赴美上市。

六、实训结果提交方式

实训项目应按照要求写出规范的实训报告。每个实训项目的实训报告应填明课程名称、实训项目名称、班级、姓名、学号，根据实训项目具体内容不同，分别写明每个实训项目的实训目的、实训原理和步骤、实训内容及数据、实训结论、收获建议等。

七、实训考核方式和标准

参见“高级财务管理”课程实验（实训）报告评分标准。

八、实训材料

阿里巴巴集团海外上市融资

阿里巴巴集团由马云创立于1999年，以商品交易额计算，组织经营数个领先的网络商务移动平台，业务范围包括零售和批发、国际贸易、数字音乐、云计算、客户端理财等，目前是全球最大的网上及移动商务公司。阿里巴巴集团的使命定位是让天下没有难做的生意，阿里巴巴集团为企业提供互联网基础设施以及营销平台，让其可借助互联网的力量，建立网上业务并与消费者和其他企业进行商贸活动。阿里巴巴向商家、消费者和其他的线上线下参与者提供网络技术和服务，让受众可以在阿里巴巴生态系统里进行商业贸易活动。阿里巴巴网络有限公司于2007年11月6日在香港联合交易所上市，后退市。2014年9月19日，在纽交所挂牌上市，成为美国历史上最大规模的IPO。阿里巴巴集团的主要业务架构如图8-1所示。

阿里巴巴集团整个上市过程不是某一时点的行为，而是多年不断融资及股权变迁的结果。2014年阿里巴巴成功赴美上市引发了媒体和大众的广泛关注。

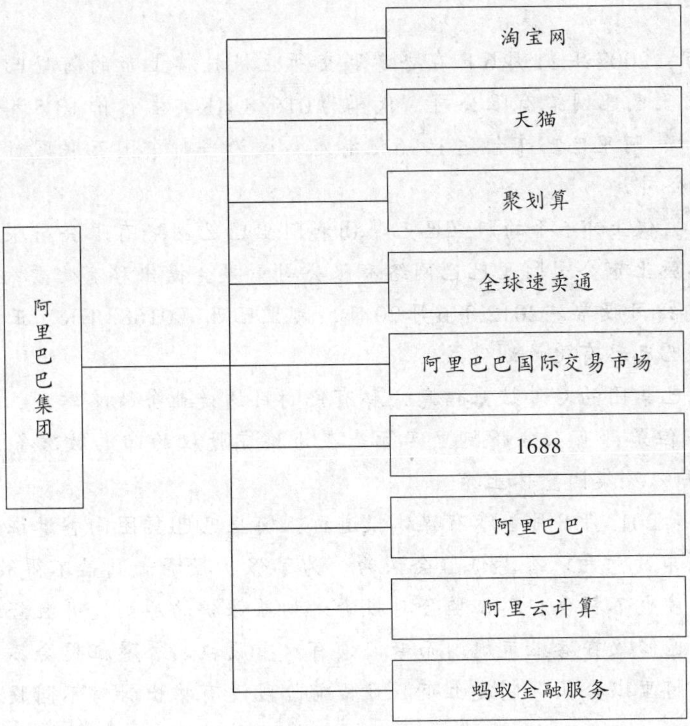

图8-1　阿里巴巴集团的主要业务架构

1999年在高盛公司的召集下，联合汇亚基金、瑞典投资、新加坡科技发展基金等基金，共同向阿里巴巴投入了500万美元的天使投资。阿里巴巴在2000年引进第二轮融资，融资金额为2 500万美元，其中，2 000万美元来自日本软银，剩余500万美元则来自富达、汇亚资金、邓普顿龙基金公司、瑞典投资等天使基金。在此阶段的融资过程中，日本软银总裁孙正义曾有过表示希望投入1.8亿人民币来换取阿里巴巴集团30%的股份，但马云并没有接受。

2004年2月，阿里巴巴引进了第三次融资，此次融资一共募集8 200万美元，其中软银出资6 000万美元。第三轮融资完成后，阿里巴巴第一大股东的地位依旧由马云及其管理团队把持，马云及其管理团队占阿里巴巴集团47%的股份；软银以20%的股份占比成为阿里巴巴集团第二大股东；富达基金约占18%，成为第三大股东，其他几家小股东合计占比约为15%。

2005年8月，美国雅虎支付10亿美元并加上雅虎中国的全部资产置换取得阿里巴巴集团39%的普通股，并且还成功获得董事会35%的投票权，在董事会4个席位中获取一席。雅虎由此成为阿里巴巴集团第一大股东，马云及管理团队持股比例下降至31.7%，丧失大股东地位。在雅虎入股阿里巴巴后，此前的风投基金开始逐渐退出。阿里巴巴集团正式进入马云、雅虎、软银三足鼎立时代。阿里巴巴集团的持股比例变更为雅虎43%，软银29.3%，管理层和员工等持股比例为27.7%。

2012年5月，根据股票回购协议，阿里巴巴以76亿美元回购雅虎手中阿里巴巴集团50%的股份，根据协议规定，如果阿里巴巴能够在2015年12月之前完成上市，阿里巴巴集团有权在IPO之际回购雅虎剩余持有股份的50%。此协议也为阿里巴巴集团日后重启上市埋下伏笔。

第一次上市：2007年11月6日在香港联交所主板挂牌上市的阿里巴巴旗下B2B电子商务贸易平台阿里巴巴网络有限公司，代码为01688.HK，发行价13.5港元，首日开盘价为30港元。当时，阿里巴巴市值达1996亿港元，成为当时中国互联网行业第一个市值超过200亿美元的公司。

2012年2月，仅上市5年的阿里巴巴集团和阿里巴巴网络有限公司联合宣布，阿里巴巴集团向旗下港股上市公司阿里巴巴网络有限公司董事会提出私有化要约，拟以每股13.5港元的价格回购公司股票。2012年6月20日，阿里巴巴（01688.HK）正式从香港证券交易所退市，阿里巴巴私有化计划完成。

按照阿里巴巴集团的对外披露信息，私有化的目的是业务战略转型，方便中小投资者变现投资收益。但是，有人分析阿里实际是在为雅虎股权的回购做准备，根本目的在于“控制权”的回归以及集团整体上市。

第二次上市：2013年8月香港有媒体报道称，阿里巴巴集团向香港证券交易所申请了以合伙人制度上市的意向。香港证监会认为，为了保护投资者利益不得放弃“同股同权”原则，合伙人制度也不符合香港证监会对投资者利益保护的原则，并且经过讨论后一致认定不能为阿里巴巴修改香港上市规则而专门设有双重股权。香港证监会不可以为阿里巴巴集团破例，允许阿里以合伙人制度上市。且目前阶段没有推出针对不同股权制度的上市规则的计划。

2014年3月16日，阿里巴巴集团宣布，决定启动赴美上市事宜。6月26日，阿里巴巴集团宣布决定申请在美国纽约证券交易所挂牌上市，这也是继香港上市失利后才选择转战纽交所。阿里巴巴集团于同年9月19日在美国纽约证券交易所正式挂牌交易，股票交易代码为“BABA”。刷新了美国市场的IPO交易纪录，成为美国股票市场有史以来最大IPO。首个交易日，阿里巴巴集团以92.70美元的股价开盘，高出发行价36.32%，总市值达到2 314.39亿美元。

阿里巴巴集团的上市之路也并非一帆风顺的，继2012年和雅虎签下对赌协议后，阿里巴巴若想收回雅虎持有股份剩余的50%，就必须在2015年12月之前完成上市，然而在哪个证券市场上市成为摆在阿里巴巴面前的一道选择题。因为香港和大陆同文同种，阿里巴巴在香港市场有强大的公关能力，且阿里巴巴一些业务数据涉及国家机密，选择香港上市更符合阿里巴巴的利益，而相较于香港市场，美国市场的特点就是宽进严出，阿里巴巴上市以后要面临的严格监控和相关的法律风险，或将成为制约阿里巴巴的因素之一。事实上阿里巴巴的第一选择也是香港，但是经过和香港证券交易所谈判和协商后，最终未能达成一致意见，不得已才放弃港交所，随后转战美国，那么阿里巴巴为什么放弃香港IPO呢？矛盾主要集中在“合伙人制度”和“双重股权结构”与港交所现行的“同股同权”原则相违背，并且港交所也不愿意为阿里巴巴集团修改上市条件。

以马云为首的28个早期创业者为合伙人是阿里巴巴集团的核心团队，在阿里巴巴成功上市以后，董事会一半以上的人选，只能由阿里巴巴集团28个合伙人向股东大会提名，而不是按照持股比例分配董事会提名权，再根据提名权交由股东大会表决。比如说如果由合伙人提名的7个董事会人选，没有通过股东大会同意，那么合伙人有权利再提7个人，也就是说，阿里巴巴这28名合伙人拥有提名权，可以无数次地提名，直到股东大会通过为止。合伙人制度在特殊情况下会损害中小股东的利益，这与港交所保护中小投资者原则是背道而驰的。

双重股权结构是一种通过分离现金流和控制权而对公司实行有效控制的手段，是以AB股的双重股权架构（美国Google、Facebook就是这种架构）的上市模式，也就是说，将股票分为A和B两个系列，对外部投资者发行A系列普通股，每股有一票投票权，而管理层持有的B系列普通股，每股则有N票投票权（N通常大于等于10），也就是“同股不同权”，即同样的股票所代表的权利是不一样的。采用双重股权结构的公司往往是科技类公司，由于这类公司早期创业时接受的外部融资往往是以股权为交换来获取的，而等公司上市的时候，占有少量股份的初期创业者为了不丧失对公司的控制权，通常会采取AB股策略。阿里巴巴就是如此。也是就说，虽然马云及其创业团队截至上市时只有24%的股份，但是在双重股权结构下其所代表的权利远不止24%，远超过第一大股东软银和第二大股东雅虎。

双重股权结构在美国资本市场上的案例有很多，2000年美国总共有400多家公司采用双重股权结构，但随着互联网泡沫破灭下降到300多家。截至2010年只有12家公司在上市时采用该结构。但是由于香港资本市场长期以来秉持“同股同权”的原则，所以尚无先例。港交所虽然也知道阿里巴巴是非常有潜力的公司，又依托广阔的内地市场，但是港交所关于“同股不同权”上市规定的修改，是需要香港立法委专门特批的。可事件发展到最后的结果是经讨论香港立法委员会无法接受阿里巴巴集团提出的“合伙人制”和“双重股权”，依旧坚持保护中小投资者的“同股同权”制，阿里巴巴集团在香港上市的计划最终未能实现。

支付宝VIE事件：2011年6月阿里巴巴集团私自将支付宝的所有权转给马云控股的一家内地公司，而作为当时阿里巴巴集团的第一大股东雅虎和第二大股东软银却是在整个交易结束的第二天才知道此事，由于支付宝是阿里巴巴集团下属最有价值的一项资产，这一做法无疑是严重伤害了大股东们的利益，造成这一结果的原因之一就是阿里巴巴集团非常复杂的VIE制度。由于阿里巴巴的注册地是开曼群岛，公司主要业务发生在中国内地，又有日本的软银，美国的雅虎等外资背景的股东，因此，阿里巴巴集团整个VIE结构非常复杂，整个阿里巴巴集团有25个事业部，200多家子公司，也是中国互联网企业中关联方交易最多的一家。因此，才会出现支付宝所有权私自转移而大股东完全不知晓的事件。但是站在阿里巴巴集团的角度，支付宝作为阿里巴巴集团最重要的资产之一，对于支付宝和余额宝的业务阿里巴巴集团也是有着自己的计划的，集团打算未来将阿里巴巴金融业务另行打包上市。而根据央行的《非金融机构支付管理办法》规定，要想拿到支付牌照，对公司外资控股有一定限制性要求，因为支付宝业务的外资背景可能会涉及中国金融安全，这一规定也与马云的利益重合，为马云私自转移支付宝提供了合理的借口。未经股东大会同意私自转移支付宝业务，是为尽快取得监管部门的支付牌照，不得已而为之。最后此事以阿里巴巴集团、软银、雅虎签署现金回报协议为终结——回报额为未来支付宝上市时总市值的37.5%，回报额不低于20亿美元且不超过60亿美元。这一事件曾被西方媒体大肆报道过，该事件严重影响了阿里巴巴集团的商业信用，严重背离了契约精神，一定程度上影响了投资人的信心。而且在美国资本市场上“中国概念股”整体信誉并不好，阿里巴巴集团去美国上市也存在一定的信用障碍。

余额宝风波：由于余额宝的收益率高于银行活期存款，且可以保持良好的流动性，具有随时支取的特点，许多用户纷纷将银行存款取出存入余额宝，这一现象严重影响了银行的利益，被银行系统认为是极大的威胁。就在阿里巴巴启动赴美上市的前夕，2014年3月，中国工商银行、中国农业银行、中国银行、中国建设银行一致行动，限制储户转向支付宝的资金额度。随后，央行在征求意见的草稿中列示，“第三方个人支付账户转账单笔不得超过1 000元，年累计不能超过1万元，个人支付账户单笔消费金额不得超过5 000元，月累计金额不得超过1万元。此外，转入资金只能用于消费和转账转出，不得向银行账户回提”。虽然支付宝业务不在阿里巴巴集团此次上市的范围内，但是其背后代表的意义是重大的，即行政干预，这无疑影响了阿里巴巴集团的直接利益，加之中西方文化的差异，西方投资人不了解中国特殊的国情和企业文化等因素，习惯了市场经济的美国投资者，对于行政手段干预经济活动的中国特色市场经济，有担忧和不理解的情绪也是正常的。

前些年美国贸易代表办公室每年评选的“市场黑名单”中，阿里巴巴一直榜上有名，直至2012年才得以消除，但是阿里巴巴频繁的售假新闻的曝光，在美国这样重视知识产权保护的国家，是极度敏感的。一旦被美国相关机构认定为制假售假的帮凶，且无意整改，阿里巴巴所面临的诉讼或赔偿风险则有可能超出了阿里巴巴的能力范围。虽然美国对入市的要求比香港低，也能接受阿里巴巴集团的“双股权制度”，但是其对经营管理方面的市场监控并未放松，上市后会实行更严格的监控程序，因此，无论是在阿里巴巴集团上市前，还是上市后，严格的监管都将成为其所必须面临的法律障碍。

虽然阿里巴巴集团在境外上市的过程中面临了许多困难，如双股权制度和合伙人制度不被香港资本市场所接纳，上市启动前期遭遇行政和银行系统力量联合打击和在美信用危机等不利因素，但是阿里巴巴集团通过提高经营业绩，借助专业机构力量转战美国资本市场，成功化解了这些障碍。阿里巴巴集团通过提高自身素质、克服“合伙人制”和“双股权结构制度”的障碍及借助专业中介机构的强大业务能力等有力对策最终在纽交所成功上市，并创造了史上最大规模IPO的惊人业绩，对未来拟上市的互联网公司具有一定的借鉴意义。

资料来源：张婷婷. 阿里巴巴集团境外上市案例研究［D］. 长春：吉林财经大学，2016.

要求：

结合上述材料，并查阅相关其他资料，分析阿里巴巴为何选择美国作为上市地。

实训H007　跨国资本预算：布雷泽公司在泰国的投资决策

一、实训名称和性质（见表8-9）

表8-9　实训名称和性质

实训名称	跨国资本预算：布雷泽公司在泰国的投资决策
面向专业或课程	财务管理专业“高级财务管理”课程
实训学时分配	2
实训性质	□调查 ☑案例 □软件模拟
必做/选做	☑必做 □选做

二、实训目的和要求

“高级财务管理”（国际财务）是一门实践性很强的学科，因此，在本课程内容中进行实训等实践性教学是课程必不可少的重要环节。通过本实训，旨在使学生巩固、应用所学理论，掌握国际资本预算的方法和决策。

三、知识准备

(一) 前期要求掌握的知识、相关理论

熟练掌握企业国际资本预算的一般财务管理知识，而且要求学生事先掌握好与本课程相关的管理学、国际经济学、国际金融、相关经济法律等知识。

(二) 参考书目

1.王建英，支晓强，袁淳. 国际财务管理学［M］. 北京：中国人民大学出版社，2007.

2.张延波. 高级财务管理［M］. 北京：中国广播电视大学出版社，2004.

3.马杜拉. 国际财务管理［M］. 张俊瑞，田高良，李彬，等译. 9版. 北京：北京大学出版社，2010.

四、实训组织和安排

按照教学大纲要求，本次实训安排在国际投资管理课堂教学内容全部结束后进行，是对国际投资管理等相关知识体系的检查和整合。要求学生一人一组，实验分析前认真准备，写作报告和讨论中积极思考，完成后认真总结提高，并按要求上交案例分析报告及相关材料。

五、注意事项

1.国际资本预算的主体选择。

2.跨国资本预算中需要考虑的相关因素。

六、实训结果提交方式

实训项目应按照要求写出规范的实训报告。每个实训项目的实训报告应填明课程名称、实训项目名称、班级、姓名、学号，根据实训项目具体内容不同，分别写明每个实训项目的实训目的、实训原理和步骤、实训内容及数据、实训结论、收获建议等。

七、实训考核方式和标准

参见“高级财务管理”课程实验（实训）报告评分标准。

八、实训材料

跨国资本预算：布雷泽公司在泰国的投资决策

本·霍尔特是布雷泽公司的首席财务官，看好泰国轮滑鞋市场的增长潜力，他和董事会的其他成员决定在泰国投资。投资项目是在曼谷建立一家子公司，包括一家生产“Speedos”轮滑鞋的制造工厂。霍尔特认为泰国在10年后的经济状况是积极的，届时他预计会出售子公司。

布雷泽公司遵守与乔格斯公司（一家英国分销商）的合同继续向英国出口。除此之外，它继续在美国销售。在与娱乐产品公司（一家泰国分销商）的合同中，布雷泽公司承诺向该分销商固定以每双4 594泰铢的价格销售180 000双“Speedos”轮滑鞋。一旦企业开始运营，合同会持续一年，届时重新签订合同。因此，在泰国运营的第一年，现有的合同条件下，无论是否运营，布雷泽公司将向娱乐产品公司出售180 000双滑轮鞋。如果在泰国建立工厂，在合同的最后一年布雷泽公司可以在这个工厂生产180 000双“Speedos”

轮滑鞋中的108 000双。因此，新的子公司必须从美国进口72 000双滑轮鞋以履行其与娱乐产品公司的合同。原先不在泰国生产的108 000双鞋，每双将节约变动成本300泰铢。

娱乐产品公司已经宣称它愿意在与原先相同条件下再续约3年合同。但是因为最近运输的困难，只有当布雷泽公司在泰国有事业部时，它才愿意续约。此外，如果布雷泽公司在泰国有子公司，只要布雷泽公司在泰国运营，娱乐产品公司就会和其保持续约关系。如果续约成功，布雷泽公司预计在开始的两年内每年向不同的分销商销售300 000双鞋，包括销售给娱乐产品公司的180 000双鞋。此后，预计每年销售400 000双（包括销售给娱乐产品公司的180 000双）。如果合同不能续约，每年仅仅向娱乐产品公司销售5 000双，但价格不固定。因此，当续约不成功时，布雷泽公司预计在刚开始的两年内每年销售量为125 000双，此后每年销量为225 000双。不在与娱乐产品公司合同范围内的销售，每双为5 000泰铢，娱乐产品公司要求给予低价以补偿它从布雷泽公司购买的产品不能售出而承担的风险。

本·霍尔特希望分析在泰国建立子公司的财务可行性。作为布雷泽公司的财务分析师，您被赋予了分析拟建项目的任务。因为泰国未来的经济状况高度不确定，本·霍尔特要求您做一些敏感性分析。非常幸运的是，他提供了执行财务预算分析的大部分信息。这些信息如下：

（1）需要的建筑物和设备花费550万泰铢。这个数额包括额外的资金以支持运营资本。

（2）价值3亿泰铢的机器和设备采用直线折旧方法。折旧期限为10年，每年折旧费用为3 000万泰铢。

（3）下一年制造“Speedos”轮滑鞋的变动成本为每双3 500泰铢。

（4）布雷泽公司的固定运营费用。比如管理人员工资，下一年为2 500泰铢。

（5）泰铢的即期汇率为0.023美元。布雷泽公司预计泰铢在未来10年内每年贬值2%。

（6）泰国政府征收25%的所得税，并对任何由子公司汇回母公司的资金征收10%的预提税。汇回美国的收益不会被课税。

（7）10年之后，布雷泽公司预计出售在泰国的子公司。销售价款预计为资本利得税后6.5亿泰铢。

（8）泰国的通货膨胀率为每年12%。除非价格依照合同锁定，否则收入、变动成本和固定成本都会上升，并预计和通货膨胀率保持相同的变动比率。

（9）布雷泽公司继续运用出口和进口业务，这些业务的回报率为20%。布雷泽公司要求的回报率为25%，以实施该项目。所有泰国公司产生的多余的资金都汇回国内，以支持美国业务的发展。

资料来源：马杜拉．国际财务管理［M］．张俊瑞，田高良，李彬，等译．9版．北京：北京大学出版社，2010.

要求：

回答下列问题以帮助本·霍尔特进行决策：

1.在现有合同条件下，与在泰国销售的180 000双轮滑鞋相关的收入和成本应该在资本预算中考虑以决定布雷泽公司是否应该在泰国建立子公司吗？应该考虑来源于续签销售合同的收入吗？为什么？

2.假设布雷泽公司与娱乐产品公司续签了合同，进行该项目的资本预算分析。在这些条件下，布雷泽公司应该建立该子公司吗？

3.假设布雷泽公司与娱乐产品公司未续签合同，进行该项目的资本预算分析。在这些条件下，布雷泽公司应该建立该子公司吗？

4.因为泰国经济的不确定性，本·霍尔特希望知道在您认为最可行的备选方案中残值的关键性。

5.泰铢未来的价值高度不确定。在最坏的情况下，泰铢每年贬值5%。请您计算该情形如何影响布雷泽公司在泰国建立子公司的决策（使用您在问题2和问题3中认为最乐观的情况回答这个问题）。

实训H008 苹果公司的全球避税策略

一、实训名称和性质（见表8-10）

表8-10 实训名称和性质

实训名称	苹果公司的全球避税策略
面向专业或课程	财务管理专业“高级财务管理”课程
实训学时分配	2
实训性质	□调查 ☑案例 □软件模拟
必做/选做	☑必做 □选做

二、实训目的和要求

“高级财务管理”（国际财务）是一门实践性很强的学科，因此，在本课程内容中进行实训等实践性教学是课程必不可少的重要环节。通过本实训，旨在使学生巩固、应用所学理论，掌握国际避税地避税的基本知识。

三、知识准备

（一）前期要求掌握的知识、相关理论

熟练掌握企业国际税收管理的一般财务管理知识，而且要求学生事先掌握好与本课程相关的管理学、国际经济学、国际金融、相关经济法律等知识。

（二）参考书目

1.王建英、支晓强、袁淳. 国际财务管理学［M］. 北京：中国人民大学出版社，2007.

2.张延波. 高级财务管理［M］. 北京：中国广播电视大学出版社，2004.

3.马杜拉. 国际财务管理［M］. 张俊瑞，田高良，李彬，等译. 9版. 北京：北京大学出版社，2010.

四、实训组织和安排

按照教学大纲要求，本次实训安排在国际税收管理课堂教学内容全部结束后进行，是对国际税收管理等相关知识体系的检查和整合。要求学生一人一组，实验分析前认真准备，写作报告和讨论中积极思考，完成后认真总结提高，并按要求上交案例分析报告及相关材料。

五、注意事项

研究和分析美国苹果公司如何利用国家间税收协定与各国国内税法的漏洞以及转让定价等工具，通过复杂的投资架构安排和交易手段，把巨额利润转移到爱尔兰进行避税。

六、实训结果提交方式

实训项目应按照要求写出规范的实训报告。每个实训项目的实训报告应填明课程名称、实训项目名称、班级、姓名、学号，根据实训项目具体内容不同，分别写明每个实训项目的实训目的、实训原理和步骤、实训内容及数据、实训结论、收获建议等。

七、实训考核方式和标准

参见“高级财务管理”课程实验（实训）报告评分标准。

八、实训材料

苹果公司的全球避税策略

一、苹果公司案例的由来与背景

（一）苹果案例的由来

2013年5月美国国会参议院举行听证会，就“海外避税”问题，对美国苹果公司的高管们进行质询，所列举的几项重要避税事实是：（1）向海外（即美国以外）转移利润。苹果2012年末拥有的1 450亿美元现金或现金资产中有1 020亿美元游离于美国海外，而且几乎没有缴税。（2）海外关联公司的非税收居民身份。苹果在爱尔兰的两家关键的关联公司自我否定了爱尔兰的居民纳税人身份，也不承认为美国的税收居民，它们是苹果国际运营公司（Apple Operation International，下称AOI）和苹果国际销售公司（Apple Sales International，下称ASI）。（3）滥用成本分摊协议。成本分摊协议（Cost Sharing Agreement，CSA），是苹果把数百亿美元的利润转移到爱尔兰的主要工具。

（二）苹果公司的历史与概况

苹果美国公司（Apple Inc，下称API），1976年在美国加州设立，有着超过30年公开上市交易的历史，最初是一家从事个人电脑业务的公司，现专注于设计、制造和销售电脑、移动电话和其他高科技个人通讯及游戏产品，目前在全球拥有大约8万名员工，其中5.2万名在美国本土工作。苹果向美国证券交易委员会（SEC）报告的2012年的收入为1 565亿美元，净利润为417亿美元，每股净收益（EPS）为44.15美元。

二、苹果的主要纳税筹划战略与规划布局

苹果在其刚刚设立的几年后，就按部就班地悄然展开纳税筹划战略和规划布局，至今已经形成了一个复杂、完整的体系，其缜密、机巧也无愧于苹果“伟大”公司的名声。

（一）苹果通过自否居民纳税人身份的做法避税，达到“双边均不纳税”的效果

现行的国家间避免双重征税的协定，基本上采用的是OECD的税收协定范本，然而当协定与某些国家的国内法结合使用时，就会出现漏洞。苹果就是利用了这样的漏洞，实现在美国和爱尔兰的“双边均不纳税”。

1.苹果的海外投资和组织架构设计

苹果自1980年开始，选择爱尔兰打造其全球的战略运营模式和业务区域网络。图8-2是苹果2012年末的海外关联公司组织结构图（下称“组织结构图”）。

2.苹果国际运营公司（AOI）

苹果国际运营公司，即AOI，是苹果在美国以外的海外关联公司组织结构的第一级关

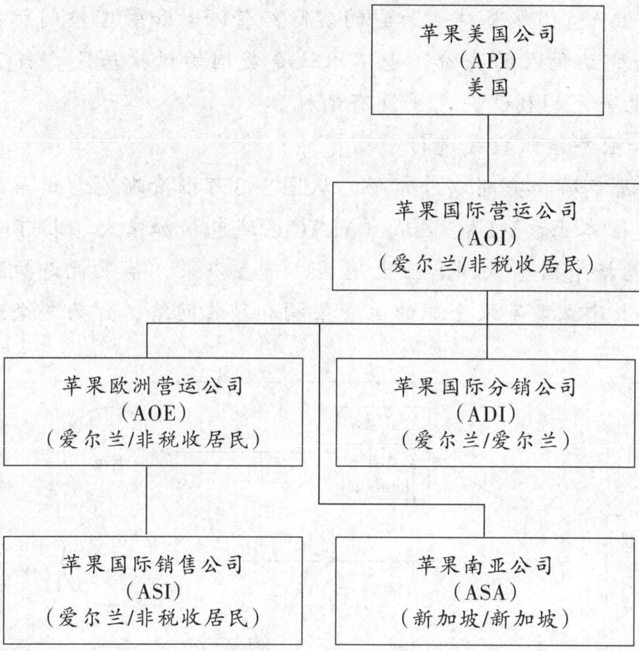

图8-2 苹果海外关联公司组织结构图

联公司，100%为API拥有。AOI实际上扮演了苹果在美国以外最高持股公司的角色，如图8-2所示，设立在爱尔兰的苹果欧洲运营公司（AOE）、苹果国际分销公司（ADI）、苹果国际销售公司（ASI），设立在新加坡的苹果南亚公司（ASA），以及苹果零售欧洲控股公司都由AOI拥有。

然而，苹果这么重要的一家海外持股公司AOI，在爱尔兰却不是物理空间上的真实存在。AOI与AOE、ADI和ASI共享在爱尔兰Cork市的一个公司注册地址，且只有地址但没有办公室。

AOI自设立以来的30多年中没有一名员工，只有三个自然人作为董事，然而他们中两位是API的员工，居住并工作在美国加州，另外一位是ADI的员工，居住在爱尔兰，并且AOI的董事会会议几乎都是在美国加州召开的。

AOI的资产由API位于美国内华达州的一家专门从事资产管理的子公司负责管理，AOI的资产（主要是现金）存放在其开设于美国纽约的银行账户，AOI的全部会计账簿和财务记录由位于美国德州的苹果财务会计共享服务中心负责维护和管理，AOI在爱尔兰没有开设任何银行账户。

以上情况是苹果在其关联公司间故意或特意而为的，以证明AOI所有的业务活动和经营管理控制所在地不在爱尔兰，因此，自我否定了其爱尔兰的居民纳税人身份，并且也不承认为美国的税收居民。自2009年至2012年，AOI从其下属的关联公司共计收到股息300亿美元，相当于这一时期苹果全球净利润的30%，AOI就此没有向任何国家纳税。

3. 苹果国际销售公司（ASI）

ASI和其直接母公司AOE同样设立在爱尔兰，而AOE的直接母公司是AOI。在2012年以前，与AOI一样，ASI也没有自己的员工，其董事会成员是工作和居住在美国的API员工。自2006年5月至2012年3月的共计33次董事会会议都在美国加州召开。虽然2012

年从AOE接收了约250名员工，但ASI仍然坚持认为它的实际经营活动和管理控制所在地不在爱尔兰，否认自己爱尔兰居民纳税人的身份，也不承认是美国的税收居民。自2009年至2012年，ASI共计取得740亿美元的利润，几乎没有纳税。

（二）建立不同的运营结构和业务组织模式进行避税

1.苹果把全球市场划分为美洲市场和美洲以外市场。从图8-3可以清晰地看出苹果的全球市场划分，美洲市场包括美国本土和ALAC区域（ALAC区域包括加拿大、拉丁美洲和加勒比地区）；美洲以外市场包括中国、欧洲和亚太地区。一直以来，苹果就是执行这样的全球市场划分，并在此基础上建立了苹果全球的运营架构和销售网络，作为其全球价值链体系的组成部分。

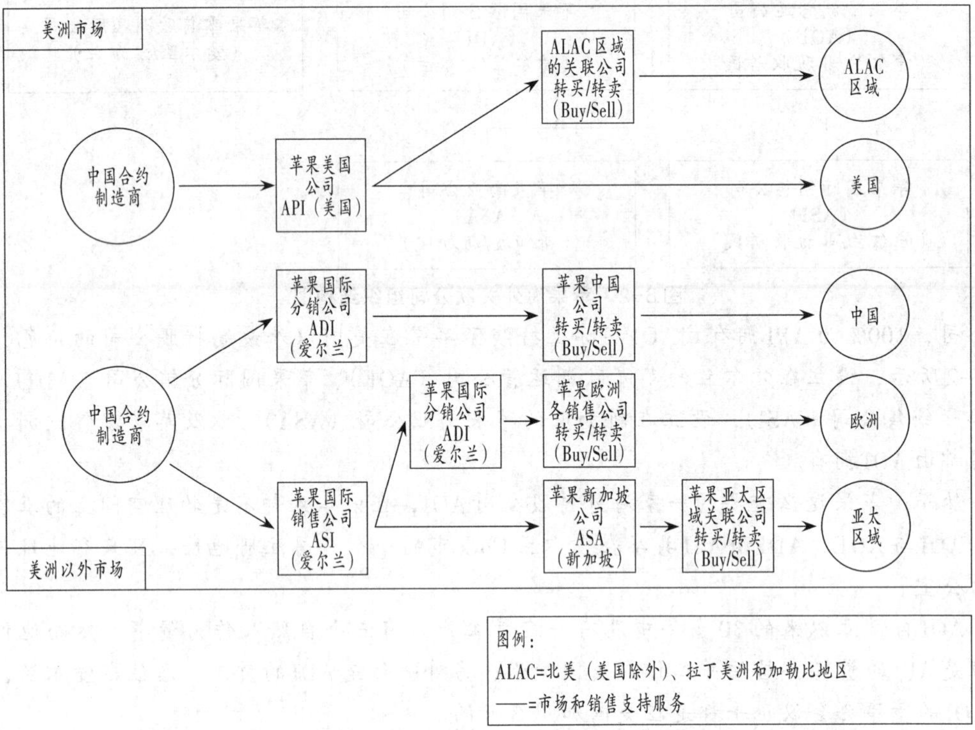

图8-3 苹果公司运营架构图

2.苹果的全球化采购模式和价值链设计。苹果全球的研发活动都在美国本土进行，同时苹果将其生产活动几乎全部外包，使用第三方合约制造商来生产在美国研发出来的新产品。

苹果采用全球化的采购模式，提供产品设计方案和技术作为合作条件，利用自己居于价值链上游的竞争优势，按照自己的需求进行产品零配件的采购，并且通过供应商之间的竞争，大幅降低采购成本。苹果全球采购而来的零配件和部件全部运往中国，由中国的一家第三方合约制造商（下称中国合约制造商）最终制成苹果的各种商品。中国合约制造商是依据与苹果达成的《合约加工服务协议》（Contract Manufacturing Service Agreement）向苹果提供合约制造服务，这种服务包括，对苹果全球采购而来的零配件和部件等进行最终的组装、装配、集成、软件和系统的安装、导入、调试、测试、检验、包装等一系列专业操作，最终制成苹果商品。

3.苹果的全球销售网络与分销结构。根据苹果运营架构图（如图8-3所示），API和ASI（ADI受ASI委托）是中国合约制造商所制造出的苹果商品的第一手买家。其中，API负责美洲市场的销售，直接把苹果商品销售给美国本土消费者，或转售给苹果在ALAC区域的关联分销公司，由其再销售给ALAC区域的消费者。ASI（ADI受ASI委托）负责美洲以外的市场，ASI把苹果商品转售给ADI，由ADI再转售给分布在欧洲各国的关联分销公司，或者ASI把苹果商品转售给ASA，由ASA再转售给分布在亚太区各国的关联分销公司，由这些关联分销公司通过各自的方式和渠道把苹果商品最终销售给欧洲和亚太区各国的消费者。需要指出的是中国市场，ADI作为第一手买家，把苹果商品转售给中国的关联分销公司，通过当地的销售网络和渠道，把苹果商品最终销售给中国消费者。

4.苹果通过转让定价等工具，把美洲以外市场的销售利润转移至爱尔兰。中国合约制造商在苹果的全球价值链体系中，只充当简单风险承担者的角色。虽然苹果商品由其最终制成，但赚取的利润是很低的，因为其与ASI签订的《合约加工服务协议》中约定了合约制造服务提供商的地位和功能，承担有限的产品制造风险，因此，只能取得有限的利润，使得API和ASI（ADI受ASI委托）能够以很低的价格从中国合约制造商购买苹果商品。

但是，当API把苹果商品转售给美洲市场的关联分销公司，ASI（ADI受ASI委托）把苹果商品转售给欧洲和亚太地区的关联分销公司时，就会附上很高的加价。换言之，API获得了销往美洲市场苹果商品的利润，ASI（包括ADI）获得了销往美洲以外市场苹果商品的利润。在苹果价值链体系中，API和ASI被苹果定义为资产、功能和风险的主承担者(Principle)，因为它们拥有苹果价值链中最有价值的核心部分：知识产权，这是苹果几十年来对价值链和转让定价精心设计和运作的结果，使得API和ASI（ADI受ASI委托）在与各区域关联分销公司的关联交易定价中，以"企业家（Entrepreneur）"的功能地位出现，并居于整个苹果价值链和转让定价交易的核心，其结果是，通过关联交易美洲市场的销售利润保留在API，美洲以外市场的销售利润保留在ASI（包括ADI，ADI在爱尔兰享受2%甚或更低的所得税税率），ASI和ADI以分配股息的方式把利润集中于AOI。

5.苹果商品的物流模式。上述复杂的关联交易中，苹果商品的法律所有权被一次次转移，是由一连串的合同或订单完成的，实际上苹果商品在物理空间上并没有像其法律所有权那样一次次地转移。苹果商品由中国合约制造商的工厂起运，被直接地、一次性地运到终端消费者所在的国家，交付给当地第三方销售商或消费者，这样节约了苹果的大量物流成本。

（三）通过特殊的成本分摊协议将知识产权的部分经济权利置于ASI名下，将利润转移至爱尔兰

苹果的另外一种转让定价工具，就是它的成本分摊协议（CSA），与其全球市场的划分和价值链的设计密切配合。

1.苹果CSA的结构、主要条款和运作模式

CSA主要由两家苹果的关联公司签订，即API和ASI。ASI与API共同承担苹果全球研发活动的成本，分担研发活动的风险，也共享研发活动的成果。

当然，苹果的分享方式与众不同。苹果全球的研发活动几乎都在美国本土进行，但CSA规定，由API与ASI按照各自负责的销售市场实现的销售收入所形成的比例，分担苹

果全球研发活动的成本。例如2004年，苹果美洲市场的销售收入约占苹果全球销售收入的40%，其余60%的销售收入来自美洲以外市场。当年苹果全球研发成本为24亿美元，按照美洲市场和美洲以外市场实现的销售收入比例，API承担苹果研发成本的40%，即10亿美元，而ASI承担余下的60%，即14亿美元。

2.CSA对苹果知识产权的特殊安排

苹果研发活动的成果，就是苹果的知识产权，这是苹果和苹果商品的核心竞争力和价值源泉所在。CSA对苹果的知识产权做了特殊的安排，把知识产权拆分为法律权利（Legal Rights）和经济权利（Economic Rights），其中全部的法律权利由API拥有，即API是苹果知识产权中的法律权利的唯一拥有者。同时API还是销往美洲市场苹果商品知识产权中经济权利的拥有者，ASI是销往美洲以外市场苹果商品知识产权中经济权利的拥有者。这种对知识产权中的经济权利的拆分，既与API和ASI对苹果全球研发活动成本的分担完全对应，也与苹果全球市场分为美洲市场和美洲以外市场完全对应。正是由于API和ASI拥有了这样的知识产权中的经济权利，使得它们能够在苹果的关联交易中充当资产、功能和风险的主承担者（Principle）的角色，赚取企业家（Entrepreneur）利润。

三、苹果公司案例分析

（一）苹果自否居民纳税人的筹划逻辑

OECD的税收协定范本最初是在1963年制定的，之后虽有更新，但与当今数字产品和网络经济的迅猛发展有着明显的差距和诸多的不适应。该范本规定，是否构成某国的居民纳税人是该国政府是否拥有征税权的前提，而“居民纳税人”却由各国的国内法给予具体的定义和规范。普遍的原则是，要求纳税人在诸如经常住所（Domicile）、居住地（Residence）、公司设立地（Place of Incorporation）或者是管理所在地（Place of Management）等方面满足国内法规定的一定标准，即成为该国的税收居民。但各个国家的具体原则和要求差异较大，因此，就存在漏洞，跨国公司可以人为地躲避形成居民纳税人，实现在国家间均不纳税。造成这种跨国公司在国家间均不纳税可能性的机制漏洞，就是BEPS试图要解决的重大课题。

苹果正是利用了爱尔兰国内税法与美国税收法典中关于居民纳税人相关规定的差异，自否居民纳税人身份。爱尔兰的税法规定，公司管理和控制的实际所在地在爱尔兰即成为爱尔兰的税收居民，而不论这家公司是否在爱尔兰注册。与此相反，美国的税收法典规定，依据公司注册设立的地点来确定居民纳税人的身份。苹果人为地形成AOI和ASI的实际经营和管理控制所在地不在爱尔兰，自我否定了爱尔兰的税收居民身份，同时，又因为AOI和ASI不是在美国注册设立，依据美国的税收法典，也不承认为美国的税收居民。

（二）对苹果运用转让定价工具的分析

苹果的纳税筹划具备战略性的长远眼光，之所以选择爱尔兰设立关联公司，是因为爱尔兰的法定所得税税率是12%，从全球来看已经是很低了。然而苹果通过与爱尔兰政府的谈判，争取到了更低的2%。

苹果把全球市场分为美洲市场和美洲以外市场。苹果在美洲市场的交易活动，以API为资产、功能和风险的主承担者（Principle），赚取企业家（Entrepreneur）利润，即苹果在这个市场的利润由API获得，因为API拥有这个市场苹果商品知识产权中的经济权利，在此区域的关联交易中居于核心和主导地位。2012年API向美国政府纳税600亿美元，成为向美国政府纳税最多的公司之一，就是这个原因。

苹果在美洲以外市场的交易活动，以ASI为资产、功能和风险的主承担者(Principle)，赚取企业家（Entrepreneur）利润，即苹果在这个市场的利润由ASI获得，因为ASI拥有这个市场苹果商品知识产权中的经济权利，ASI在此区域的关联交易中居于核心和主导地位。ASI自否其爱尔兰居民纳税人的身份，同时也不承认是美国的税收居民。自2009年至2012年ASI共计取得了740亿美元的利润，几乎没有缴税，这就是美国国会调查苹果的原因。

（三）成本分摊协议（CSA）的作用分析

苹果和苹果商品的核心价值，就是苹果商品中所嵌入的知识产权和苹果商品代表的商誉，而苹果知识产权的根本来源是苹果的研发活动。苹果的研发活动几乎全部都是在美国本土进行，是API的工程师和专家完成的。然而，在CSA之下，美国本土进行的研发活动所创造出的价值极高的知识产权被部分地置于爱尔兰公司名下，所赚取的巨额商业利润，大得不成比例地被截留在美国以外，成功避税。

自2009年至2012年，ASI依据CSA承担了49亿美元的苹果研发活动成本，而此期间内，ASI却因拥有苹果的知识产权中的经济权利而获得了740亿美元的利润，投入产出比达到了惊人的1∶15（见表8-11）。

表8-11　ASI承担的研发成本和获得的利润　单位：亿美元

年份	ASI承担的研发成本	ASI获得的利润
2009年	6	40
2010年	9	120
2011年	14	220
2012年	20	360
合计	49	740

自2009年至2012年，API依据CSA承担了40亿美元的苹果研发活动成本，而此期间内API获得的利润为387亿美元，从这个角度看，API在研发活动中的投入产出比为1∶10，这要比ASI的小得多（见表8-12）。

表8-12　API承担的研发成本和获得的利润　单位：亿美元

年份	API承担的研发成本	API获得的利润
2009年	7	34
2010年	9	53
2011年	10	110
2012年	14	190
合计	40	387

事实上，API有能力自行负担全部研发活动的成本，为什么API为了获得49亿美元研

发成本的分担，却放弃740亿美元的利润呢？就是因为ASI是API的关联公司和为了达到避税的目的。苹果CSA的真正功能是，通过转让定价工具，人为地安排苹果价值核心的知识产权中的经济权利在关联公司间的拥有和归属，满足现有转让定价国际通用规则的形式要件，把利润转移到爱尔兰进行避税。

资料来源：宁琦，励贺林. 苹果公司避税案例研究和中国应对BEPS的紧迫性分析及策略建议［J］. 中国注册会计师. 2014（2）：107-113.

要求：

根据上述材料，尝试分析苹果公司给中企“走出去”的避税启示。

第九章

“计算机财务管理”课程实验

I000 “计算机财务管理”实验大纲

一、课程基本信息

开课学期：第6学期

开课专业：财务管理

实验学时：32学时

实验学分：1.5

参考指导书：《财务管理专业实验（实训）指导书》

二、课程描述和目标

（一）本课程在实现专业人才培养目标中的地位、作用和基本内容

“计算机财务管理”是一门以Excel为工具，以财务管理基本理论和方法为主线的经济管理学科。通过本课程的教学，使学生既能掌握财务管理的理论知识，又能掌握Excel的基本操作，同时在此基础上把二者有机地结合起来，有效地提高学生运用Excel解决财务问题的能力，为学习后续专业知识、形成职业行为能力打下坚实基础，同时提高学生的创新精神和实践能力。

本课程与财务工作相结合，兼顾Excel工具的针对性与实用性，基本内容包括四个方面：Excel实用工具；公式与函数；图表与图形；财务分析、预测和决策。

（二）本课程拟达到的课程目标

课程目标1：培养学生掌握Excel的数据处理、统计分析和辅助决策的操作技能。

课程目标2：培养学生掌握财务管理的理论知识。

课程目标3：培养学生运用Excel分析和解决实际财务会计与管理会计问题的能力。

课程目标4：培养学生的资料查询技能和自学能力。

课程目标5：培养学生严谨务实的专业态度和一丝不苟的工作作风。

三、课程目标对毕业要求的支撑关系（见表9-1）

表9-1 课程目标对毕业要求的支撑关系

毕业要求指标点	课程目标	权重	目标达成形式
1.知识要求： 掌握Excel的数据处理、统计分析和辅助决策操作技能；掌握财务管理的理论知识	课程目标1、2	H	讲授、实验、开卷机考

续表

毕业要求指标点	课程目标	权重	目标达成形式
2.能力要求： 运用Excel分析和解决实际财务会计与管理会计问题的能力；资料查询技能和自学能力	课程目标3、4	H	讲授、实验、课外小组作业
3.素质要求： 培养学生认真负责的工作态度和严谨细致的工作作风	课程目标5	M	实验

四、实验/实训项目与内容提要

1.实验/实训项目（见表9-2）

表9-2 “计算机财务管理”实验/实训项目与主要内容

序号	项目名称	目的要求、内容提要	每组人数	实验学时	实验类型	实验要求	实验分室	对应课程目标
1	数据录入与验证工具	外部导入数据、选择性粘贴、批量录入、数据有效性	1	2	验证性	必修	管理综合实验室	课程目标1、4、5
2	常用的财务函数	资金时间价值函数、折旧函数、股票与债券的估价函数	1	4	验证性	必修	管理综合实验室	课程目标1、2、4、5
3	实用的非财务函数	一些实用的查找函数、逻辑函数、统计函数等	1	4	验证性	必修	管理综合实验室	课程目标1、4、5
4	图表的编辑与制作	条件格式的使用、高级筛选和排序、制作工资单、根据数据绘制图形	1	6	验证性	必修	管理综合实验室	课程目标1、4、5
5	风险投资决策	查找函数与肯定当量法的结合运用	1	2	验证性	必修	管理综合实验室	课程目标1、2、3、4、5
6	资本成本	个别资本成本、综合资本成本、边际资本成本	1	2	验证性	必修	管理综合实验室	课程目标1、2、3、4、5
7	企业长期投资决策	利用财务决策指标进行项目可行性分析	1	4	验证性	必修	管理综合实验室	课程目标1、2、3、4、5
8	资金需要量的预测	资金需要量的销售百分比法	1	2	验证性	必修	管理综合实验室	课程目标1、2、3、4、5
9	销售收入管理	销售收入预测、数据透视表	1	2	验证性	必修	管理综合实验室	课程目标1、2、3、4、5
10	成本费用管理	成本预测、合并计算工具、规划求解	1	2	验证性	必修	管理综合实验室	课程目标1、2、3、4、5
11	全面预算	预计的财务报表及其他附表	1	2	综合性	必修	管理综合实验室	课程目标1、2、3、4、5

2.多种形式教学

本课程最显著的特点是实践性与实用性并重。课程运用互联网等现代技术手段，在专业“互联网+会计一体化”的教学改革背景下进行课程的网络平台建设。网络平台可开设

“视频资源”“自主学习资源”“教案与课件”“实践教学”“互动区”“案例设计展示”等多个模块，线上通过对视频资源知识点的讲授，引导学生从被动地接受转化为主动地学习。线下通过讨论、上机操作、案例设计等方式测度学生素质能力的培养，即“线上知识，线下能力”，进行线上线下的一体化教学。

五、实验/实训教学方式与基本要求

本课程教学提倡学生的主动学习和主动实践为核心，线上教学资源以慕课视频资源为主，线下紧紧围绕财务会计工作情景模拟案例资料进行应用性操作实践，注重培养学生的自学能力及提出问题、分析问题和解决问题的能力，同时增设课外小组作业，让学生在完成课程的过程中，会积极地去思考、探索。

六、实验/实训报告与考核

本门课程依据全程监控的理念进行考核。课程成绩考核包括4个部分，分别为出勤、课堂上机操作、实验报告、期末考试。具体要求及评分方法如下：

1.出勤（15分）。出勤成绩采用扣分制，每旷课一次扣平时成绩3分，请假缺席扣平时成绩1分。

2.课堂上机操作（30分）。包括实验完成的进度、财务软件操作的规范性和准确性、财务软件的维护技能、课堂互动的积极性等。

3.实验报告（15分）。包括实验操作记录的完整性、准确性，实验报告的规范性。

4.期末考试。期末考试（开卷机考）占总成绩的50%。

七、主要仪器设备和材料

1.实验过程要每位学生均配备计算机。

2.安装Excel软件。

3.实验资料。

八、教材及主要参考资料

1.李郁明，张惠忠.财务管理专业实验（实训）指导书［M］.北京：经济科学出版社，2011.

2.韩良智.Excel在财务管理中的应用［M］.3版.北京：清华大学出版社，2015.

实验I001 数据的录入与验证工具

一、实验名称和性质（见表9-3）

表9-3 实验名称和性质

所属课程	计算机财务管理
实验名称	数据的录入与验证工具
实验学时	2
实验性质	☑验证 □综合 □设计
必做/选做	☑必做 □选做

二、实验目的

数据的录入与验证是数据处理与分析的基础。通过该实验使学生掌握运用Excel工具快速录入数据，同时确保数据的正确性，为后续实验做准备。

三、实验的软硬件环境要求

硬件环境要求：

单机，不需要连接互联网。

使用的软件名称、版本号以及模块：

Windows 7（及以上版本）操作系统，Microsoft Excel 2010（及以上版本）。

四、知识准备

前期要求掌握的知识：

1.Excel从外部导入数据的主要方法。

2.Excel数据录入的常用技巧。

3.Excel数据验证的主要工具。

实验相关理论或原理：

Excel在数据处理方面功能非常强大，但是前提是必须要先录入数据，Excel提供了外部数据导入、填充、选择性粘贴、组合键批量录入等功能，大大提高了数据录入的效率。而数据的有效性不仅可以通过下拉菜单提前做好数据录入的规范化，还可以对录入的数据进行校对，当数据超出设置的范围时提示错误，从而确保数据的正确性。

实验流程：

1.将TXT的数据导入到Excel。

2.将网站的时时更新数据导入到Excel。

3.通过运算粘贴和转置粘贴完成数据的录入。

4.通过“Ctrl+Enter”对连续单元格与非连续单元格进行相同内容的录入。

5.通过数据有效性提供下拉菜单规范数据录入，并对录入的数据进行校对。

五、实验材料和原始数据

1.将TXT中的数据（如图9-1所示），导入到Excel中，并将签字日期改为××××年××月××日显示。

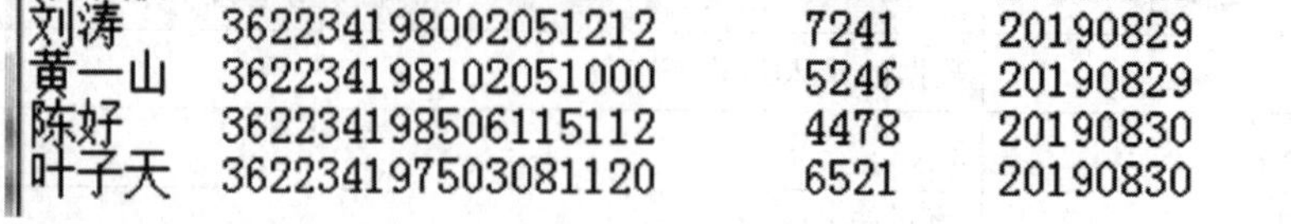
员工补贴领用表 - 记事本

文件(F) 编辑(E) 格式(O) 查看(V) 帮助(H)

姓名	身份证	补贴	签字日期
王梅	362234198005051000	4251	20190827
刘宇	362254198012071272	5233	20190827
张小航	362234198002041321	4652	20190828
刘涛	362234198002051212	7241	20190829
黄一山	362234198102051000	5246	20190829
陈好	362234198506115112	4478	20190830
叶子天	362234197503081120	6521	20190830

图9-1 原始数据

2.用Excel从http：//www.waihuipaijia.cn/导入中国银行的外汇牌价，并时时更新。

3. 在Excel中任选10个不连续的单元格或A1到E10连续的区域，通过"Ctrl+Enter"，在每个单元格中录入文字：计算机财务管理。

4. 练习选择性粘贴。

（1）将表9-4中的所有数据减134，表9-5中的所有数据乘以1.1123（保留整数位），表9-6中的所有数据加598。

表9-4 **部门1月份管理费用明细表**

项目＼部门	总经办	行政部	销售部	生产部	财务部
办公费	103 152	53 119	12 578	20 919	78 524
邮寄费	3 650	39 819	9 865	10 119	48 579
外出差旅费	78 946	26 319	78 945	8 319	7 895
招待费	986 345	21 319	48 597	7 419	4 875
修理维护费	45 263	16 589	32 658	86 521	58 792
租赁费	56 847	76 321	75 895	45 876	47 128
折旧费	12 534	52 487	14 587	25 864	96 421
保险费	43 125	12 458	14 857	62 485	2 145

表9-5 **部门2月份管理费用明细表**

项目＼部门	总经办	行政部	销售部	生产部	财务部
办公费	103 406	53 373	12 832	21 173	78 778
邮寄费	3 904	40 073	10 119	10 373	48 833
外出差旅费	79 200	26 573	79 199	8 573	8 149
招待费	986 599	21 573	48 851	7 673	5 129
修理维护费	45 517	16 843	32 912	86 775	59 046
租赁费	57 101	76 575	76 149	46 130	47 382
折旧费	12 788	52 741	14 841	26 118	96 675
保险费	43 379	12 712	15 111	62 739	2 399

表9-6 **部门3月份管理费用明细表**

项目＼部门	总经办	行政部	销售部	生产部	财务部
办公费	101 831	51 798	11 257	19 598	77 203
邮寄费	2 329	38 498	8 544	8 798	47 258
外出差旅费	77 625	24 998	77 624	6 998	6 574
招待费	985 024	19 998	47 276	6 098	3 554
修理维护费	43 942	15 268	31 337	85 200	57 471
租赁费	55 526	75 000	74 574	44 555	45 807
折旧费	11 213	51 166	13 266	24 543	95 100
保险费	41 804	11 137	13 536	61 164	824

（2）编制一张管理费用第一季度项目明细表，见表9-7，并根据表9-4、表9-5、表9-6中更新后的数据快速准确地填写表9-7。

表9-7 **管理费用第一季度项目明细表**

月份	项目 部门	办公费	邮寄费	外出差旅费	招待费	修理维护费	租赁费	折旧费	保险费
一月	总经办								
	行政部								
	销售部								
	生产部								
	财务部								
二月	总经办								
	行政部								
	销售部								
	生产部								
	财务部								
三月	总经办								
	行政部								
	销售部								
	生产部								
	财务部								

5.练习数据有效性。

对考勤统计表（见表9-8）进行以下设置：

表9-8 **考勤统计表**

工号	姓名	部门	请假天数	请假类别

（1）考勤统计表中设置“工号”输入的数据不允许出现重复内容，如出现重复内容，则会弹出“工号提示”对话框加以停止，提示“禁止输入重复工号！”，通过函数COUNTIF进行自定义设置。

（2）设置“请假天数”输入的数据仅限于1～31之间的整数。如果输入的数据超出范围，弹出“请假天数提示”对话框加以停止，提示“请输入1～31范围内的数据!”

（3）员工“请假类别”包括5种：事假，婚假，产假，丧假，公假，采用“单元格引用法”进行设置，并提供下拉箭头。当选定“请假类别”此列的单元格时，提示“请输入请假类别”。如果输入的请假类别不在设置的有效序列中，则会弹出“输入错误”对话框加以警告，提示“您输入的请假类别有误，请从下拉列表中选择”。

（4）员工“部门”包括5种：总经办、行政部、销售部、生产部、财务部，采用“直接输入法”进行设置，并提供下拉箭头。

六、实验要求和注意事项

根据上述资料掌握Excel从TXT和网站导入外部数据的方法，掌握“Ctrl+Enter”和选择性粘贴的使用，以及数据有效性的设置。

七、实验成绩评价标准

1.将TXT的数据导入到Excel，20分。

2.将网站的时时更新数据导入到Excel，20分。

3.通过运算粘贴和转置粘贴完成数据的录入，20分。

4.通过“Ctrl+Enter”对连续单元格与非连续单元格进行相同内容的录入，10分。

5.通过数据有效性提供下拉菜单规范数据录入，并对录入的数据进行校对，30分。

实验I002 常用的财务函数

一、实验名称和性质（见表9-9）

表9-9 实验名称和性质

所属课程	计算机财务管理
实验名称	常用的财务函数
实验学时	4
实验性质	☑验证 □综合 □设计
必做/选做	☑必做 □选做

二、实验目的

Excel中提供的常用财务函数是应用电子报表软件从事财务管理的基础。熟练掌握常用财务函数才能顺利完成后续综合性实验项目的学习。

三、实验的软硬件环境要求

硬件环境要求：

单机，不需要连接互联网。

使用的软件名称、版本号以及模块：

Windows 7（及以上版本）操作系统，Microsoft Excel 2010（及以上版本）。

四、知识准备

前期要求掌握的知识：

1.资金时间价值函数。

2.固定资产折旧函数。

3.债券与股票估价函数。

实验相关理论或原理：

1. $\mathrm{pmt} \times (1+\mathrm{rate} \times \mathrm{tupe}) \times \left[\frac{(1+\mathrm{rate})^{\mathrm{rprt}}-1}{\mathrm{rate}}\right] + \mathrm{pv} \times (1+\mathrm{rate})^{\mathrm{xyer}} + \mathrm{fv} = 0$ ，现值、终值、年金、期数和折现率之间存在的密切关系。

2.固定资产折旧方法有：年限平均法、年数总和法、双倍余额递减法等。

3.债券估价分为：永久债券、定期付息债券、零息债券、流通中的债券。股票估价分为：零增长股、固定增长股、变动增长股、定期持有的股票。

实验流程：

1.运用资金时间价值函数完成相关计算。

2.运用折旧函数完成相关计算。

3.对债券、股票估价。

五、实验材料和原始数据

1.资金时间价值函数

（1）2019年元旦，天天公司预扩张业务，准备购买厂房，开发商提出两种付款方式：一种是当日付5 000万元的首付款，5年后付15 000万元，另一种是从购房当年起每年年末付4 000万元，连续5年。若目前的市场利率是6%，你会帮天天公司选择哪种付款方案。

（2）2019年初，佳都科技有限公司从银行取得一笔5 000万元的借款，贷款年利率为13%，按规定于2029年末一次性还清本息。该公司计划从2020年末每年存入银行一笔等额偿债基金用来偿还借款，假设银行存款的年利率为10%，公司每年应当存入多少偿债基金？

（3）为吸引人才，内蒙古呼和浩特政府拟定大学毕业生3年以内可半价买房。现在张同学刚刚大学毕业，决定贷款在呼和浩特市内购买一套86平方米总零售价为986 500元的房子，已知张同学首付为15万元，剩余部分向银行贷款，银行贷款年利率为5.6%，假设张同学每个月月供最多为2 000元，需要多少年才能还清贷款？

（4）华业公司从银行借入资金500万元，借款期限3年，复利年利率8%，若每年计息一次，借款实际利率是多少？若每半年计息一次，借款实际利率是多少？若银行要求留存80万元在银行，借款实际利率是多少？

2.折旧函数

固定资产在现代企业运营的过程中具有重要的地位，Excel函数为企业固定资产折旧的计提提供便利。表9-10是某公司截至2018年12月31日在用的各项固定资产的相关信息。按以下步骤填写固定资产折旧信息表9-11。

（1）试计算企业各固定资产2018年的折旧月数及累计折旧月数（运用时间函数）。

（2）计算企业各固定资产2018年折旧额及累计折旧额。

表9-10　**在用固定资产信息表**　金额单位：元

项目	资产原值	预计净残值	使用年限	购买日期	折旧计提方法
A	200 000	1 500	5年	2016/3/23	双倍余额递减法
B	150 000	1 250	8年	2014/5/16	直线法
C	860 000	5 340	10年	2017/8/13	双倍余额递减法
D	50 000	0	2年	2018/2/25	直线法
E	460 000	3 000	12年	2017/12/29	年数总和法

表9-11　**固定资产折旧信息表**　金额单位：元

固定资产项目	本年折旧月数	本年折旧额	累计折旧月数	累计折旧额
A				
B				
C				
D				
E				

3.债券与股票估价函数

（1）为进一步扩大债务融资，中国华能集团有限公司（证券代码：155885）公开拟定发行票面利率为14.3%的长期（10年）公司债券第四期（品种二），预计发行量总计11亿元。发行起始日和终止日分别为2019年9月11日、2029年9月11日，计息方式为固定利息按年付息。假设市场利率为12%，该债券的发行价格是多少？（假设票面价值为100元）

（2）2018年7月12日，江苏宁沪高速公路股份有限公司（股票代码：600377）总股本为381 574.75万股，每股红利为0.44元，股利年增长率为4.6%。假设投资者预期的最低报酬率为9%，计算沪宁高速在2019年7月11日的股价。

六、实验要求和注意事项

1.熟练掌握资金时间价值函数。

2.熟练掌握折旧函数。

3.对债券、股票估价。

七、实验成绩评价标准

1.资金时间价值函数，每小题10分，共40分。

2.折旧函数，填表中每空2分，共40分。

3.债券、股票估价函数，每小题10分，共20分。

实验I003 实用的非财务函数

一、实验名称和性质（见表9-12）

表9-12 实验名称和性质

所属课程	计算机财务管理
实验名称	实用的非财务函数
实验学时	4
实验性质	☑验证 □综合 □设计
必做/选做	☑必做 □选做

二、实验目的

进一步掌握Excel提供的非财务函数在数据处理中的应用。

三、实验的软硬件环境要求

硬件环境要求：

单机，不需要连接互联网。

使用的软件名称、版本号以及模块：

Windows 7（及以上版本）操作系统，Microsoft Excel 2010（及以上版本）。

四、知识准备

前期要求掌握的知识：

1.逻辑运算函数。

2.数据统计函数。

3.查找引用函数。

4.日期时间函数。

实验相关理论或原理：

日常的财务管理工作中除了会运用Excel中提供的常用财务函数外，一些非财务函数，如逻辑运算函数、数据统计函数、查找引用函数、日期时间函数也广泛地应用在实务工作中。

实验流程：

1.通过函数设置与调整序号。

2.通过函数进行汇总求和。

3.通过函数进行应收账款管理。

五、实验材料和原始数据

1.序号的设置与调整

连续的序号可以通过填充的方式设置，但是某些情况下，我们要结合函数对序号加以调整。

（1）填充设置序号。

（2）使用IF和COUNTA函数自动设置跳过空行的序号。

（3）使用ROW函数自动修改删除行后序号。

（4）使用COUNT函数设置合并单元格序号。

（5）使用SUBTOTAL函数重新设置筛选后序号。

2.汇总求和

甲公司销售数据清单见表9-13，按下列要求进行数据统计。

（1）用SUMPRODUCT函数计算甲公司2018年的销售总额（根据销售量与单价）。

（2）用SUMPRODUCT函数和SUMIFS函数汇总上海销售彩电的数量。

（3）用SUMPRODUCT函数和COUNTIF函数统计销售彩电的记录数。

（4）用SUMPRODUCT函数和SUMIF函数计算销售人员为高玉的销售金额。

表9-13 **甲公司销售数据清单**

销售日期	商品名称	销售量（台）	单价（元）	销售金额（元）	销售地点	销售人员
2018/1/15	彩电	57	963	54 891	北京	刘新
2018/1/20	空调	44	2 222	97 768	南京	高玉
2018/2/3	彩电	72	948	68 256	北京	李玲
2018/2/22	电脑	53	4 521	239 613	天津	李颖
2018/3/1	彩电	70	1 000	70 000	上海	王华
2018/3/11	空调	37	2 252	83 324	太原	戴军
2018/3/16	电脑	78	4 787	373 386	北京	刘新
2018/4/3	彩电	20	906	18 120	天津	刘立
2018/4/18	电脑	64	4 157	266 048	南京	高玉
2018/4/26	彩电	72	943	67 896	北京	李玲
2018/5/1	空调	12	2 239	26 868	天津	李颖
2018/5/6	电脑	65	4 365	283 725	武汉	叶晨
2018/5/17	电脑	55	4 541	249 755	北京	刘新
2018/5/23	彩电	9	956	8 604	长春	李翔
2018/6/9	电脑	11	4 438	48 818	南京	高玉
2018/7/15	电脑	66	4 509	297 594	武汉	叶晨
2018/7/21	彩电	11	919	10 109	上海	韩松
2018/7/25	空调	71	2 244	159 324	天津	李颖
2018/8/12	电脑	50	4 871	243 550	长春	李翔
2018/8/25	冰箱	74	1 860	137 640	天津	刘立
2018/9/16	彩电	33	959	31 647	上海	韩松
2018/9/28	电脑	70	4 652	325 640	沈阳	唐旭
2018/9/30	空调	61	2 281	139 141	武汉	张琴
2018/10/10	电脑	53	4 389	232 617	天津	刘立
2018/10/18	空调	59	2 290	135 110	太原	戴军
2018/10/25	电脑	42	4 503	189 126	沈阳	杨梅
2018/11/3	彩电	41	914	37 474	太原	田雪
2018/11/6	电脑	72	4 491	323 352	武汉	张琴
2018/11/25	空调	34	2 210	75 140	太原	田雪
2018/12/1	电脑	77	4 647	357 819	武汉	张琴
2018/12/16	彩电	61	934	56 974	太原	田雪

3.应收账款管理

某公司从2017年至今分别留有A、B、C、D共4家客户应收账款，日期与金额见表9-14。该公司欲按公司规定的借款天数对应的比例（见表9-15）计提坏账准备，要求通过日期时间函数与查找函数VLOOKUP的结合应用，填写表9-16，对该公司的应收账款进行管理。

表9-14 应收账款客户信息表 单位：元

客户	借款日期	金额
A	2017/8/7	26 200
B	2018/1/8	46 400
A	2018/3/10	40 800
A	2018/3/11	34 600
B	2018/6/12	39 000
C	2018/8/14	74 400
C	2019/2/15	28 800
A	2019/3/17	63 700
B	2019/4/18	3 600
D	2019/5/1	46 400

表9-15 坏账计提比例表

范围	区间	坏账计提比例
0	小于30天	0
31	1~3个月	2.5%
91	3~6个月	5.0%
181	6个月至1年	7.5%
361	大于1年	10.0%

表9-16 应收账款管理表 单位：元

客户	借款日期	金额	借款天数	区间	计提坏账	可回收金额
A	2017/8/7	26 200				
B	2018/1/8	46 400				
A	2018/3/10	40 800				
A	2018/3/11	34 600				
B	2018/6/12	39 000				
C	2018/8/14	74 400				
C	2019/2/15	28 800				
A	2019/3/17	63 700				
B	2019/4/18	3 600				
D	2019/5/1	46 400				
合计	—	403 900	—	—		

4.填写工资表

A公司2019年1月的员工工资表见表9-17。个税的免征额度为5 000元，个人所得税的税率表见表9-18。奖金按表9-19发放。

表 9-17 A公司2019年1月员工工资表 单位：元

员工编号	姓名	部门	基本工资	奖金	应发工资	应扣社保合计	代扣个税	实发工资
101	李飞	车间	6 000			1 100		
102	马媛	厂部	5 500			1 000		
103	李正	车间	5 300			960		
104	张力	车间	5 500			1 000		
105	王沙	厂部	4 800			760		
106	孔丽	车间	4 500			700		
107	赵阳	销售部	4 500			700		
108	白雪	销售部	5 500			1 000		
109	孙武	人力资源部	5 000			860		
110	齐磊	人力资源部	4 500			760		
111	牛玲	财务部	4 500			760		
112	王林	财务部	4 700			800		

表 9-18 个人所得税税率表

级数	月度应纳税所得额（元）		税率	速算扣除数
1	0	3 000	0.03	0
2	3 000	12 000	0.10	210
3	12 000	25 000	0.20	1 410
4	25 000	35 000	0.25	2 660
5	35 000	55 000	0.30	4 410
6	55 000	80 000	0.35	7 160
7	80 000	80 000以上	0.45	15 160

表 9-19 奖金发放表 单位：元

	经济管理国家级实验教学示范中心（嘉兴学院）
	经济管理国家级实验教学示范中心（嘉兴学院）
	经济管理国家级实验教学示范中心（嘉兴学院）
	经济管理国家级实验教学示范中心（嘉兴学院）
	经济管理国家级实验教学示范中心（嘉兴学院）
厂部	1 500
车间	1 400
销售部	1 700
人力资源部	1 750
财务部	1 800

（1）使用IF函数填写奖金和代扣个税。

（2）结合ROUND函数和MAX函数的应用计算代扣个税。

（3）填写应发工资与实发工资。

六、实验要求和注意事项

要求学习掌握财务管理实务工作中常用的非财务函数。

七、实验成绩评价标准

1.序号的设置与调整，每小题5分，共25分。

2.汇总求和，每小题7分，共28分

3.应收账款管理，每空0.5分，共22分。

4.填写工资表，第1、2小题各10分，第3小题5分，共25分。

实验I004 图表的编辑与制作

一、实验名称和性质（见表9-20）

表9-20 实验名称和性质

所属课程	计算机财务管理
实验名称	图表的编辑与制作
实验学时	6
实验性质	☑验证 □综合 □设计
必做/选做	☑必做 □选做

二、实验目的

掌握Excel中图表编辑与制作的方法，便于对数据的观察及分析。

三、实验的软硬件环境要求

硬件环境要求：

单机，不需要连接互联网。

使用的软件名称、版本号以及模块：

Windows 7（及以上版本）操作系统，Microsoft Excel 2010（及以上版本）。

四、知识准备

前期要求掌握的知识：

1.条件格式。

2.高级筛选与排序。

3.工资表数据的拆分。

4.Excel绘图工具栏的使用。

实验相关理论或原理：

1.条件格式包括单个条件及多个条件格式的设置，以及数据条和图示集的应用。

2.高级筛选与排序可以将数据按指定的条件显示。

3.工资条的制作是以工资表数据为基础，转换为一条工资细目、一条员工数据的多组记录。随着无纸化办公的普及，电子工资条是一种新生工资条形式。

4.将Excel数据制作成图表可以直观地查看和分析数据、发现关键问题以及识别模式和趋势。

实验流程：

1.设置条件格式。

2.高级筛选和排序。

3.工资条的制作及邮件发送。

4.Excel制图。

五、实验材料和原始数据

1.条件格式。

使用条件格式可以美化图表，使数据明朗清晰，对A产品3月份日销售清单（见表9-21）做如下处理：

（1）把序号为偶数的行标绿。

（2）将销量中的数据用渐变的数据条表示。

（3）使用图标集查看日销售量的目标完成情况，完成日销售目标的单元格中会出现“绿色√”符号，未完成日销售目标的单元格中则会出现“红色×”符号。

（4）将序号为奇数行，销量大于4 000件的日期找出来，填充为红色。

表9-21 **A产品3月份日销售清单**

序号	日期	销量（件）	目标完成度
1	2019/3/30	5 100	127.50%
2	2019/3/28	2 145	53.63%
3	2019/3/25	3 168	79.20%
4	2019/3/12	4 258	106.45%
5	2019/3/11	4 158	103.95%
6	2019/3/10	2 986	74.65%
7	2019/3/9	3 479	86.98%
8	2019/3/8	5 264	131.60%
9	2019/3/7	3 194	79.85%
10	2019/3/6	4 635	115.88%
11	2019/3/4	4 387	109.68%
12	2019/3/1	3 721	93.03%

2.高级筛选和排序。

根据某公司的费用账（见表9-22），进行如下数据处理。

表9-22 **公司的费用账** 单位：元

月	日	发生日期	凭证号数	科目编码	科目名称	部门	借方	余额
03	21	2007/3/21	记-0240	5502261310	教育经费	特化	3.90	111.35
04	28	2007/4/28	记-0500	5502260710	教育经费	特化	4.50	465.89
03	21	2007/3/21	记-0240	5502261309	工会经费	特化	5.20	148.46
04	28	2007/4/28	记-0500	5502260709	招待费	特化	6.00	621.20
11	20	2007/11/20	记-0328	5502261309	工会经费	特化	6.00	773.18
03	23	2007/3/23	记-0289	5502261310	教育经费	特化	9.00	156.98
09	24	2007/9/24	记-0416	55021310	失业保险	安防	11.90	175.50
06	13	2007/6/13	记-0286	5502260310	教育经费	特化	13.50	569.54

续表

月	日	发生日期	凭证号数	科目编码	科目名称	部门	借方	余额
11	30	2007/11/30	记-0567	55020709	工会经费	七室	176.00	24 983.24
11	30	2007/11/30	记-0569	55020709	工会经费	七室	176.00	25 379.24
07	16	2007/7/16	记-0279	5502260310	教育经费	特化	13.50	641.45
09	24	2007/9/24	记-0416	55021309	工会经费	安防	15.87	233.99
11	30	2007/11/30	记-0564	55020110	教育经费	一室	16.50	12 009.74
11	30	2007/11/30	记-0565	55020110	失业保险	一室	16.50	12 026.24
11	30	2007/11/30	记-0564	55021010	教育经费	十室	16.50	48 229.48
11	30	2007/11/30	记-0570	55021110	教育经费	特气	16.50	4 268.60
12	12	2007/12/12	记-0211	55021110	招待费	特气	16.50	4 285.10
04	28	2007/4/28	记-0500	55021110	教育经费	特气	18.00	1 193.20
04	28	2007/4/28	记-0500	5502260309	工会经费	特化	18.00	487.84
11	20	2007/11/20	记-0328	5502260309	工会经费	特化	18.00	2 432.54
05	31	2007/5/31	记-0412	5502261310	教育经费	特化	19.58	254.32
12	04	2007/12/4	记-0057	55020103	失业保险	一室	22.00	7 223.12
12	12	2007/12/12	记-0207	55020103	失业保险	一室	22.00	7 289.12
11	30	2007/11/30	记-0564	55020109	工会经费	一室	22.00	16 012.96
11	30	2007/11/30	记-0566	55020109	工会经费	一室	22.00	16 056.96
08	29	2007/8/29	记-0456	55020702	招待费	七室	100.00	102 547.38

（1）利用高级筛选，将科目名称为工会经费或部门为一室的数据筛选出来，并复制到该工作表的其他空白单元格中。

（2）排序。请将数据按“月—日—部门—凭证号数—余额”进行排序，其中，部门的排列顺序为：一室—七室—十室—安防—特气—特化。

3.工资单的制作。

将A公司2018年4月员工工资表（见夫9-23）制作成电子工资单并以邮件发送给每个员工。

表9-23 A公司2018年4月员工工资表 单位：元

员工编号	姓名	部门	基本工资	岗位工资	住房补贴	奖金	应发合计	病假扣款	扣款合计	养老保险	医疗保险	应扣社保合计	应发工资	代扣税	实发合计	邮箱地址
1001	李飞	管理部	4 500	1 000	350	500	6 350	0	0	440	110	550	5 800	125	5 675	12345@126.com
1002	马媛	管理部	4 000	1 000	350	500	5 850	0	532	400	100	500	4 818	39	4 779	22345@126.com
1003	李正	管理部	3 800	1 000	350	500	5 650	500	500	384	96	480	4 670	35	4 635	32345@126.com
2001	张力	生产部	4 000	1 000	350	600	5 950	0	0	400	100	500	5 450	90	5 360	42345@126.com
2002	王沙	生产部	3 300	500	200	600	4 600	0	0	304	76	380	4 220	22	4 198	52345@126.com
2003	孔丽	生产部	3 000	500	200	600	4 300	0	0	280	70	350	3 950	13	3 937	62345@126.com
2004	赵阳	生产部	3 000	500	200	600	4 300	0	3440	280	70	350	510	0	510	72345@126.com
3001	白雪	销售部	4 000	1 000	350	1 000	6 350	0	0	400	100	500	5 850	130	5 720	82345@126.com
3002	孙武	销售部	3 500	800	280	1 700	6 280	0	0	344	86	430	5 850	130	5 720	92345@126.com
3003	齐磊	销售部	3 000	800	280	0	4 080	800	800	304	76	380	2 900	0	2 900	13345@126.com
3004	牛玲	销售部	3 000	800	280	1 100	5 180	0	0	304	76	380	4 800	39	4 761	15345@126.com
3005	王林	销售部	3 200	800	280	900	5 180	0	0	320	80	400	4 780	38	4 742	18345@126.com

4.根据已给的数据表，按照所给的模板制作Excel图。

（1）母子饼图

A公司的人员学历情况如图9-2所示。

博士	6
硕士	7
本科	8
其他	53

本科及以上	21
大专	15
中专	38

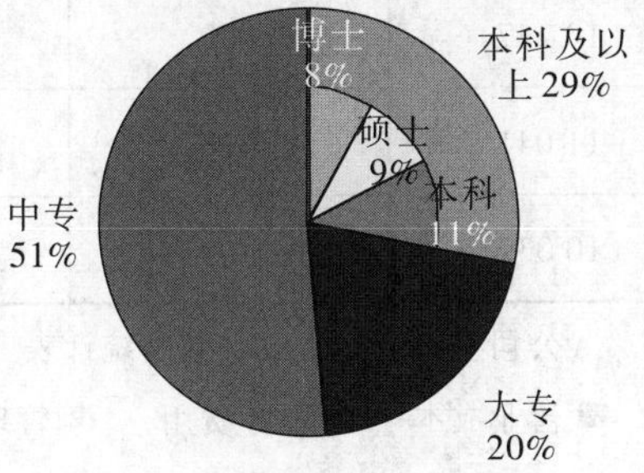

图9-2 A公司的人员学历情况

（2）旋风图

2017—2018年某企业各地区销售额（万元）见表9-24。

表9-24 2017—2018年某企业各地区销售额 单位：万元

地区	2017年	2018年
A区	77	118
B区	82	65
C区	98	79
D区	65	98
E区	108	67

（3）组合图型（如图9-3所示）

月份	销售单价（元）	交易总额（美元）
1月	50	900
2月	100	3 000
3月	30	1 200
4月	104	7 000
5月	87	5 050
6月	150	7 500

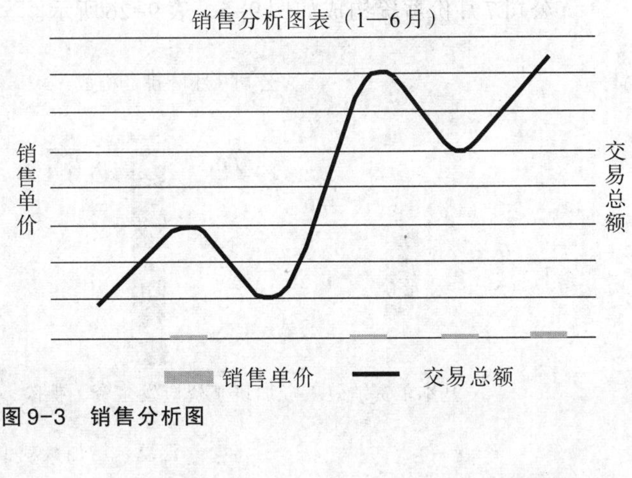

图9-3 销售分析图

（4）堆积图（如图9-4所示）

A公司上半年日常收支数据见表9-25。

表9-25 **A公司上半年日常收支数据统计表** 单位：元

月份	营业收入	营业成本	财务费用	管理费用	销售费用
1月	75 213	12 458	400	8 795	4 151
2月	85 624	13 587	400	9 850	5 421
3月	58 877	9 864	400	7 416	4 021
4月	63 987	10 247	400	7 214	4 598
5月	75 410	11 041	400	8 496	4 025
6月	74 968	10 039	400	8 857	4 587

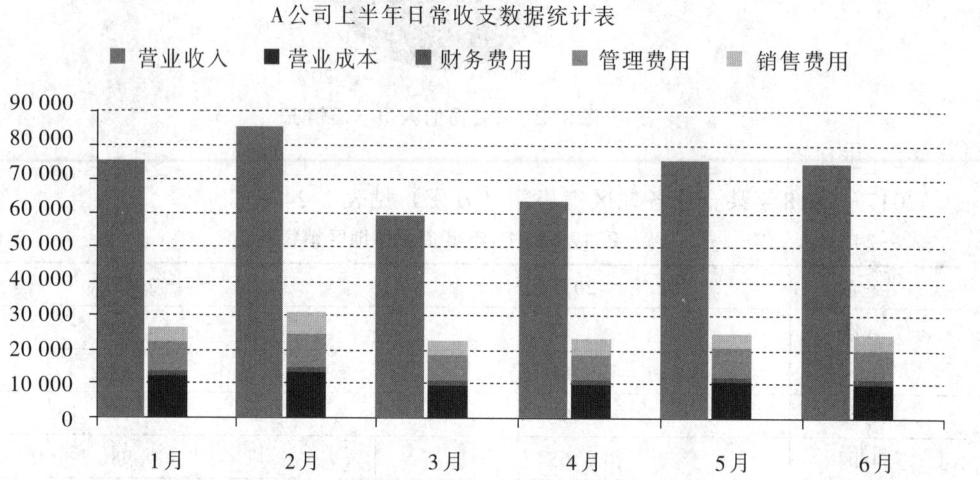

图9-4 A公司上半年日常收支数据统计图

（5）瀑布图

A公司7月份薪资构成如图9-5、表9-26所示。

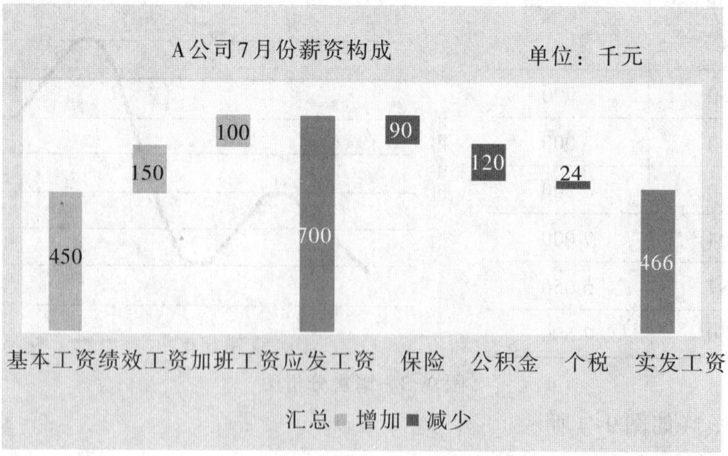

图9-5 A公司7月份薪资构成

表9-26 **A公司7月份薪资**

项目	金额（千元）
基本工资	4 500
绩效工资	1 500
加班工资	1 000
应发工资	7 000
保险	-900
公积金	-1 200
个税	-240
实发工资	4 660

（6）动态图表（如图9-6所示）

上半年数据见表9-27。

表9-27 **上半年数据**

分区	东北区			华北区			华南区			中原区		
月份	计划	实际	达成率	计划	实际	达成率	计划	实际	达成率	计划	实际	达成率
1月	140	168	120.00%	120	140	116.67%	150	170	113.33%	120	115	95.83%
2月	150	142	94.67%	130	85	65.38%	120	100	83.33%	110	88	80.00%
3月	130	108	83.08%	120	110	91.67%	140	90	64.29%	120	150	125.00%
4月	110	124	112.73%	120	100	83.33%	130	120	92.31%	130	100	76.92%
5月	120	150	125.00%	130	140	107.69%	130	140	107.69%	120	110	91.67%
6月	130	100	76.92%	140	150	107.14%	120	130	108.33%	110	120	109.09%

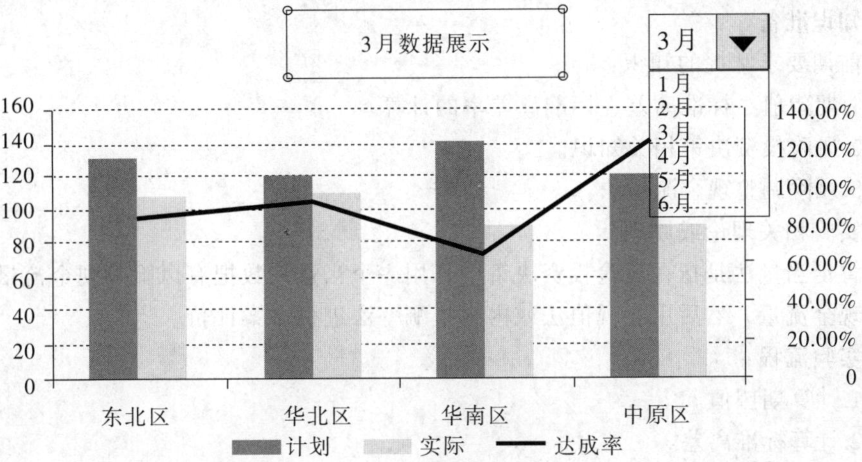

图9-6 3月数据展示

六、实验要求和注意事项

根据上述资料完成条件格式的设置、工资条的制作以及Excel图表的制作。

七、实验成绩评价标准

1.设置条件格式，每小题5分，共20分。

2.高级筛选和排序，10分。

3.工资条的制作及邮件发送，20分。

4.Excel制图，每小题10分，共50分。

实验I005　风险投资决策

一、实验名称和性质（见表9-28）

表9-28　实验名称和性质

所属课程	计算机财务管理
实验名称	风险投资决策
实验学时	2
实验性质	☑验证 □综合 □设计
必做/选做	☑必做 □选做

二、实验目的

利用Excel电子表格，熟悉风险投资决策中肯定当量法的运用。

三、实验的软硬件环境要求

硬件环境要求：

单机，不需要连接互联网。

使用的软件名称、版本号以及模块：

Windows 7（及以上版本）操作系统，Microsoft Excel 2010（及以上版本）。

四、知识准备

前期要求掌握的知识：

1.期望值、标准离差、标准离差率的计算。

2.风险投资决策相关知识。

3.风险调整现金流量法。

实验相关理论或原理：

肯定当量法是指在风险投资决策中，用一个当量系数把有风险的现金流量调整为无风险的现金流量，然后用净现值法或内含报酬率法进行方案评价。

实验流程：

1.计算期望值。

2.计算标准离差。

3.计算标准离差率。

4.选择肯定当量系数。

5.计算无风险现金流量。

6.根据无风险现金流量计算NPV、IRR。

五、实验材料和原始数据

ABC公司拟进行一项投资，根据市场调查，现有A、B、C三个投资方案可供选择。各方案的投资额、预计的现金流量及其概率分布见表9-29。

表9-29 各方案数据

方案	T	CFAT	概率Pi	CFAT	概率Pi	CFAT	概率Pi
A	0	-5 000	1.00				
	1	3 000	0.25	2 000	0.50	1 000	0.25
	2	4 000	0.20	3 000	0.60	2 000	0.20
	3	2 500	0.30	2 000	0.40	1 500	0.30
B	0	-10 000	1.00				
	1	6 000	0.5	3 500	0.3	2 500	0.2
	2	3 000	0.25	2 500	0.40	2 000	0.35
	3	6 000	0.20	4 000	0.60	3 000	0.20
C	0	-8 000	1.00				
	1	6 000	0.40	2 500	0.30	2 000	0.30
	2	5 400	0.50	4 500	0.30	2 300	0.20
	3	3 000	0.10	4 000	0.80	5 000	0.10

其标准离差率与肯定当量系数经验关系见表9-30。

表9-30 标准离差率与肯定当量系数经验关系表

标准离差率	上限	0.00	0.08	0.16	0.24	0.33	0.43	0.55
	下限	0.07	0.15	0.23	0.32	0.42	0.54	0.70
肯定当量系数		1.00	0.90	0.80	0.70	0.60	0.50	0.4

六、实验要求和注意事项

根据上述资料对各投资项目的风险进行评估，选择最优项目。

七、实验成绩评价标准

1.计算期望值，15分。

2.计算标准离差，15分。

3.计算标准离差率，15分。

4.选择肯定当量系数，15分。

5.计算无风险现金流量，15分。

6.根据无风险现金流量计算NPV、IRR，并选择最优项目，25分。

实验I006 资本成本

一、实验名称和性质（见表9-31）

表9-31 实验名称和性质

所属课程	计算机财务管理
实验名称	资本成本
实验学时	2
实验性质	☑验证 □综合 □设计
必做/选做	☑必做 □选做

二、实验目的

掌握建立个别资本成本计算模型，进一步掌握综合资本成本计算模型和边际资本成本规划模型。

三、实验的软硬件环境要求

硬件环境要求：

单机，不需要连接互联网。

使用的软件名称、版本号以及模块：

Windows 7（及以上版本）操作系统，Microsoft Excel 2010（及以上版本）。

四、知识准备

前期要求掌握的知识：

1.债务资本成本。

2.优先股资本成本。

3.普通股资本成本。

4.综合资本成本。

5.边际资本成本。

实验相关理论或原理：

1.加权平均资本成本（Weighted Average Cost of Capital，WACC），是指企业以各种资本在企业全部资本中所占的比重为权数，对各种长期资金的资本成本加权平均计算出来的资本总成本。加权平均资本成本可用来确定具有平均风险投资项目所要求的收益率。其计算公式为：

$$K_w = \sum_{j=1}^{n} K_j \times W_j$$

其中：K_w为加权资本成本，即WACC；W_j为资本为第j种资本在总资本结构中所占的比重；K_j为第j种资本的资本成本。

2.边际资本成本（Marginal Cost of Capital，MCC），是指资金每增加一个单位而增加的成本。其计算公式为：

$$B_i = \frac{F_i}{W_i}$$

其中：B_i为第i种资本所引起的筹资总额的成本分界点；F_i为第i种资本的成本分界点；W_i为第i种资本在总资本结构中所占的比重。

实验流程：

1.计算长期债券的资本成本K_d。

2.计算优先股的资本成本K_p。

3.计算普通股的资本成本K_c。

4.计算加权资本成本WACC。

5.建立边际资本成本规划模型。

五、实验材料和原始数据

威思科技（Weth Tech.）公司于2000年成立于浙江杭州，该公司主要经营半导体、网络、媒体芯片解决方案。受国际形势影响，欧美顶端芯片及媒体解决方案企业（包括NorthPoint Group 和ATP Solution Inc.多家巨头科技）于2017年3月开始减缓了对世界各国的高端技术支持，并加强了自己本国的投入。在过去18个月中，大部分中国科技公司股价下跌了，威思科技也陷入了发展的困境。为了应对复杂的国际市场和公司的进一步发展，威思科技于2018年启动了FTR项目，新的战略发展实验室（FTR项目）直接投资预估需要5 000 000元资金，这将是同行业中规模最大，投入最多，现代化程度最高的实验室。2019年2月董事会正式讨论筹资问题。2019年末威思科技持有资金为620 620元，剩余的资金需要通过各种融资渠道筹得，具体信息如下：

1.发行为期10年的长期债券约1 350张，其市值为1 130元/张，借款的年利率为10.2%，筹资费用率为3%。

2.发行优先股股票59 000股，每股市场价格为11.2元，优先股每股股利为1.15元，筹资费用率为4%。

3.发行普通股股票109 000股，每股市场价格为20.12元，筹资费用率为4%。威思科技近几年的普通股的价格和每股股利见表9-32。

表9-32　**普通股的价格和每股股利**

股权登记日	股权登记日总股本(股)	除息交易日	除息前日收盘价（元）	除息报价（元）	每股红利（元）
2018/12/30	400 000	2018/12/31	20.01	19.96	0.9000
2017/12/30	400 000	2017/12/31	19.13	19.12	0.8257
2016/12/30	400 000	2016/12/31	16.83	16.82	0.7575
2015/12/30	400 000	2015/12/31	22.06	22.03	0.6950
2014/12/30	400 000	2014/12/31	19.83	19.82	0.6376
2013/12/30	400 000	2013/12/31	19.10	18.85	0.5849
2012/12/30	400 000	2012/12/31	12.11	12.09	0.5366
2011/12/30	400 000	2011/12/31	19.81	19.72	0.4923
2010/12/30	400 000	2010/12/31	21.03	21.00	0.4517
2009/12/30	400 000	2009/12/31	19.83	19.82	0.4144
2008/12/30	400 000	2008/12/31	17.03	16.98	0.3802

注：股利增长率请参照每股红利推算。

4.假设威思科技的目标资本结构是根据2019年末拟定的筹资计划。个别资本成本的有关资料见表9-33。该公司筹集新资本按目标资本结构以万元为单位进行。

表9-33 威思科技的个别资本成本

资本种类	新增筹资额范围（万元）		个别资本成本
	下限	上限	
长期负债	1	50	6%
	51	100	7%
	101	以上	8%
优先股	0	75	10%
	76	以上	12%
普通股	0	150	14%
	151	350	15%
	351	以上	16%

六、实验要求和注意事项

1.根据威思科技2019年末的筹资计划，分别计算个别资本成本和综合资本成本。

2.根据目标资本结构和表9-33中的信息，建立一个编制该公司的边际资本成本规划并绘制边际资本成本规划图的模型。

七、实验成绩评价标准

1.计算长期债券的资本成本K_d，10分。

2.计算优先股的资本成本K_p，10分。

3.计算普通股的资本成本K_e，10分。

4.计算加权资本成本WACC，20分。

5.建立边际资本成本规划模型。

（1）编制边际资本成本规划，30分。

（2）绘制边际资本成本规划图，20分。

实验I007 企业长期投资决策

一、实验名称和性质（见表9-34）

表9-34 实验名称和性质

所属课程	计算机财务管理
实验名称	企业长期投资决策
实验学时	4
实验性质	□验证 ☑综合 □设计
必做/选做	☑必做 □选做

二、实验目的

掌握利用Excel提供的财务决策指标进行投资项目可行性分析的方法。

三、实验的软硬件环境要求

硬件环境要求：

单机，不需要连接互联网。

使用的软件名称、版本号以及模块：

Windows 7（及以上版本）操作系统，Microsoft Excel 2010（及以上版本）。

四、知识准备

前期要求掌握的知识：

1.NPV、IRR函数的运用。

2.现金流量的基本原理、时间价值、风险、资金成本等财务管理理论。

3.投资决策的方法、经济效益评价的方法。

实验相关理论或原理：

本实验将财务管理的筹资决策与投资决策两部分主要内容联系起来，分析过程中要运用现金流量的基本原理、时间价值、风险、资金成本等财务管理理论，除涉及投资决策的方法、经济效益评价的方法，还将宏观分析与微观分析方法相结合。

实验流程：

1.填制车流量表。

2.填制收入表。

3.填制折旧表。

4.填制成本表。

5.填制还本付息表。

6.填制利润表。

7.填制现金流量表。

8.填制国民经济效益流量表。

五、实验材料和原始数据

1.项目概况

拟建的高速公路广远路，西起新市的东花路，东止萧山区的朝阳路，为国内建设的收费城市主干道的经营项目，全路段长30千米，双向6车道，其中互通式立交桥2座，分离式立交桥8座，人行天桥7座。本项目其他工程及沿线设施包括交通安全设施、服务设施、环境保护设施、收费站、办公用房和生活用房等。其中，收费站（点）36处，办公用房4 500平方米。本项目需征地2 578亩，拆迁房屋、建筑物190 235平方米，管线拆迁96 686米。

2.基本资料

（1）基础数据说明。

①本项目按一次建成投入运营进行各项财务指标计算。

②项目的建设期为3年，从第4年开始投入运营，运营期按25年计，项目分析计算期为28年。

（2）项目总投资估算见表9-35。

表9-35 **项目总投资估算表** 单位：万元

投资估算总金额	160 858
其中：	
1. 固定资产投资	160 658
第一部分：建筑安装工程费用	70 790
第二部分：设备、工具、器具购置费	6 836
第三部分：工程建设其他费用	71 532
其中：建设期利息	11 050
第四部分：预留费用	11 500
2. 铺底流动资金	200
每公里造价	5 361.93

（3）资金筹措与运用。

①资金筹措。本项目为政府投资项目，通过组建国有公司经营。项目总投资为160 858万元，自有资金60 718万元，占项目总投资的37.75%；借贷资金100 140万元，占项目总投资的62.25%。其中，向国家开发银行贷款60 000万元，占总投资的37.3%，借款年利率按6.36%计算；其余款项为商业银行贷款，计40 140万元，占总投资的24.95%。商业银行贷款中包括：基建借款40 000万元，年利率6.71%；流动资金借款140万元，贷款利率4.36%。借款利息每年末偿还。

②资金运用。本项目建设期为3年，根据建设内容，资金分年投入的比例分别为20%、30%和50%。本金归还从税后利润及提取折旧基金偿还。投资计划与资金筹措见表9-36。

表9-36 **资金筹措表** 单位：万元

序号	项　目	合计	建设期			运营期		
			2018年	2019年	2020年	2021年	2022年	2023年
	资金分年度使用计划(%)		20	30	50			
1	总投资	160 858	32 132	48 197	80 329	200		
1.1	固定资产投资	149 608	29 922	44 882	74 804			
1.2	固定资产投资方向调节税							
1.3	建设期利息	11 050						
1.4	流动资金	200				200		
2	资金筹措	160 858	32 132	48 197	80 329	200		
2.1	自有资金	60 718	11 222	18 132	31 304	60		
	其中：注册资金	12 000	·					
2.1.1	用于固定资产投资	49 608	9 922	14 882	248 04			
2.1.2	流动资金	60				60		
2.1.3	偿还建设期利息	11 050						
2.2	借款	100 140	20 000	30 000	50 000	140		
2.2.1	长期借款	100 000	20 000	30 000	50 000			
2.2.2	流动资金借款	140				140		
2.2.3	其他短期借款							
2.3	其他							

3.财务评价资料

（1）运营收入及税金测算。财务收入来源只考虑车流量因素。其他如广告牌收入、加油站收入等由于收益较小且较难量化，故财务分析过程未予考虑。车流量预测结果见表9-37。车辆收费按每辆标准车（设当量系数等于1的车型为标准车）每千米0.8元计，适用简易计税方法，按3%的征收率计算增值税的应纳税额。教育附加费按增值税税额的3%计，城市维护建设税按增值税税额的7%计。

表9-37 **车流量预测表** 单位：万辆／年

年份	小客车	摩托车	出租车	大、中客车	小货车	大货车	合计
2021年	146	127	51	42.5	86.5	102	555
2022年	153	125.5	53.5	44.5	91.5	103	571
2023年	160	123.5	56.5	47	96.5	104.5	588
2024年	167	121.5	59.5	49.5	101.5	105.5	604.5
2025年	174.5	119	67	52	107	106.5	626
2026年	183.5	117.5	66	55	113.5	108.5	644
2027年	199	112.5	70	58.5	119	110	669
2028年	215.5	107	74	61.5	124.5	112	694.5
2029年	232	100.5	78	65	130	113.5	719
2030年	249.5	84	82	68.5	135.5	115	734.5
2031年	265.5	85.5	85.5	71.5	140	115	763
2032年	278	78.5	89	73	144.5	116.5	779.5
2033年	291	71.5	93	74.5	149.5	118	797.5
2034年	304.5	64	96.5	76	154	119	814
2035年	306	46	98	77.5	159	120.5	807
2036年	333	47.5	104.5	79	164	122	850
2037年	348	44.5	107	82.5	168	121	871
2038年	363.5	41.5	109.5	86	171.5	119.5	891.5
2039年	379.5	38.5	111.5	89.5	175.5	118.5	913
2040年	359.5	33	112.5	93	179	117	894
2041年	413.5	32	116.5	97	183	115.5	957.5
2042年	427.5	30.5	119.5	99.5	189.5	115.5	982
2043年	442	29	122	102	196	115.5	1 006.5
2044年	456	27	125	104	202	115	1 029
2045年	457	25.5	127	102.5	204.5	93	1 009.5

（2）总成本估算。

①折旧与摊销费用估算。建筑安装工程折旧年限按25年计，残值率取10%，机器设备及其他固定资产折旧按10年计，残值率取5%。本项目没有无形资产和递延资产摊销。

②电力消耗费用根据供电局的标准按0.8元／千瓦计算，计252万元。

③本项目工程共需要人工5 262 836个工日，经测算营运起始年工资基数按每年630万元计。以后各年工资额按3%的幅度增长。

④维护保养费按3倍的公路养护成本计。

⑤计提大修理基金：按每10年进行一次大修，大修费用按路面造价的四分之一计提。以后各年大修基金额随车流量的增减变化而变化。

⑥财务费用包括长期借款利息和流动资金借款利息。

根据以上基础数据和资料，对项目年总成本进行估算，结果见表9-38。

表9-38 **成本预测表** 单位：万元

年	计算期	1	2	3	4	5	6	7	8	9	10
		电	工资和福利	维护保养费	大修理基金	折旧费	摊销费	财务费用	其他费用	总成本	经营成本
2021年	4	252	630	106	478				306		
2022年	5	252	649	111	488				315		
2023年	6	252	668	116	497				325		
2024年	7	252	688	121	507				334		
2025年	8	252	709	126	517				344		
2026年	9	252	730	131	528				355		
2027年	10	252	752	136	538				365		
2028年	11	252	775	141	549				376		
2029年	12	252	798	146	560				388		
2030年	13	252	822	151	571				399		
2031年	14	252	847	156	583				411		
2032年	15	252	872	161	594				424		
2033年	16	252	898	166	606				436		
2034年	17	252	925	171	618				449		
2035年	18	252	953	176	631				463		
2036年	19	252	982	181	643				477		
2037年	20	252	1 011	186	656				491		
2038年	21	252	1 041	191	669				506		
2039年	22	252	1 073	196	683				521		
2040年	23	252	1 105	201	696				537		
2041年	24	252	1 138	206	710				553		
2042年	25	252	1 172	211	724				569		
2043年	26	252	1 207	216	739				586		
2044年	27	252	1 243	221	754				604		
2045年	28	252	1 281	226	769				622		

（3）利润估算。根据总成本费用估算表和运营收入及税金估算表，编制本项目的利润表。本项目所得税税率为25%，还款期间不提盈余公积金。贷款还完后可按税后利润的10%提盈余公积金。

（4）本项目产生的社会效益见表9-39。

（5）其他有关资料。1年期存款利率为4.77%，按年付息的商业贷款利率为6.93%，1年期国债利率6.5%。

表 9-39 **国民经济效益流量预测表** 单位：万元

序号		1	1.1	1.2	1.3	1.4	2	3
年份		项目间接效益	运输成本节约效益	乘客在途时间节约效益	货物在途时间节约效益	减少拥挤的效益	项目间接费用	净效益流量(1-2)
建设期	2018							
	2019							
	2020							
投产期	2021	8 456	2 122.79	2 834.64	3 490.38	7.92		8 455.7
	2022	9 296	2 323.35	2 959.92	4 004.28	8.28		9 295.8
	2023	10 183	2 535.03	3 088.62	4 550.94	8.64		10 183
	2024	11 171	2 770.15	3 221.28	5 170.68	9		11 171
	2025	12 202	3 015.36	3 357.72	5 819.4	9.54		12 202
	2026	13 298	3 298.27	3 524.22	6 465.96	9.9		13 298
	2027	14 604	3 610.22	3 701.34	7 282.44	10.44		14 604
	2028	16 042	3 952.8	3 883.5	8 195.04	10.98		16 042
	2029	17 515	4 303.75	4 071.06	9 129.24	11.34		17 515
	2030	19 125	4 686.44	4 264.02	10 162.8	11.88		19 125
	2031	21 248	5 199.44	4 539.42	11 496.24	12.6		21 248
	2032	23 604	5 767.52	4 821.66	13 001.58	13.5		23 604
	2033	26 068	6 361.47	5 121.18	14 570.64	14.58		26 068
	2034	28 812	7 021.35	5 439.24	16 335.72	15.66		28 812
	2035	31 874	7 755.91	5 777.28	18 324	16.74		31 874
	2036	33 449	8 119.33	5 892.12	19 420.2	17.1		33 449
	2037	35 334	8 554.41	6 005.7	20 756.88	17.1		35 334
	2038	37 319	9 012.44	6 118.38	22 170.96	17.1		37 319
	2039	39 114	9 426.67	6 230.34	23 439.78	17.1		39 114
	2040	40 982	9 857.86	6 341.22	24 766.2	17.1		40 982
	2041	43 065	10 338.6	6 446.88	26 262.9	17.1		43 065
	2042	44 695	10 714.7	6 549.48	27 413.82	17.28		44 695
	2043	46 365	11 100	6 649.38	28 598.04	17.46		46 365
	2044	48 074	11 494.4	6 746.58	29 815.74	17.46		48 074
	2045	49 825	11 898.5	6 841.08	31 067.82	17.64		49 825

资料来源：陈玉珍.财务管理学实验［M］. 北京：科学出版社，2002.

六、实验要求和注意事项

要求学生熟悉企业长期投资决策过程，利用案例提供的基本资料及Excel软件提供的财务函数（净现值和内部报酬率）对该项目的可行性进行评价。

七、实验成绩评价标准

1.填制车流量表，10分。

2.填制收入表，10分。

3.填制折旧表，10分。

4.填制成本表，15分。

5.填制还本付息表，15分。

6.填制利润表，15分。

7.填制现金流量表，15分。

8.填制国民经济效益流量表，10分。

实验I008 资金需要量的预测

一、实验名称和性质（见表9-40）

表9-40 实验名称和性质

所属课程	计算机财务管理
实验名称	资金需要量的预测
实验学时	2
实验性质	☑验证 □综合 ☑设计
必做/选做	☑必做 □选做

二、实验目的

使学生学会利用Excel，掌握资金需要量预测的销售百分比法，并进一步巩固和账务财务和会计中有关筹资和财务预测的知识。

三、实验的软硬件环境要求

硬件环境要求：单机，不需要连接互联网。

使用的软件名称、版本号以及模块：

Windows 7（及以上版本）操作系统，Microsoft Excel 2010（及以上版本）。

四、知识准备

前期要求掌握的知识：

1.销售百分比法。

2.筹资渠道。

实验相关理论或原理：

本实验主要涉及筹资渠道、销售百分比法等理论和方法，可采用图9-7所示流程。

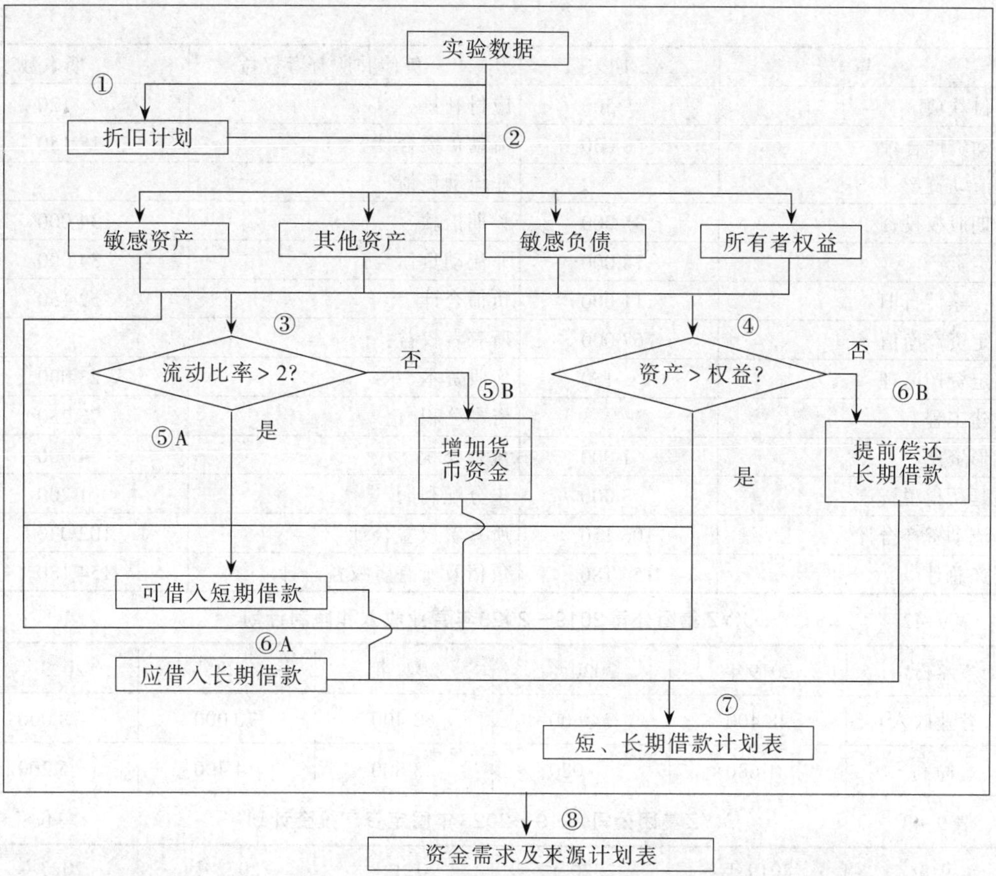

图9-7 资金需要量的预测实验流程

实验流程：

1.编制折旧计算表。

2.编制预计资产负债表。

3.编制短、长期借款还款计划表。

4.编制资金需求和来源计划情况表。

五、实验材料和原始数据

XYZ集团公司拟采用销售百分比法确定2015—2019年的资金需要量计划，有关资料见表9-41、表9-42和表9-43。

表9-41 XYZ集团公司2018年末资产负债表中的相关科目余额 单位：千元

资产	期末数	负债和所有者权益	期末数
流动资产：		流动负债：	
货币资金	18 000	短期借款	2 500
应收账款	10 060	应付账款	1 000
减：坏账准备	30	预收款项	600
应收账款净额	10 030	其他应付款	7 750
其他应收款	17 500	应付职工薪酬	6 000
存货	2 000	应交税费	180

续表

资产	期末数	负债和所有者权益	期末数
预付款项	500	应付利息	120
流动资产合计	48 030	流动负债合计	18 150
非流动资产：		非流动负债：	
长期股权投资	35 000	长期借款	34 000
固定资产	78 000	非流动负债合计	34 000
减：累计折旧	11 000	负债合计	52 150
固定资产净值	67 000	所有者权益：	
固定资产清理	150	实收资本	23 000
在建工程		资本公积	73 230
无形资产	1 000	盈余公积	4 600
递延所得税资产	3 000	未分配利润	1 200
非流动资产合计	106 150	所有者权益合计	102 030
资产总计	154 180	负债及所有者权益总计	154 180

表9-42 **XYZ集团公司2019—2023年营业收入和净利计划** 单位：千元

年份	2019年	2020年	2021年	2022年	2023年
营业收入	48 400	54 600	62 400	70 000	78 000
净利	1 680	3 020	3 800	4 400	5 200

表9-43 **XYZ集团公司2019—2023年固定资产投资计划** 单位：千元

年份	2019年	2020年	2021年	2022年	2023年
营业设备	1 000	1 000	1 000	1 000	1 000
房屋及建筑物	6 000	6 000	5 500	6 000	6 300
合计	7 000	7 000	6 500	7 000	7 300

假定：固定资产投资均为一次性投入，假定当年投资按全年计提折旧；房屋及建筑物折旧率为4%，营业设备折旧率为6.5%。

其他资料如下：

（1）该公司2018年实现营业收入43 000千元。

（2）计划期间的净利全部留用（为计算方便全部列作未分配利润），计划期固定资产无报废情况；2018年末固定资产原值中房屋建筑物为41 000千元，营业设备为37 000千元。

（3）计划2019年和2023年对外长期投资均为5 000千元。

（4）2018年末其他应收款占用较多，其中部分为不合理占用，计划期间其他应收款占营业收入的比例在2018年末的基础上逐年下降5%。

（5）计划期间流动比率要求保持在2∶1以上；在流动比率能达到要求时，货币资金维持在2018年水平，若流动比率达不到要求，则要求增加货币资金。

（6）现有长期借款于2021年到期，可提前偿还。

改编自：陈玉珍. 财务管理学实验［M］. 北京：科学出版社，2002.

六、实验要求和注意事项

1.编制XYZ集团公司2019—2023年预计资产负债表。

2.编制XYZ集团公司2019—2023年资金需求及来源表。

3.讨论确定外部筹资额时为什么要考虑折旧的因素。

4.如果每年的营业活动现金流入不正常，对外部筹资额有什么影响?

七、实验成绩评价标准

1.编制折旧计算表，10分。

2.编制预计资产负债表，40分。

3.编制短、长期借款还款计划表，20分。

4.编制资金需求和来源计划情况表，30分。

实验I009 销售收入管理

一、实验名称和性质（见表9-44）

表9-44 实验名称和性质

所属课程	计算机财务管理
实验名称	销售收入管理
实验学时	2
实验性质	☑验证 □综合 □设计
必做/选做	☑必做 □选做

二、实验目的

掌握相关函数以及利用相关函数建立销售收入的预测模型。学习建立、编辑和使用销售数据透视表。

三、实验的软硬件环境要求

硬件环境要求：

单机，不需要连接互联网。

使用的软件名称、版本号以及模块：

Windows 7（及以上版本）操作系统，Microsoft Excel 2010（及以上版本）。

四、知识准备

前期要求掌握的知识：

1.INTERCEPT函数和SLOPE函数、FORECAST函数、LINEST函数、LOGEST函数。

2.数据透视表相关知识。

实验相关理论或原理：

在Excel中可用于进行销售预测的函数包括：适用于进行线性变动趋势预测的INTERCEPT、SLOPE、FORECAST、LINEST、TREND函数和适用于进行指数变动趋势预测的LOGEST和GROWTH函数。在Excel中可以很方便地建立数据透视表，数据透视表是一种交互式报表，可以快速合并和比较大量数据。在数据透视表中，可以通过旋转行和列来查看对源数据的不同方式的汇总结果，而且还可以只显示所需要区域的明细数据。

实验流程：

1.通过函数进行一元线性回归预测。

2.利用函数建立销售收入的预测模型。

3.建立、编辑和使用销售数据透视表。

五、实验材料和原始数据

1.天翔公司2012—2018年的销售额见表9-45。

表9-45 **天翔公司2012—2018年的销售额** 单位：万元

年份	销售收入
2012年	195
2013年	212
2014年	259
2015年	318
2016年	343
2017年	355
2018年	362

假设该公司的销售净利率约为18%。请预测该公司未来5年的销售收入和净利润。

2.嘉嘉公司2012年至2018年冰箱销售额的有关数据见表9-46。根据以往的经验，该公司的冰箱销售额随着时间的推移同当地投放的广告费和居民可支配收入之间有可能呈线性变动趋势或指数变动趋势。参照表9-47建立一个带有选择销售额变动趋势组合框控件的预测下一年冰箱销售额的模型。

表9-46 **嘉嘉公司2012—2018年冰箱销售额数据表** 单位：万元

年份	2012年	2013年	2014年	2015年	2016年	2017年	2018年
广告费（x_1）	168	235	228	296	320	360	410
居民可支配收入（x_2）	3.56	4	4.46	5.16	5.58	5.95	6.21
冰箱销售额（y）	625	680	705	736	762	802	845
销售额可能的变动趋势			预测期			2019年	
线性趋势	$y = m_1x_1 + m_2x_2 + b$		预测期广告费			425	
指数趋势	$y = b \cdot m_1x_1 \cdot m_2x_2$		预测期居民可支配收入			6.5	

表9-47 **预测模型**

选择与计算区域				
变动趋势的选择	线性趋势 ▼			
返回的附加回归统计值			预测方程的系数	
			m1=	
			m2=	
			b=	
			预计销售额（万元）	

3.天杭公司2018年的销售数据清单见表9-48。

表9-48 天杭公司2018年销售数据清单

销售日期	商品名称	销售量（台）	销售收入（元）	销售地点	销售人员
2018/1/13	显示器	57	54 891	北京	刘新
2018/1/18	主板	44	97 768	南京	高玉
2018/1/23	CPU	45	83 160	上海	王华
2018/2/1	显示器	72	68 256	北京	李玲
2018/2/20	打印机	53	239 613	天津	李颖
2018/2/28	显示器	70	70 000	上海	王华
2018/3/10	主板	37	83 324	太原	戴军
2018/3/15	打印机	78	373 386	北京	刘新
2018/3/24	CPU	79	146 624	沈阳	杨梅
2018/4/2	显示器	20	18 120	天津	刘立
2018/4/17	打印机	64	266 048	南京	高玉
2018/4/25	显示器	72	67 896	北京	李玲
2018/4/30	主板	12	26 868	天津	李颖
2018/5/5	打印机	65	283 725	武汉	叶晨
2018/5/16	打印机	55	249 755	北京	刘新
2018/5/22	显示器	9	8 604	长春	李翔
2018/6/8	打印机	11	48 818	南京	高玉
2018/6/18	CPU	15	28 080	北京	李玲
2018/7/14	打印机	66	297 594	武汉	叶晨
2018/7/20	显示器	11	10 109	上海	韩松
2018/7/24	主板	71	159 324	天津	李颖
2018/7/28	CPU	34	64 090	太原	戴军
2018/8/11	打印机	50	243 550	长春	李翔
2018/8/24	CPU	74	137 640	天津	刘立
2018/9/15	显示器	33	31 647	上海	韩松
2018/9/27	打印机	70	325 640	沈阳	唐旭
2018/9/29	主板	61	139 141	武汉	张琴
2018/10/1	CPU	11	20 592	武汉	叶晨
2018/10/9	打印机	53	232 617	天津	刘立
2018/10/17	主板	59	135 110	太原	戴军
2018/10/24	打印机	42	189 126	沈阳	杨梅
2018/11/2	显示器	41	37 474	太原	田雪
2018/11/5	打印机	72	323 352	武汉	张琴
2018/11/21	CPU	20	37 700	沈阳	唐旭
2018/11/24	主板	34	75 140	太原	田雪
2018/11/30	打印机	77	357 819	武汉	张琴
2018/12/15	显示器	61	56 974	太原	田雪
2018/12/27	CPU	22	40 414	沈阳	杨梅

续表

销售日期	商品名称	销售量（台）	销售收入（元）	销售地点	销售人员
2018/1/9	显示器	64	59 264	天津	刘立
2018/1/17	CPU	60	109 680	上海	王华
2018/1/17	主板	27	61 398	天津	李颖
2018/2/11	显示器	59	56 109	北京	李玲
2018/3/1	打印机	65	296 335	北京	刘新
2018/3/17	显示器	74	72 668	长春	李翔
2018/3/17	主板	34	77 180	武汉	张琴
2018/3/18	打印机	45	217 350	南京	高玉
2018/3/28	CPU	46	86 434	沈阳	杨梅
2018/3/28	显示器	10	9 880	上海	韩松
2018/4/2	打印机	27	134 865	武汉	叶晨
2018/4/24	显示器	66	60 720	上海	韩松
2018/5/19	主板	49	108 339	太原	戴军
2018/5/21	打印机	63	294 525	长春	李翔
2018/6/15	打印机	46	221 352	沈阳	唐旭
2018/6/18	显示器	17	16 286	太原	田雪
2018/6/22	打印机	56	231 056	天津	刘立
2018/7/10	CPU	14	25 494	北京	李玲
2018/7/19	打印机	22	109 340	沈阳	杨梅
2018/8/9	显示器	31	29 233	北京	李玲
2018/10/6	主板	59	135 464	太原	田雪
2018/10/10	CPU	39	72 384	太原	戴军
2018/11/30	CPU	8	14 840	天津	刘立
2018/11/30	打印机	25	109 450	太原	戴军
2018/12/7	显示器	66	63 624	上海	王华
2018/12/16	打印机	45	189 585	天津	李颖
2018/12/26	主板	66	148 038	沈阳	唐旭

六、实验要求和注意事项

1.通过函数进行一元线性回归预测。

（1）运用FOREAST函数对实验数据进行处理。

（2）使用统计函数分别预测斜率和截距。

（3）形成一元线性回归方程。

2.建立一个带有选择销售额变动趋势组合框控件的预测下一年冰箱销售额的模型。

3.对销售数据清单做以下操作：

（1）建立数据透视表，行标签按销售地点，列标签按商品名称，每种商品下分为销售量与销售收入两列。不显示行总计数和列总计数。

（2）将建立的数据透视表中的销售量删去，并重新显示行总计数和列总计数。

（3）设置经典数据透视表布局。

（4）将销售人员字段放在销售地点字段的右边，并删除分类汇总行。

（5）将销售人员字段拖出表外，将销售地点行字段放在页字段区域，将销售日期字段放到行字段区域。将上海地区按季度和月分组显示各种商品的销售收入。

七、实验成绩评价标准

1.通过函数进行一元线性回归预测，每小题10分，共30分。

2.利用函数建立销售收入的预测模型，每种趋势下20分，共40分。

3.建立、编辑和使用销售数据透视表，每小题6分，共30分。

实验I010 成本费用管理

一、实验名称和性质（见表9-49）

表9-49 实验名称和性质

所属课程	计算机财务管理
实验名称	成本费用管理
实验学时	2
实验性质	☑验证 □综合 □设计
必做/选做	☑必做 □选做

二、实验目的

掌握成本预测的常用方法，建立成本预测模型，利用合并计算工具制作成本费用汇总表，运用规划求解工具进行成本控制。

三、实验的软硬件环境要求

硬件环境要求：

单机，不需要连接互联网。

使用的软件名称、版本号以及模块：

Windows 7（及以上版本）操作系统，Microsoft Excel 2010（及以上版本）。

四、知识准备

前期要求掌握的知识：

1.成本预测的常用方法。

2.合并计算工具。

3.规划求解工具。

实验相关理论或原理：

1.成本预测的常用方法主要包括三种：加权平均法、高低点法和回归直线法。

2.利用合并计算工具可以汇总同一工作簿和不同工作簿的成本数据。

3.规划求解工具的使用包括目标单元格的设置、可变单元格的设置、约束条件的设置与求解。

实验流程：

1.建立成本预测模型。

2.汇总同一工作簿的成本数据制作成本费用汇总表。

3.汇总不同工作簿的成本数据制作成本费用汇总表。

4.利用规划求解工具进行成本费用控制。

五、实验材料和原始数据

1.天天公司2014至2018年产品产量和成本以及2019年预计产量等有关资料见表9-50。参照表9-51，建立一个分别采用加权平均法、高低点法和回归直线法预测2019年产品总成本的模型。

表9-50　　天天公司2014—2018年产品产量和成本以及2019年预计产量表

年度	2014年	2015年	2016年	2017年	2018年
产量（件）	230	260	300	310	350
总成本（元）	273 000	250 000	305 000	325 000	368 000
其中：固定成本（元）	85 500	86 000	87 000	88 000	90 000
权重系数	0.04	0.06	0.25	0.3	0.35
2019年预计产量（件）	400				

表9-51　　2019年产品总成本预测表

年度	2014年	2015年	2016年	2017年	2018年
单位变动成本（元）					
按高低点法预测					
项目	高点	低点	单位变动成本（元）		
产量（件）			固定总成本（元）		
总成本（元）			2019年预计总成本（元）		
按加权平均法预测			按回归分析法预测		
单位变动成本（元）			单位变动成本（元）		
固定总成本（元）			固定总成本（元）		
2019年预计总成本（元）			2019年预计总成本（元）		

2.某公司有A、B两个生产车间。A车间和B车间2018年1月至12月的产品成本报表分别见表9-52、表9-53。A车间产品成本报表和B车间产品成本报表存放在同一个工作簿的名为“A车间”“B车间”的两个工作表中。要求在同一个工作簿中制作一张全公司产品成本汇总表。

表9-52　　A车间产品成本报表　　单位：元

月份	一号产品				二号产品				总计
	直接材料费	直接人工费	制造费	合计	直接材料费	直接人工费	制造费	合计	
1月	8 631	5 179	4 316	18 125	14 731	17 677	5 892	38 300	56 425
2月	9 649	5 789	4 825	20 263	14 657	17 588	5 863	38 108	58 371
3月	7 437	4 462	3 719	15 618	16 141	19 369	6 456	41 966	57 584
4月	8 168	4 901	4 084	17 153	10 535	12 642	4 214	27 391	44 544
5月	5 736	3 442	2 868	12 046	11 134	13 361	4 454	28 949	40 995
6月	5 108	3 065	2 554	10 727	19 386	23 263	7 754	50 403	61 130
7月	8 524	5 114	4 262	17 900	16 614	19 937	6 646	43 197	61 097

续表

月份	一号产品				二号产品				总计
	直接材料费	直接人工费	制造费	合计	直接材料费	直接人工费	制造费	合计	
8月	6 983	4 190	3 492	14 664	18 994	22 793	7 598	49 385	64 049
9月	8 253	4 952	4 127	17 331	16 539	19 847	6 616	43 002	60 333
10月	9 610	5 766	4 805	20 181	18 140	21 768	7 256	47 164	67 345
11月	6 200	3 720	3 100	13 020	19 239	23 087	7 696	50 022	63 042
12月	7 066	4 240	3 533	14 839	14 599	17 519	5 840	37 958	52 797
合计	91 365	54 820	45 685	191 867	190 709	228 851	76 285	495 845	687 712

表9-53 **B车间产品成本报表** 单位：元

月份	一号产品				二号产品				总计
	直接材料费	直接人工费	制造费	合计	直接材料费	直接人工费	制造费	合计	
1月	12 947	7 768	6 473	27 188	22 097	26 516	8 839	57 452	84 640
2月	14 474	8 684	7 237	30 395	21 986	26 383	8 794	57 163	87 558
3月	11 156	6 693	5 578	23 427	24 212	29 054	9 685	62 951	86378
4月	12 252	7 351	6 126	25 729	15 803	18 963	6 321	41 087	66 816
5月	8 604	5 162	4 302	18 068	16 701	20 041	6 680	43 422	61 490
6月	7 662	4 597	3 831	16 090	29 079	34 895	11 632	75 606	91 696
7月	12 786	7 672	6 393	26 851	24 921	29 905	9 968	64 794	91 645
8月	10 475	6 285	5 237	21 997	28 491	34 189	11 396	74 076	96 073
9月	12 380	7 428	6 190	25 997	24 809	29 770	9 923	64 502	90 499
10月	14 415	8 649	7 208	30 272	27 210	32 652	10 884	70 746	101 018
11月	9 300	5 580	4 650	19 530	28 859	34 630	11 543	75 032	94 562
12月	10 599	6 359	5 300	22 258	21 899	26 278	8 759	56 936	79 194
合计	137 050	82 228	68 525	287 803	286 067	343 276	114 424	743 765	1 031 568

3.某公司有A、B两个分厂。A分厂和B分厂生产的产品不完全相同。A分厂和B分厂2018年产品成本费用的有关数据见表9-54、表9-55。其数据分别存放在名为“A分厂”“B分厂”2个不同的工作簿中。要求制作一张总公司的产品成本费用表。

表9-54 **A分厂2018年产品成本费用数据**

金额单位（元）	产品X	产品Y	合计
甲材料费用	1 900		1 900
乙材料费用	5 820	3 590	9 410
丙材料费用		2 280	2 280
直接材料费合计	7 720	5 870	13 590
直接人工费	2 350	3 510	5 860
制造费用	1 260	2 230	3 490
制造成本合计	11 330	11 610	22 940

表9-55 B分厂2018年产品成本费用数据

金额单位（元）	产品X	产品Z	合计
甲材料费用	6 200	3 940	10 140
乙材料费用	5 100	—	5 100
丙材料费用	—	4 800	4 800
丁材料费用	—	6 210	6 210
直接材料费合计	11 300	14 950	26 250
直接人工费	5 520	6 500	12 020
制造费用	3 950	4 850	8 800
制造成本合计	20 770	26 300	47 070

4. 某公司现有3个工厂A、B、C和5个仓库P、Q、X、Y、Z，分别位于不同的地点。3个工厂的生产能力分别为3 200件、2 600件和3 000件。仓库用来存放工厂生产的产品，随时供应用户，每个仓库每月供应市场的产品分别为1 800件、800件、2 000件、1 600件和2 200件。从工厂运到各仓库单位产品的运费见表9-56。

表9-56 从工厂运到各仓库单位产品的运费 单位：元

运费	仓库P	仓库Q	仓库X	仓库Y	仓库Z
工厂A	105	87	66	54	48
工厂B	60	57	43	39	68
工厂C	36	44	50	56	98

运用规划求解工具，为该公司的运输方案做出科学选择。

六、实验要求和注意事项

根据上述资料，建立一个分别采用加权平均法、高低点法和回归直线法预测产品总成本的模型。利用合并工具分别汇总同一工作簿和不同工作簿的成本数据。运用规划求解工具进行成本费用控制。

七、实验成绩评价标准

1. 建立成本预测模型，每种方法10分，共30分。

2. 汇总同一工作簿的成本数据制作成本费用汇总表，20分。

3. 汇总不同工作簿的成本数据制作成本费用汇总表，20分。

4. 利用规划求解工具进行成本费用控制，30分。

实验I011 全面预算

一、实验名称和性质（见表9-57）

表9-57 实验名称和性质

所属课程	计算机财务管理
实验名称	全面预算
实验学时	2
实验性质	□验证 ☑综合□设计
必做/选做	☑必做 ☑选做

二、实验目的

全面预算是一整套预计的财务报表和其他附表。通过该实验，使学生掌握利用Excel电子表格，方便、快捷地做出预算，提高理财效率。

三、实验的软硬件环境要求

硬件环境要求：

单机，不需要连接互联网。

使用的软件名称、版本号以及模块：

Windows 7（及以上版本）操作系统，Microsoft Excel 2010（及以上版本）。

四、知识准备

前期要求掌握的知识：

全面预算相关知识

实验相关理论或原理：

全面预算是以企业目标利润为核心，按照“以销定产”的方式编制的一整套预计的财务报表和其他附表。

实验流程：

1.编制年度销售预算表。

2.编制年度预计现金收入计算表。

3.编制年度生产预算。

4.编制年度采购预算表。

5.编制现金支出表。

6.编制年度直接人工预算表。

7.编制年度现金预算表。

8.编制预计收益表。

五、实验材料和原始数据

通达公司目前只生产一种产品。该公司上年末的资产、负债情况见表9-58。

表9-58 **通达公司上年末的资产、负债情况表** 单位：元

资产		负债及所有者权益	
1. 库存现金	10 000	8.应付账款	155 000
2. 应收账款	140 000		
3. 原材料	6 5100		
4. 产成品	99 000		
流动资产合计	314 100		
固定资产：		股东权益：	
5. 土地	240 000	9.普通股股本	160 000
6. 房屋及设备	260 000	10.留存收益	353 900
7. 累计折旧	-145 200		
固定资产净值	354 800	股东权益合计	513 900
资产总计	668 900	负债及股东权益合计	668 900

其他资料如下：

1.销售部门预测，下年度各季度的销售量分别是：1 000、1 500、2 000、1 600件。单位售价800元/件，每季度的商品销售款在当季可收到50%，其余在下季度收回。

2.为满足扩大销售的需要，需增加设备2台。设备计划投资145 000元（第二季度）和125 000元（第四季度）。

3.根据生产部门提供的资料，该产品材料的耗用量为2千克/件，人工2工时/件。

4.根据材料采购部门提供的资料，该产品耗用材料的购买价格为150元/千克。每季度的购料款中60%在本季度付清，其余的在下季度付清。

5.根据人事部门提供的资料，该公司采用计时工资制，为6元/工时。

6.根据库存商品及材料明细账中的记录，至上年末，库存产品140件，生产成本600元/件，库存材料420千克。计划年度第一、二、三季度末库存产品数量按下季度销售量的15%计算，四季度库存产品计划为180件。计划年度第一、二、三季度末库存材料数量按下季度材料需要量的20%计算，第四季度库存材料数量计划为460千克。

7.销售及管理部门预计下年度该部门全年现金支出总额约为600 000元（全年各季度均衡支出）。

8.生产部门预计下年度该部门的制造费用全年现金支出总额约为500 000元（全年均衡支出），计提固定资产折旧169 050元。

9.公司董事会计划各季度支付股东股利40 000元。

10.预计计划年度各季度需缴纳的所得税为30 000元。

11.公司规定现金的最低期末余额为50 000元。现金不足时可向银行借款。银行借、还款以万元为单位。借款利率为6%。

12.期末资金节余可进行短期投资，以万元为单位。

六、实验要求和注意事项

根据以上资料，做出该公司下年各季度的以下各项预算。

1.销售预算。

2.生产预算。

3.材料采购预算。
4.人工费用预算。
5.现金预算。
6.该公司下年度预计资产负债表。
7.该公司下年度预计利润表。

七、实验成绩评价标准

1.编制年度销售预算表，10分。
2.编制年度预计现金收入计算表，10分。
3.编制年度生产预算，10分。
4.编制年度采购预算表，10分。
5.编制现金支出表，10分。
6.编制年度直接人工预算表，10分。
7.编制年度现金预算表，20分。
8.编制预计利润表，20分。

第十章
“财务管理”课程实训

J000 “财务管理”实训大纲

开课学期：第3学期
开课专业：会计学等
实训学时：8学时
实训学分：0.5
参考指导书：《财务管理专业实验（实训）指导书》

实训形式

案例分析讨论、财务分析报告撰写。

实训目的和要求

“财务管理”是一门实践性较强的学科，因此，本课程的筹资、长期投资项目、流动资金管理等内容进行实验（实训）等实践性教学是课程必不可少的重要环节。只有通过实践，才能巩固、应用所学理论，培养学生参加实际财务管理的基本技能；培养学生的财务管理实践意识；培养学生认真负责的专业态度和严谨细致的工作作风。要求学生实验（实训）分析前认真准备，写作和讨论中积极思考，完成后认真总结提高，并按要求上交分析报告及相关材料。

实训形式安排

总学时8学时，其中，企业筹资决策内容2学时，长期项目投资决策评价2学时，流动资产管理中应收账款管理和存货资金管理内容各2学时。

实训考核

4个案例分析报告的质量各20%，讨论表现各占5%。

实训项目与主要内容（见表10-1）

表10-1　“财务管理”实训项目与主要内容

序号	项目名称	主要内容	课时	评分权重	选做/必做
1	LS公司资金缺口怎么填	企业筹资决策	2	25%	必做
2	嘉华快餐公司项目决策分析	长期项目投资决策评价	2	25%	必做
3	宝洁公司的应收账款管理模式	流动资产应收账款管理	2	25%	必做
4	海尔的零存货管理	流动资产存货资金管理	2	25%	必做

资料来源：本课程实验（实训）案例资料除案例2主要参考中国人民大学出版社《财务管理学》教材（第五版）（荆新、王化成、刘俊彦主编）外，其他均根据相关网络资料整理编撰而成。

“财务管理”课程实验（实训）报告评分标准

“财务管理”课程的实验（实训）形式主要是案例分析，具体采用学生个人分别完成和小组讨论的形式。实验（实训）报告成绩分为优秀、良好、中等、及格、不及格五个等级。

实验（实训）报告成绩由事先确定的各指导教师依据学生的实验（实训）态度和实验（实训）结果等确定。

1.优秀（A）

案例分析结论正确。

实验（实训）报告格式规范、实验（实训）目的明确、实验（实训）原理与步骤正确、实验（实训）内容数据记录全面、能熟练地综合运用本专业的基本理论和基本技能、实验（实训）体会体现财务管理专业特征。

2.良好（B）

案例分析结论正确。

实验（实训）报告格式规范、实验（实训）目的明确、实验（实训）原理与步骤正确、实验（实训）内容数据记录全面、能比较熟练地运用本专业的基本理论和基本技能、有一定的实验（实训）体会。

3.中等（C）

案例分析结论基本正确。

实验（实训）报告基本格式规范、实验（实训）目的明确、实验（实训）原理与步骤正确、实验（实训）内容数据记录较全面，能较好地运用有关基本理论、有一定的实验（实训）体会。

4.及格（D）

案例分析结论有缺陷，但有些方面正确。

实验（实训）报告基本格式基本规范、实验（实训）目的基本明确、实验（实训）原理与步骤基本正确、实验（实训）内容数据记录比较全面、能基本掌握和运用有关基本理论知识、有一定的实验（实训）体会。

5.不及格（E）

实验（实训）结论不正确，报告有抄袭现象。

实验（实训）报告基本格式不规范、实验（实训）目的不明确、实验（实训）原理与步骤不正确、实验实训内容数据记录不全、没有体会或体会不符合财务管理专业特征。

“财务管理”课程实训报告写作要求

为统一格式及写作要求，对财务管理学课程实训报告的写作提出具体要求如下：

1.每个实训项目均应按照要求写出规范的实训报告。如果实训项目是以分组形式进行的，还要求提交每个小组的报告。

2.每个实训项目的实训报告应填明课程名称、实训项目名称、班级、姓名、学号，根据实训项目具体内容的不同，分别写明每个实训项目的实训目的、实训原理和步骤、实训内容及数据、实训结论、收获建议等。

3.具体报告的内容根据不同项目的具体内容写作，但要求独立思考，充分发挥主观能动性，计算数据必须准确，管理和决策方法可以灵活。

4.欢迎新观点、新思路、新方法的提出。

5.成绩考核：课程实训用4个案例，每个案例分析报告的质量各占20%，讨论表现20%。

实训J001　LS公司资金缺口怎么填

一、实训名称和性质（见表10-2）

表10-2　实训名称和性质

实训名称	LS公司资金缺口怎么填
面向专业或课程	财务管理
实训学时分配	2
实训性质	□调查 ☑案例 □软件模拟
必做/选做	☑必做 □选做

二、实训目的和要求

了解筹资与投资的关系；熟悉公司筹资的渠道和方式；掌握筹资方案决策选择的方法。

三、知识准备

前期要求掌握的知识：已学习公司筹资管理的相关知识。

实验流程：本实验主要涉及筹资与投资的关系；公司筹资的渠道和方式；一个具体公司的筹资方案决策。

四、实训组织和安排

课前教师布置具体任务及目标，要求形成实验研讨小组；课堂组织案例研讨，采用小组代表讲解形式交流；课后各实验小组提交小组分析报告、个人分析报告及参与者平时成绩评分。

五、注意事项

联系具体行业特征和投资项目特点来进行筹资决策。

六、实训结果提交方式

实训项目应按照要求写出规范的实训报告。每个实训项目的实训报告应填明课程名称、实训项目名称、班级、姓名、学号，根据实训项目具体内容不同，分别写明每个实训项目的实训目的、实训原理和步骤、实训内容及数据、实训结论、收获建议等。

七、实训考核方式和标准

参见“财务管理”课程实验（实训）报告评分标准。

八、实训材料

LS公司资金缺口怎么填

LS公司自20×4年便宣布放弃房地产业，进军体育行业。在当年的半年报中明确提到，公司确定了“一体两翼”战略发展方向（体育产业和清洁能源产业），尤其大力发展体育事业，全面进行业务转型。在前3年转型期过程中，LS公司都通过抛售地产业务获取资金，以加大体育行业的投资。

体育业务上，LS公司“在全球范围内布局体育空间、体育赛事、体育金融、体育教育、体育网络、体育传媒六大平台，致力于打造一个由若干企业集群组成的融合发展的体育产业生态圈”，重点布局体育小镇和城市体育综合体项目以及健身俱乐部，主要通过体育场馆经营管理、赛事管理及运营以及体育地产模式获得营收及利润；体育内容方面，公司以足球、篮球、冰雪为重点布局类目，围绕赛事运营、举办活动、体育培训等体育服务业务开展经营。体育领域的最重要投入为布局体育小镇。20×7年上半年分别签署了桐庐国际足球小镇、萧山“律动浦阳”小镇、成都葛仙山运动休闲小镇三大体育特色小镇项目。按照规划，公司将建造4个体育小镇以及一个国际户外运动基地，已公布的项目共需投资210亿元。同时，通过委托经营及拿地自建方式，LS公司还获得重庆盘龙体育公园、嘉兴秀湖城市体育服务综合体、杭州闲林港城市体育服务综合体三大综合体项目。此外，该公司已运营2座体育综合体，在签约或运营健身俱乐部14家。体育小镇业务后续仍需巨大投资，LS公司面临不小的资金缺口。

LS公司20×7年8月底的总市值约为90.25亿元，归属于上市公司股东的净资产为13.16亿元。20×6年总资产负债率为20.15%。该公司当时主要从事的业务包括体育业务、房地产销售及租赁业务、能源业务三大板块。20×7年上半年业绩显示，公司总计实现营业收入9.96亿元，较上年同期下降23.36%，上半年经营活动产生的现金流量净额为−9 088.03万元，同比下降156.04%。公司正全力发展体育业务，20×7年上半年体育业务共实现营收2815.74万元，较上年同期猛增1 002.69%，占营业收入比重为2.83%，由于转型原因，其他业务收入有所下降，整个报告期内，能源业务是公司当时的主要营收来源，20×7年上半年公司实现能源及贸易销售收入9.09亿元，较20×6年度同比减少7.21%，占营业收入比重为91.29%；实现房地产销售收入2 298.72万元，房地产租赁收入3 465.5万元，较上年同期分别减少92.05%、增加31.9%。“公司进一步持续推进住宅类地产资产去化工作，同时加大持有性物业的商业开发力度，受益于报告期内房地产市场回暖，公司顺应市场形势，调整存量房地产业务结构，为公司转型体育产业积累更多资金与资源储备。”

LS公司董事长20×7年8月某日对媒体表示，未来3年中会有总额三四百亿元的投入，自己要解决1/4左右，资金缺口希望通过资本市场解决。

资料来源：孙麒翔，刘之爽.LS公司资金缺口怎么填［N］. 北京商报，2017-08-30.秦龙. 一份中报折射LS公司转型谜局［N］. 中国房地产报，2017-09-02.

要求：

1.请结合我国体育产业的发展背景分析LS公司对于体育小镇的投资从长期规划来看是否科学？

2.请结合当前的经济环境和LS公司的实际分析公司应利用和采取哪些筹资渠道和方式来解决巨大的资金缺口？

实训J002　嘉华快餐公司项目决策分析

一、实训名称和性质（见表10-3）

表10-3　实训名称和性质

实训名称	嘉华快餐公司项目决策分析
面向专业或课程	财务管理
实训学时分配	2
实训性质	□调查 ☑案例 □软件模拟
必做/选做	☑必做 □选做

二、实训目的和要求

通过实验掌握公司内部长期投资项目决策评价的投资回收期法、净现值法和内含报酬率法的基本计算、决策标准以及方法的优缺点。熟悉公司内部长期投资项目决策评价的整个过程。

三、知识准备

前期要求掌握的知识：学过公司内部长期投资项目决策评价的相关知识。

实验流程：公司内部长期投资项目决策评价的投资回收期法、净现值法和内含报酬率法的基本计算、决策标准，以及方法的优缺点；公司内部长期投资项目决策评价的整个过程。

四、实训组织和安排

课前教师布置具体任务及目标，要求形成实训研讨小组；课堂组织案例研讨，采用小组代表讲解形式交流；课后各实验小组提交小组分析报告、个人分析报告及参与者平时成绩评分。

五、注意事项

长期投资项目决策评价各种方法的异同。

六、实训结果提交方式

实训项目应按照要求写出规范的实训报告。每个实训项目的实训报告应填明课程名称、实训项目名称、班级、姓名、学号，根据实训项目具体内容不同，分别写明每个实训项目的实训目的、实训原理和步骤、实训内容及数据、实训结论、收获建议等。

七、实训考核方式和标准

参见“财务管理”课程实验（实训）报告评分标准。

八、实训材料

嘉华快餐公司项目决策分析案例

嘉华快餐公司在一家公园内租用了一间售货亭向游人出售快餐。快餐公司签订的租赁合同期限为3年，3年后售货亭作为临时建筑将被拆除。经过1个月的试营业后，快餐公司发现，每天的午饭和晚饭时间买快餐的游客很多，但因为售货亭很小，只有一个售货窗口，所以顾客不得不排起长队，有些顾客因此而离开。为了解决这一问题，嘉华快餐公司设计了四种不同的方案，试图增加销售量，从而增加利润。

方案一：改装售货亭，增加窗口。这一方案要求对现有售货亭进行大幅度的改造，所以初始投资较多，但是因为增加窗口会吸引更多的顾客，所以收入增加也相应较多。

方案二：在现有售货窗口的基础上，更新设备，提高每份快餐的供应速度，缩短供应时间。

以上两个方案并不互相排斥，可以同时选择。但是，以下两个方案则要放弃现有的售货亭。

方案三：建造一个新的售货亭。此方案需要将现有的售货亭拆掉，在原来的地方建一个面积更大、售货窗口更多的新的售货亭。此方案的投资需求最大，预计增加的收入也最多。

方案四：在公园内租一间更大的售货亭。此方案的初始支出是新售货亭的装修费用，以后每年的增量现金流出是当年的租金支出净额。

嘉华快餐公司可用于这项投资的资金需要从银行借入，资金成本为15%，与各方案有关的现金流量预计见表10-4。

表10-4 **四个方案的预计现金流量** 单位：元

方案	投资额	第一年	第二年	第三年
增加新的售货窗口	-75 000	44 000	44 000	44 000
革新现有设备	-50 000	23 000	23 000	23 000
建造新的售货亭	-125 000	70 000	70 000	70 000
租赁更大的售货亭	-10 000	12 000	13 000	14 000

资料来源：荆新，王化成，刘俊彦.财务管理学［M］. 5版.北京：中国人民大学出版社，2009.

要求：

1.如果运用内含报酬率指标，嘉华快餐公司应该选择哪个方案？

2.如果运用净现值指标，嘉华快餐公司应该选择哪个方案？

3.如何解释用内含报酬率指标和净现值指标进行决策时所得到的不同结论？哪个指标更好？

实训J003 宝洁公司的应收账款管理模式

一、实训名称和性质（见表10-5）

表10-5 **实训名称和性质**

实训名称	宝洁公司的应收账款管理模式
面向专业或课程	财务管理
实训学时分配	2
实训性质	□调查 ☑案例 □软件模拟
必做/选做	☑必做 □选做

二、实训目的和要求

通过实验使学生熟悉企业应收账款形成的原因、应收账款投资的功能与成本；掌握应收账款管理中各项信用政策的决策和日常管理方法。

三、知识准备

前期要求掌握的知识：学过流动资产管理中关于应收账款管理的相关内容。

实验流程：企业应收账款形成的原因、应收账款投资的功能与成本；应收账款管理中各项信用政策的决策和日常管理方法。

四、实训组织和安排

课前教师布置具体任务及目标，要求形成实验研讨小组，形成小组分析报告；课堂组织案例研讨，采用小组选派代表进行讲解的形式交流；课后各实验小组提交小组分析报告、个人分析报告及参与者平时成绩评分。

五、注意事项

课前查阅或设计某一中小微企业的资料或情况，了解该企业生产经营和财务管理等相关情况。

六、实训结果提交方式

实训项目应按照要求写出规范的实训报告。每个实训项目的实训报告应填明课程名称、实训项目名称、班级、姓名、学号，根据实训项目具体内容不同，分别写明每个实训项目的实训目的、实训原理和步骤、实训内容及数据、实训结论、收获建议等。

七、实训考核方式和标准

参见“财务管理”课程实验（实训）报告评分标准。

八、实训材料

宝洁公司的应收账款管理模式

宝洁公司是一家具有180年历史的跨国日用消费品公司，在全球80多个国家和地区开展业务。在2017年《财富》美国500强中排名第36。自1988年进入中国市场以来，无论产品质量、销量以及销售额，始终在同行业中占有领先的地位（2015年中国公司销售额达390亿元），应收账款回款率始终保持在95%以上，这得益于其拥有一个先进的应收账款管理体系。宝洁中国公司应收账款管理的具体做法如下。

一、组织上有一个完善的内部控制系统

宝洁公司对应收账款的控制，是由销售会计组来完成的。销售会计组分成两大体系：一个是销售会计，另一个是分公司财务会计。前者负责应收账款等专项的总体策划、分析，后者负责对部分区域具体财务事项的运作，以及为前者提供准确、详细、及时的有关信息和数据。宝洁公司不仅对这一组织的每一环节都明确了其主要负责的工作任务，使之各有分工，还对每一工作环节设定了衡量其工作好坏的标准，以便每月对其进行严格考核。如销售会计组在应收账款专项管理中所负责的工作主要有：赊销信用额的建立和修改、全国客户每星期赊销状况报告、客户应收账款的记账、计算和发送客户的付款优惠额、计算应收账款的回收期、分析超期应收账款和跟踪处理坏账等。而对销售会计组的工作衡量标准包括：地区应收账款的回收期、超期应收账款的百分比、客户付款按要求的百分比、应收账款与客户账目一致性百分比、其他。落实到具体环节中的组织成员也是如此，如分公司下的财务客户主管，他所负责的工作就是应收账款的记账、跟踪收账及付款情况、计算客户的付款优惠额等。另外，为更及时有效地控制应收账款，宝洁公司还在广州总部专门设置了应收账款控制员，他是应收账款系统及运作流程的统一协调人，负责应收账款系统控制、应收账款会计分析报告、提出建议并负责执行、应用，以及有效地提高应收账款的运作系统等工作。

二、重视应收账款回款期的管理

应收账款回款期是用来衡量应收账款系统管理水平高低的重要工具。宝洁公司为缩短回款期，从账龄分析与制定付款优惠政策两方面入手，具体的管理措施如下。

（一）设定账龄目标

规定每一个客户归还应收款项的日期，这是公司期望的最长付款期。公司一方面考虑客户的实际回款能力，另一方面还结合客户目前的平均实际回款期，为每一地区信用客户设定了还款期限。如30天、60天、90天，用这三个时间将账龄分割成四个时间段进行考核和管理。

（二）分析账龄，了解客户的回款状况

公司要求分期了解每一客户的实际还款状况，这就需要进行账龄的统计及分析。公司通过电脑来完成应收账款分期报告。从报告中，公司可获得客户应收账款的额度是多少、客户的实际还款期限有多长等数据。在此基础上，公司将实际回款期限与原定目标期限进行比较，发现实际是否存在问题，有无超目标期限的应收账款，从而针对问题分析原因，采取措施。

（三）制定付款优惠政策

为达到设定的回款期限，宝洁公司制定了一项“回款的分期优惠政策”，即3/7，15/20，N/40。其目的在于鼓励客户提前还款，以便缩短回款期。

三、限制赊销额

（一）赊销额的建立

1.赊销不适用于第一次订货的新客户。

2.要求个别类型客户必须先付款后订货。如私营企业或是注册资金低于30万元人民币的单位等。

3.新客户只有在实现了第一次订单以后，方可通过填写赊销额申请表申请一份客户的临时赊销额。客户的临时赊销额是根据客户七天的销售预测来计算的；另外，还规定赊销额不能超过客户的注册资金。临时赊销额将维持3个月。也就是说，在随后的3个月里，客户必须收货后7天内付款才能继续与宝洁签约，享受更大的优惠。

4.在3个月的临时赊销额期满后，客户便可根据正式赊销额的计算标准享受赊销额度。赊销额的测算公式如下：

赊销额=过往期间的销售额/期间相应天数×回款期×销售增长系数

销售增长系数是由宝洁公司销售预测组提供的地区销售增长系数，它通常根据上月销售与预测期前3个月平均销售的比值。例如：某地区平均月销售500万元，回款期为20天，上月销售是过去3个月平均销售的1.2倍，则该地区的信用额为：

500÷30×20×1.2=400（万元）

当该地区客户的购货超过公司这一赊销额度时，都必须现款支付。

（二）赊销额的修订

1.修订时考虑的因素

（1）常规性因素。除参照客户的销售及回款期之外，还考虑客户的信用状况。宝洁公司要求客户定期提供一份财务报表，并通过有关的评估机构或银行等其他部门，了解客户的财务状况，以此作为修订不可缺少的因素之一。

（2）偶发性因素。如季节因素、促销手段及客户的回款情况等。

2.一般的修订方法

宝洁公司按季修订赊销额，上个季度的赊销额是下一季度赊销额的90%。也就是说，每过一个季度，给予客户的赊销额便会自动增长10%，这也是公司对严格遵守信用额管理制度客户的进一步优惠政策，并且合作的时间越长，信用越好，所取得的最大赊销额也越多。

四、控制超期应收账款

对于出现的超期应收账款，宝洁公司采取了以下几项措施：

（一）停止供货

当某一客户的一笔应收账款在超出40天后仍未付款时，必须马上通知应收账款控制员，停止该客户的信用额，并马上停止对其供货，直到款项付清，而其原有的信用额将取消并重新开始按新客户对待。

（二）实施收款计划

如果在停止供货后客户仍拒付货款，公司将指定销售代表在财务部的协助下，与该客户磋商以求达成收款协议，协议将要求客户在3个月内付清全部款项。如果一次无法负担，公司允许最多可分三期付清所欠货款。如果客户选择了分期付款，那么，第一期付款金额不可小于拖欠总额的35%。对于无力偿付的客户，公司鼓励用有创意的方法来解决问题，如采取先帮助客户渡过难关的方式等，以期在日后可以收回更多的应收账款。

（三）采取法律行动

如果在实施了上述措施后仍无效果，将诉诸法律，以期在客户破产清算时得到债权的补偿。对于公司损失的部分，财务部门将按坏账处理。

资料来源：王景涛.石家庄经济学院.河北省高等学校精品课程《财务管理》案例.

要求：

1.宝洁公司成功的应收账款管理经验给了我们哪些启示？

2.请借鉴保洁公司的成功经验，为某一中小微企业设计一套应收账款管理框架。

实训J004　海尔的零存货管理

一、实训名称和性质（见表10-6）

表10-6　实训名称和性质

实训名称	海尔的零存货管理
面向专业或课程	财务管理
实训学时分配	2
实训性质	□调查 ☑案例 □软件模拟
必做/选做	☑必做 □选做

二、实训目的和要求

通过本次实验能掌握公司存货资金控制的主要方法。

三、知识准备

前期要求掌握的知识：学过存货资金管理相关知识。

实验流程：熟悉公司存货资金控制的主要方法；了解存货资金控制方法创新的方向；掌握存货资金管理的零存货（适时制）管理的要点。

四、实训组织和安排

课前教师布置具体任务及目标，要求形成实验研讨小组，形成小组分析报告；课堂组织案例研讨，采用小组代表讲解形式进行交流；课后各实验小组提交小组分析报告、个人分析报告及参与者平时成绩评分。

五、注意事项

零存货（适时制）管理方法的关键思路及应用。

六、实训结果提交方式

实训项目应按照要求写出规范的实训报告。每个实训项目的实训报告应填明课程名称、实训项目名称、班级、姓名、学号，根据实训项目具体内容不同，分别写明每个实训项目的实训目的、实训原理和步骤、实训内容及数据、实训结论、收获建议等。

七、实训考核方式和标准

参见“财务管理”课程实验（实训）报告评分标准。

八、实训材料

海尔的零存货管理

供应链管理（Supply Chain Management，SCM）是近几年在企业实行E化和信息化管理中最流行和有效的管理模式之一。所谓供应链，简单地说，就是把买卖的交易过程连接在一起，就好像用一条链子给串联起来。供应链管理（SCM）就是要把一条链子进行整条管理，让每个环节在时效性上恰到好处，即达到所谓的“Just-in-Time”（JIT）。

供应链管理的各个环节如下：第一是制定SCM策略。看要管理哪些事，通过制定方法来监控、衡量运作是否有效，是否能满足顾客的需要，提供给顾客高质量的产品。第二是与上游供货商建立关系。制定一套定价、交货、付款的规则，同时制定监控方法；有了规则，就可以与自己的存货管理、付款系统连在一起。第三是制定企业产品生产程序，包括加工、生产、测试、包装、运送的计划安排，以及质量控制与生产管理。第四是交货。也就是与下游买主建立关系，对接单、仓储、运送、收款等的管理。第五是问题处理。从上游买来的东西是否有坏的，卖给下游顾客的产品是否有不满意的需要退换等问题，都需要有一个流程来处理。

一、海尔：整合供应链，实现零库存

家电行业库存周转天数是32天，而海尔是5天。海尔集团取得今天的业绩，和企业实行全面的信息化管理是分不开的。通过整合全球供应链资源和用户资源，逐步向“零库存、（与用户）零距离和零营运资本”的终极目标迈进。

（一）以市场链为纽带重构业务流程

总结多年的管理经验，海尔探索出一套市场链管理模式。海尔认为，在新经济条件下，企业不能再把利润最大化当作目标，而应该以用户满意度的最大化、获取用户的忠诚度为目标。由此，海尔也把市场机制成功地导入企业的内部管理，把员工相互之间的同事和上下级关系转变为市场关系，形成内部的市场链机制。员工之间实施SST，即索赔、索酬、跳闸。如果你的产品和服务好，下道工序给你报酬，否则会向你索赔或者“亮红牌”。

商流本部、海外推进本部从全球营销网络获得的订单形成订单信息流，传递到产品本部、事业部和物流本部，物流本部按照订单安排采购配送，产品事业部组织安排生产；生产的产品通过物流的配送系统送到用户手中，而用户的货款也通过资金流依次传递到商流、产品本部、物流和分供方手中。这样就形成横向网络化的同步的业务流程。

（二）ERP CRM：快速响应客户需求

哈尔滨用户宋先生因房间摆放需要，想要一台左开门冰箱，他首先想到了海尔，到海尔网站一看，果然有用户定制服务，用户可以选择冰箱开门方式等10几个特殊需求，他按需要下了订单后，海尔冰箱生产部门立即在定制生产线上组织生产，接受信息，组织生产、配送、交易整个过程，7天时间搞定，获得了用户的好评。对用户宋先生来说，动了企业的全身——设计、采购、制造、配送整个流程。

在业务流程再造的基础上，海尔形成了“前台一张网，后台一条链”（前台的一张网是海尔客户关系管理网站，后台的一条链是海尔的市场链）的闭环系统，构筑了企业内部供应链系统、ERP系统、物流配送系统、资金流管理结算系统和遍布全国的分销管理系统及客户服务响应Call-Center系统，并形成了以订单信息流为核心的各子系统之间无缝连接的系统集成。

（三）CIMS JIT：海尔e制造

海尔的e制造是根据订单进行的大批量定制。海尔ERP系统每天准确自动地生成BOM，通过无线扫描、红外传输等现代物流技术的支持，实现定时、定量、定点的三定配送；海尔独创的过站式物流，实现了从大批量生产到大批量定制的转化。

实现e制造还需要柔性制造系统。在满足用户个性化需求的过程中，海尔采用计算机辅助设计与制造（CAD/CAM），建立计算机集成制造系统（CIMS）。在开发决策支持系统（DSS）的基础上，通过人机对话实施计划与控制，从物料资源规划（MRP）发展到制造资源规划（MRP-Ⅱ）和企业资源规划（ERP）。还有集开发、生产和实物分销于一体的适时生产（JIT），供应链管理中的快速响应和柔性制造（Agile Manufacturing），以及通过网络协调设计与生产的并行工程（Concurrent Engineering）等。这些新的生产方式把信息技术革命和管理进步融为一体。

现在海尔在全集团范围内已经实施CIMS（计算机集成制造系统），生产线可以实现不同型号产品的混流生产。如海尔电脑建成国内首条FIMS柔性电脑生产线。正是因为采用了这种FIMS柔性制造系统，海尔不但能够实现单台电脑客户定制，还能同时生产千余种配置的电脑，而且还可以实现36小时快速交货。

二、订单信息流驱动：同步并行工程

海尔的企业全面信息化管理是以订单信息流为中心带动物流、资金流的运动，所以，在海尔的信息化管理中，同步工程非常重要。

比如美国海尔销售公司在网上下达1万台的订单。订单在网上发布的同时，所有的部门都可以看到，并同时开始准备，相关工作并行推进。不用召开会议，每个部门只要知道与订单有关的数据，做好自己应该做的事就行了。如采购部部门会按订单要求把图纸设计好。3月24日，河北华联通过海尔网站的电子商务平台下达了5台商用空调的订单，订单号为5000541，海尔物流采购部门和生产制造部门同时接到订单信息，在计算机系统上，马上显示出负责生产制造的海尔商用空调事业部的缺料情况，采购部门与压缩机供应商在网上实现招投标工作，配送部门根据网上显示的配送清单4小时以内及时送料到工位。3月31日，海尔商用空调已经完成定制产品生产，5台商用空调室外机组已经入库。

海尔的案例证明，成功的供应链管理确实能使企业在激烈的市场竞争中，明显地提升企业的核心竞争力。

资料来源：潘璐，戴杰君，韦伟.海尔供应链融合案例分析［J］．致富时代，2011（2）.

要求：

1.海尔存货管理方法的创新是怎样进行的？

2.一般企业能从海尔的零存货管理方法中得到怎样的启示？

第二篇

财务管理专业的综合性实践环节教学指导

第十一章

“财务管理专业实习技能训练”课程实训

K000　“财务管理专业实习技能训练”教学大纲

课程代码：1102519035-1

课程名称：财务管理专业实习技能训练（财务管理模拟实习）

学分：1

时间：1.5周

一、目的与任务

财务管理模拟实习作为实现本专业培养目标的重要途径，是财务管理专业教学计划中规定的重要教学环节，它是学生综合运用已掌握的专业理论和实务知识，在教师的指导下，独立处理企业单位财务活动，锤炼财务管理专业的一项实习教学活动。学生通过模拟实习，经受一次专业理论研究和实践操作技能的训练，从而培养提高学生运用专业理论知识去分析、解决实际问题的能力。

二、基本要求

1.指导思想：理论联系实际，发挥学生主体性、教师主导性，通过财务管理模拟实习，培养锻炼学生的分析解决问题能力。

2.原则要求：要求学生自觉、自律，参加模拟实习；指导老师加强指导、督促，保证实习教学质量。

通过财务管理模拟实习，要求学生能够把在此前学过的财务管理专业课程的知识串连起来，从感性上理解财务管理中筹资、投资、利润分配和财务分析等基本内容的实务做法，更深地了解和学会如何利用财务管理专业知识去分析解决实际问题的本领。

三、内容

专业实习将统一使用几个在财务管理方面内含一定潜在问题的公司的比较复杂的案例，内容涉及筹资、投资、利润分配、会计、管理、纳税、资产重组等。由学生在阅读案例、准备材料的基础上，综合利用学到的专业理论知识和专业技术方法，通过独立思考，站在一个财务分析师比较超脱的角度，将案例中的各公司在财务、会计、管理等方面需要解决的问题尽可能地详细罗列出来，并独立提出解决各问题的综合对策，撰写案例实验报告，进行分组研讨，最后由指导老师进行总结，从而提高学生分析、解决具体复杂问题的能力。案例将选用某几个公司公开的年报等资料，结合教师的调研所得资料合成而得。

四、考核方式与评分办法

财务管理模拟实习的成绩，将采用综合测评的方法加以评定。

1.实习结束后，学生根据实习指导书的内容及要求，提交实验报告，方可参加考核。

2.指导教师根据学生在实习期间的表现、态度、任务完成情况、实验报告、答辩或其他有效方式进行综合评分，按优、良、中、及格、不及格五级记分制记分。

3.对未能达到实习大纲的基本要求，实习期间请假、缺席超过全部实习时间的1/3以上者，实验报告马虎潦草、内容有明显错误、考核时不能回答主要问题或有原则性错误的学生，做不及格处理，随下一年级重修。

"财务管理专业实习技能训练"课程
实验（实训）报告评分标准

"财务管理专业实习技能训练"课程的实验（实训）形式主要是案例分析，具体采用学生个人分别完成和小组讨论的形式。

实验（实训）报告成绩分为优秀、良好、中等、及格、不及格五个等级。实验（实训）报告成绩由事先确定的各指导教师依据学生的实验（实训）态度和实验（实训）结果等确定。

1.优秀（A）

案例分析结论正确。

实验（实训）报告格式规范，实验（实训）目的明确，实验（实训）原理与步骤正确，实验（实训）内容数据记录全面，能熟练地综合运用本专业的基本理论和基本技能，实验（实训）体会体现财务管理专业特征。

2.良好（B）

案例分析结论正确，

实验（实训）报告格式规范，实验（实训）目的明确，实验（实训）原理与步骤正确，实验（实训）内容数据记录全面，能比较熟练地运用本专业的基本理论和基本技能，有一定的实验（实训）体会。

3.中等（C）

案例分析结论基本正确。

实验（实训）报告基本格式规范，实验（实训）目的明确，实验实训原理与步骤正确，实验（实训）内容数据记录较全面，能较好地运用有关基本理论，有一定的实验（实训）体会。

4.及格（D）

案例分析结论有缺陷，但有些方面正确。

实验（实训）报告基本格式基本规范，实验（实训）目的基本明确，实验（实训）原理与步骤基本正确，实验（实训）内容数据记录比较全面，能基本掌握和运用有关基本理论知识、有一定的实验（实训）体会。

5.不及格（E）

实验（实训）结论不正确，报告有抄袭现象。

实验（实训）报告基本格式不规范，实验（实训）目的不明确，实验（实训）原理与步骤不正确，实验（实训）内容数据记录不全，没有体会或体会不符合财务管理专业特征。

"财务管理专业实习技能训练"课程实训报告写作要求

为统一格式及写作要求，对"财务管理专业实习技能训练"课程实训报告的写作提出具体要求如下：

1.每个实训项目均应按照要求写出规范的实训报告。如果实训项目是以分组形式进行的，还要求提交每个小组的报告。

2.每个实训项目的实训报告应填明课程名称、实训项目名称、班级、姓名、学号，根据实训项目具体内容不同，分别写明每个实训项目的实训目的、实训原理和步骤、实训内容及数据、实训结论、收获建议等。

3.具体报告的内容根据不同项目的具体内容写作，但要求独立思考，充分发挥主观能动性，计算数据必须准确，管理和决策方法可以灵活。

4.欢迎新观点、新思路、新方法的提出。

附：实验项目与主要内容（见表11-1）

表11-1 **“财务管理专业实习技能训练”实训项目与主要内容**

序号	项目名称	主要内容（限20字）	课时	评分权重	必做/选做
1	海普瑞以每股148元的发行价格IPO	企业发行股票筹资分析	4	20%	必做
2	天奇公司投资项目评价案例	投资项目评价	4	20%	必做
3	你愿意将资金投向中国巨石吗	财务分析、投资决策	4	20%	必做
4	贵州茅台和五粮液的股利分配比较案例	上市公司股利分配决策	4	20%	必做
5	格力电器与美的集团年度财务报告分析案例	公司年度财务报告分析	4	20%	必做

实训K001 海普瑞以每股148元的发行价格IPO

一、实训名称和性质（见表11-2）

表11-2 **实训名称和性质**

实训名称	海普瑞以每股148元的发行价格IPO
面向专业或课程	财务管理专业“财务管理专业实习技能训练”课程
实训学时分配	4
实训性质	□调查 ☑案例 □软件模拟
必做/选做	☑必做 □选做

二、实训目的和要求

“财务管理专业实习技能训练”是一门实践性很强的学科，因此，在本课程内容中进行实训等实践性教学是课程必不可少的重要环节。通过本实训，旨在使学生巩固、应用所学理论，理解股票筹资对企业财务管理的影响。

三、知识准备

（一）前期要求掌握的知识、相关理论

熟练掌握企业筹资的一般财务管理知识，而且要求学生事先搜集海普瑞公司相关的资料，掌握好与本课程相关的经济法、金融等相关经济法律等知识。

（二）参考书目

1.财政部会计资格评价中心. 财务管理［M］. 北京：经济科学出版社，2020.

2.中国注册会计师协会. 财务成本管理［M］. 北京：中国财政经济出版社，2020.

3.上市公司年报。

四、实训组织和安排

本案例是对企业筹资等相关知识体系的检查和整合。要求学生一人一组，实验分析前认真准备，写作报告和讨论中积极思考，完成后认真总结提高，并按要求提交案例分析报告及相关材料。

五、注意事项

海普瑞发行股票有其特殊的历史背景，分析时应关注。

六、实训结果提交方式

实训项目应按照要求写出规范的实训报告。每个实训项目的实训报告应填明课程名称、实训项目名称、班级、姓名、学号，根据实训项目具体内容不同，分别写明每个实训项目的实训目的、实训原理和步骤、实训内容及数据、实训结论、收获建议等。

七、实训考核方式和标准

参见“财务管理专业实习技能训练”课程实验（实训）报告评分标准。

八、实训材料

海普瑞以每股148元的发行价格IPO

深圳市海普瑞药业股份有限公司（002399）于1998年4月成立，公司位于深圳市高新技术产业园区，是一家高速成长的、国家重点高新技术现代化生物制药企业，致力于生物医药产品的研发、生产和销售，目前产品全部出口。公司的主营业务为肝素钠原料药的研究、生产和销售。目前，公司是全球产销规模最大的，也是我国唯一同时取得美国FDA认证和欧盟CEP认证的肝素钠原料药生产企业。

公司在2008年的百特事件后发展迅速，2009年实现营业收入22.24亿元，净利润8.09亿元，2007—2009年，营业收入年复合增长率为172.56%，营业利润年复合增长率为262.12%，净利润年复合增长率244.53%。海普瑞2007—2009年财务指标见表11-3。

表11-3 **海普瑞2007—2009年财务指标**

海普瑞2007—2009年财务指标（发行A股前）			
财务指标/时间	2009年	2008年	2007年
资产（亿元）	13.7663	5.7892	2.5773
负债（亿元）	3.0633	2.7109	1.1128
净资产（亿元）	10.7029	3.0783	1.4644
货币资金（亿元）	4.4538	1.6112	0.32
应收账款（亿元）	1.9773	1.0605	0.8238
净利润（亿元）	8.09	1.61	0.68
资本公积（万元）	1 702.07	1 702.07	1 702.07
未分配利润（亿元）	5.84	1.78	0.33
基本每股收益（元）	2.25	1.79	1.83
稀释每股收益（元）	2.25	1.79	1.83
每股现金流（元）	0.99	0.45	0.15
净资产收益率（%）	75.6	52.43	46.55

对中国股市来说，海普瑞的IPO无疑具有标杆意义。这家于2010年4月26日发行的

中小板上市公司，每股发行价148元，成为当时A股市场“IPO”第一高价股。这是A股市场新股发行走向疯狂的见证。新股发行自2009年6月重启以来，在定价市场化的旗帜下，新股发行完全沦为了高市盈率、高发行价、高超募的“三高”发行，成为发行人赤裸裸的圈钱工具。而海普瑞的发行，堪称是“三高”的极致。发行价每股148元创下A股发行价格新高；发行市盈率高达73.27倍，在中小板股票中名列前茅。该公司原本计划募资不超过9亿元，实际募资59亿元，超募50亿元，创下中小板、创业板上市公司超募金额之最，这也是新股发行重启以来最为疯狂的一幕。

2010年5月6日上午，“最贵IPO”公司——海普瑞在深交所挂牌交易，在A股市场哀鸿遍野之中，海普瑞却风光无限，上市首日劲涨18.36%，早盘股价更是攀上188元，问鼎两市第一高价股。尽管午后走低，但这依然不妨碍海普瑞的控制人——李锂夫妇，凭借504亿元的身家，成为中国内地新首富。

2018年，公司根据“攀新高、走新路”发展战略和年度生产经营计划，继续积极并有效地推进肝素全产业链整合，收购多普乐，打通肝素上下游产业，实现肝素全产业链一体化经营。同时，公司建立并实施新的肝素粗品采购和管理模式，稳定并有效保障了公司的肝素粗品供应，为肝素钠原料药的增产增收创造了有利条件。SPL的胰酶原料药收入和利润快速增长；赛湾生物的CDMO业务通过收购后的业务和管理整合，收入快速增长，经营业绩明显提升；公司的创新药业务通过股权投资、品种授权、境内设立合资公司等形式稳步推进有关品种在境内外的临床和申报准备工作。在这些因素共同作用下，公司实现了营业收入、净利润和经营活动现金流的大幅度增长。

资料来源：佚名．海普瑞148元天价发行　IPO出现3位数［EB/OL］．［2010-04-26］．http：//v.youku.com/v_show/id_XMTY4MTA4Mzg4.html.

要求：搜集海普瑞IPO前后的资料进行分析。

1.从理论上分析确定海普瑞A股发行价格应当考虑的因素。

2.分析海普瑞高溢价IPO的原因。

3.保荐人在海普瑞IPO中应发挥哪些作用？

4.从相关财务数据分析海普瑞是否存在IPO筹资的必要性。

5.搜集近年公司相关资料，分析公司的核心竞争力表现在哪些方面？

实训K002　天奇公司投资项目评价案例

一、实训名称和性质（见表11-4）

表11-4　实训名称和性质

实训名称	天奇公司投资项目评价案例
面向专业或课程	财务管理专业“财务管理专业实习技能训练”课程
实训学时分配	4
实训性质	□调查　☑案例　□软件模拟
必做/选做	☑必做　□选做

二、实训目的和要求

“财务管理专业实习技能训练”是一门实践性很强的学科，因此，在本课程内容中进行实训等实践性教学是课程必不可少的重要环节。通过本实训，旨在使学生巩固、应用所学理论，熟练运用投资项目评价的基本做法。

三、知识准备

（一）前期要求掌握的知识、相关理论

熟练掌握企业投资的一般财务管理知识，掌握好与本课程相关的投资、筹资、项目评价等经济法律知识。

（二）参考书目

1.财政部会计资格评价中心. 财务管理［M］. 北京：经济科学出版社，2020.

2.中国注册会计师协会. 财务成本管理［M］. 北京：中国财政经济出版社，2020.

3.上市公司年报。

四、实训组织和安排

本案例是对企业投资等相关知识体系的检查和整合。要求学生一人一组，实验分析前认真准备，写作报告和讨论中积极思考，完成后认真总结提高，并按要求提交案例分析报告及相关材料。

五、注意事项

因计算工作量大，可充分利用计算机工具进行有关的计算和分析。

六、实训结果提交方式

实训项目应按照要求写出规范的实训报告。每个实训项目的实训报告应填明课程名称、实训项目名称、班级、姓名、学号，根据实训项目具体内容不同，分别写明每个实训项目的实训目的、实训原理和步骤、实训内容及数据、实训结论、收获建议等。

七、实训考核方式和标准

参见“财务管理专业实习技能训练”课程实验（实训）报告评分标准。

八、实训材料

天奇公司投资项目评价案例

天奇公司是一家家具制造业上市公司，主营业务是家具零部件的生产和销售。为进一步满足市场需求，公司准备新增一条家具零部件生产线。目前，正在进行该项目的财务可行性研究。项目相关资料如下：

（1）该项目如果可行，公司拟在2020年12月31日开始投资建设生产线，预计建设期1年，即项目将在2021年12月31日建设完成，2022年1月1日投资使用，该生产线预计购置成本4 000万元，项目预期持续3年，按税法规定，该生产线折旧年限4年，残值率5%。按直线法计提折旧，预计2024年12月31日项目结束时该生产线变现价值1 800万元。

（2）公司有一闲置厂房拟对外出租，每年租金60万元，在出租年度的上年年末收取。该厂房可用于安装该生产线，安装期间及投资后，该厂房均无法对外出租。

（3）该项目预计2022年生产并销售12 000万件，产销量以后每年按5%增长，预计零部件单位售价0.5元，单位变动制造成本0.3元，每年付现销售和管理费用占销售收入的10%，2022年、2023年、2024年每年固定付现成本分别为200万元、250万元、300万元。

（4）该项目预计营运资本占销售收入的20%，垫支的营运资本在运营年度的上年年末投入，在项目结束时全部收回。

（5）为筹集所需资金，该项目拟通过发行债券和留存收益进行筹资，发行期限5年、面值1 000元，票面利率6%的债券，每年末付息一次，发行价格960元。发行费用率为发行价格的2%，公司普通股β系数1.5，无风险报酬率3.4%，市场组合必要报酬率7.4%。当前公司资本结构（负债/权益）为2/3，目标资本结构（负债/权益）为1/1。

（6）公司适用的企业所得税税率为25%。

假设该项目的初始现金流量发生在2020年末，营业现金流量均发生在投产后各年末。

要求：

1.计算债务税后资本成本、股权资本成本和项目加权平均资本成本。

2.计算项目2020年及以后各年年末现金净流量及项目净现值，并判断该项目是否可行，计算过程和结果填入表11-5。

表11-5 **项目现金净流量及净现值计算表** 金额单位：万元

	2020年末	2021年末	2022年末	2023年末	2024年末
⋮					
⋮					
现金净流量					
折现系数					
折现值					
净现值					

3.假设其他条件不变，利用最大最小法计算生产线可接受的最高购置价格。

实训K003 你愿意将资金投向中国巨石吗

一、实训名称和性质（见表11-6）

表11-6 实训名称和性质

实训名称	你愿意将资金投向中国巨石吗
面向专业或课程	财务管理专业“财务管理专业实习技能训练”课程
实训学时分配	4
实训性质	□调查 ☑案例 □软件模拟
必做/选做	☑必做 □选做

二、实训目的和要求

“财务管理专业实习技能训练”是一门实践性很强的学科，因此，在本课程内容中进行实训等实践性教学是课程必不可少的重要环节。通过本实训，旨在使学生巩固、应用所学理论，理解投资决策和财务分析的基本做法。

三、知识准备

（一）前期要求掌握的知识、相关理论

熟练掌握证券投资、财务分析的一般财务管理知识，而且要求学生事先搜集中国巨石上市公司的资料，掌握好与本课程相关的管理学、金融等相关经济法律等知识。

（二）参考书目

1.财政部会计资格评价中心．财务管理［M］．北京：经济科学出版社，2020.

2.中国注册会计师协会．财务成本管理［M］．北京：中国财政经济出版社，2020.

3.上市公司年报。

四、实训组织和安排

本案例是对证券投资等相关知识体系的检查和整合。要求学生一人一组，实验分析前认真准备，写作报告和讨论中积极思考，完成后认真总结提高，并按要求提交案例分析报告及相关材料。

五、注意事项

上市公司的经营状况变化较快，分析时需关注近年来中国巨石公司的财务状况、经营成果和现金流量状况，以便作进一步的对比分析。

六、实训结果提交方式

实训项目应按照要求写出规范的实训报告。每个实训项目的实训报告应填明课程名称、实训项目名称、班级、姓名、学号，根据实训项目具体内容不同，分别写明每个实训项目的实训目的、实训原理和步骤、实训内容及数据、实训结论、收获建议等。

七、实训考核方式和标准

参见“财务管理专业实习技能训练”课程实验（实训）报告评分标准。

八、实训材料

你愿意将资金投向中国巨石吗

1.公司基本情况

公司名称：中国巨石股份有限公司。

股票种类：A股。

股票上市交易所：上海证券交易所。

股票简称：中国巨石。

股票代码：600176。

变更前股票简称：中国化建、中国玻纤。

公司主要业务：从事玻璃纤维及制品的生产、销售，主要产品为玻璃纤维纱。

2.经营模式情况说明

（1）采购模式

公司对浙江桐乡、四川成都、江西九江、埃及苏伊士四大生产基地的大宗原材料实行统一采购制度，对下属公司的采购主要通过“统一谈判，分别签约”方式进行管理。原料采购按照“年度招标、公开招标”的原则，采取包括公开竞标、参照价竞标等方式，在原材料市场价格处于上行通道时，采用签订长期合同的方式，减弱原材料采购成本的波动性；辅料采购则采用订单价，根据生产计划采购。公司同时制定了供应商考评制度，针对合作过程中发现的问题要求供应商加以改进，建立完善的成本管理体系。

（2）生产模式

以销定产，采用以拉动式为主、以推进式为辅的柔性生产方式。

（3）销售模式

公司国内销售以直销为主，少量代理为辅；境外销售主要采用海外贸易子公司、经销商、直销三种方式相结合。

3.公司所处行业情况

（1）玻璃纤维产品介绍

玻璃纤维是一种性能优异的无机非金属材料，种类繁多，优点是绝缘性好、耐热性强、抗腐蚀性好，机械强度高，通常用于复合材料中的增强材料，电绝缘材料和绝热保温材料，电路基板等领域，是国家重点鼓励发展的新材料产业。它是以叶蜡石、高岭土、石灰石、石英砂等矿石为原料经高温熔制、拉丝、烘干、络纱等工艺制造而成，其单丝直径为几微米到二十几微米，相当于一根头发丝的1/20-1/5，每束纤维原丝都由数百根甚至上千根单丝组成。玻璃纤维主要成分为二氧化硅、氧化铝、氧化钙、氧化硼、氧化镁、氧化钠等，根据玻璃中碱含量的多少，可分为无碱玻璃纤维、中碱玻璃纤维和高碱玻璃纤维，其中无碱玻璃纤维占据95%以上的产量规模。

（2）全球玻璃纤维行业主要生产企业

自2000年以来，中国玻纤一直处于高速发展阶段，生产规模不断扩大。全球玻纤行业集中度高，具有较明显的寡头竞争格局，中国巨石、美国欧文斯科宁、日本电气硝子公司（NEG）、泰山玻璃纤维股份有限公司、重庆国际复合材料有限公司（CPIC）、美国JM这全球六大玻纤生产企业的玻纤年产能占到全球玻纤总产能的75%以上，我国三大玻纤生产企业的玻纤年产能占到国内玻纤产能的70%以上。以中国巨石为代表的中国玻纤企业的迅速崛起，正不断改变着世界玻纤格局。

（3）玻璃纤维的主要下游应用领域介绍

中国的人均玻纤消费量大大低于发达国家人均玻纤年消费量，其他很多发展中国家玻纤消费量更低，发展中国家玻纤产品的应用领域远未被充分开发，玻纤行业未来发展空间巨大。玻纤行业的平均增速一般为GDP增速的1.5~2倍。目前，玻纤产品下游市场较为广泛，以最早发明并工业化应用的美国市场为例，玻纤下游应用种类超过60 000种。中国虽然近几年已经超越美国，发展成为最大的玻纤生产国和消费国，但目前成熟并广泛应用的下游领域仅有美国的十分之一，以下是玻纤下游的主要需求。

①车领域

据中国汽车协会统计，2018年汽车产销分别完成2 780.9万辆和2 808.1万辆，据LMC Automotive数据显示，2018年全年全球整体轻型车销量达9 479万辆。据USDA和中商产业研究院预测，2022年全球汽车销量将增加至11 359万辆。汽车产量增长的同时，汽车行业也越来越多地使用复合材料，特别是在对重量要求更加严格的新能源汽车领域，这为复合材料在汽车领域的发展提供了很大的机遇。2018年，全球新能源汽车销量超200万辆，中国新能源汽车销量达125.6万辆，占汽车销售总量的4.4%。美国玻璃纤维复合材料工业协会分析，全球汽车用复合材料市场预计2018年达到204万吨，随着玻纤复合材料轻量化领域的渗透率越来越高，将来会有更为广阔的发展空间。

②建筑领域

a.外墙屋面保温防水都离不开玻璃纤维

在各类外墙保温系统中，大量使用了玻璃纤维，如国外使用最广泛的聚苯乙烯、聚氨酯板，均添加玻璃纤维增强。该类保温材料安全可靠性高、节能效果明显持久、表面防渗抗裂效果好、利于环保、饰面做法多样化。目前，欧洲各国的玻纤建筑防水材料已占建筑防水材料总量的45%~50%，美国则高达80%。除防水方面应用有扩大外，由湿法薄毡制成的涂层毡还被用作石膏板增强材料和贴面料。美国年用石膏板量为30亿平方米，涂层毡贴面石膏板的用量约占1/10；中国市场也极其庞大，目前公司已开始逐步供应国内最大石膏板生产企业。

b.玻纤增强水泥——克服水泥固有缺陷

玻璃纤维增强水泥（GRC）是以玻璃纤维为增强材料，水泥净浆或水泥砂浆为基体而形成的一种复合材料。以水泥为基体的建筑材料突出的特点是抗压强度高而抗弯、抗拉强度和抗冲击强度低。随着人们对玻璃纤维的深入研究开发，耐碱玻璃纤维的问世便产生了一种新型的克服水泥基体缺陷的玻璃纤维增强水泥材料，这种材料不仅可以提高水泥基的抗弯、抗拉强度，还可以提高其抗冲击强度。经过加速老化试验推测，GRC的安全使用寿命至少为50年。玻璃纤维增强水泥耐久性的解决为此种材料的广泛应用奠定了坚实的基础。

c.建筑建材领域

玻璃钢在建筑领域的应用有采光、卫生、装饰装修、给排水、采暖通风、围护土木、电气、工装器具等。另外，建筑补强和玻璃钢在桥梁上的应用成为新的关注点。玻璃钢的优势：一是重量轻。玻璃钢的比重一般介于1.4~2.2g/cm之间，约为钢铁的1/4左右，甚至比铝合金还轻，运输安装快捷方便，使建筑更加安全可靠。二是采光效果好、透光效果灵活多样。三是力学性能优良，其抗拉强度可达到500Mpa以上，达到或超过普通钢材的水平；再加上玻璃钢比重仅为钢材的1/4左右，所以玻璃钢制品的强度更高，甚至优于A3钢。四是耐腐蚀。玻璃钢建材产品可在酸、碱、盐、溶剂等绝大多数种类的腐蚀环境中使用。在不加维护的情况下，可使用50年以上。五是可设计性强，安装维护方便，对颜色形状结构都方便设计。

③轨道交通领域

轨道交通建设特别是高铁建设为玻璃纤维复合材料行业带来新的机遇。当前我国正处在轨道交通建设的繁荣时期。2018年，全国铁路固定资产投资完成8 028亿元，其中，国家铁路完成7 603亿元；新开工项目26个，新增投资规模3 382亿元；投产新线4 683千米，其中，高铁4 100千米。到2018年底，全国铁路营业里程达到13.1万千米以上，其中，高铁2.9万千米以上。2016年国家发布的《中长期铁路网规划》中计划到2020年我国高铁里程数将达到3万千米以上，到2025年中国高速铁路通车里程将达到3.8万千米以上。从建设进度来看，未来3年我国高铁新增里程将快速增长，2017年为低点，2018年开始快速增加，带动设备需求触底回升。预计到2020年，全国拥有轨道交通的城市将达到50个，在轨道交通方面的投资将达4万亿元。在高速铁路领域，复合材料正成为越来越重要的一类材料，除用作内部设备和装饰材料外，在承重结构上的应用也越来越广泛。用复合材料做成的构件，重量轻、强度高、刚性大，是一种理想的高速轨道交通用结构件。在轨道交通车辆中广泛应用复合材料，对减轻车厢重量，降低噪声、振动，提高安全性、舒适性，减少维修等均有重要作用。对于复合材料产业而言，这是一个薪新的、大有可为的应用领域。

④风电行业

全球风能理事会新闻显示，2018年全球风电新增装机容量合计51.3GW，其中陆上风电46.8GW，海上风电4.49GW。到2018年底，总装机容量达到591GW，同比增长9.6%。陆上风电总装机量增长9%，海上风电总装机量增长20%，达到23GW。预计2019—2023年，每年新增装机量达到55GW及以上，其中海上风电将实现全球性增长，并将在2022—2023年间达到7~8GW。2018年，我国实现新增风电装机23GW，其中陆上风电风电21.2GW，海上风电1.8GW，陆上、海上风电新增装机量均排在全球第一位，引领全球风电发展。近年来，我国风电装机不但保持高增速，而且更加注重协调和规划，并出台了有利于风电发展的行业政策和产业规划。2017年我国试行可再生能源绿色电力证书核发及自愿认购交易制度，并规划2020年风电年发电量确保达到4 200亿千瓦时，约占全国总发电量的6%，到2050年满足17%的电力需求。复合材料在风力发电领域的应用，主要是叶片和机舱罩。风力发电叶片占风力发电整个装置成本的15%~20%，全球每年约80亿欧元的市场容量。到2020年，国内在风力发电领域将投资3 500亿元，其中20%（即700亿元）左右的领域需要使用玻纤。

⑤管道、水利领域

玻璃纤维防腐性能良好，被广泛用于制造石油化工、地下水管道和容器，未来几年，美国、中国和中东将成为管道建设最为活跃的地区，将为玻璃纤维的应用带来增长推动力。美国拥有120万千米的管道，大多数都建于19世纪、20世纪30年代和二战后的几年，目前大部分都进入了更新时期。而一条200千米长、直径2米的玻纤复合材料输水管道的玻纤需求量超过7万吨。据此估算，未来美国管道领域的玻纤需求量非常可观。中东地区的土壤呈盐性，使玻璃钢成为耐腐蚀材料的最佳选择，广泛用于供水、输水、排水、灌溉、消防、发电厂、脱盐和石化厂、油气开采、地下汽油贮罐等多种用途。近年来，中东地区大部分国家政府都在兴建给水、排水等基础设施，需要大量的玻璃纤维增强材料，其玻璃纤维用量的增长率达10%以上。我国发展大规模海水淡化时机已经成熟，到2020年总投资高达560亿元。由于海水具有很强的腐蚀性，海水淡化工程将大量使用防腐玻璃钢管道、槽、罐等产品，玻璃钢，复合材料将产生巨大的市场需求。另一方面，随着中国石油企业“走出去”战略的实施，中国石油企业在海外的合作区块和油气产量不断增加，海外份额油田或合作区块的外输原油管道也得到了发展。随着中亚诸国和俄罗斯、缅甸、卡塔尔、伊朗、澳大利亚等境外油气资源的落实，未来几年将集中建设一批跨国管道，到2020年末全国长输油气管道总里程将超过15万千米。据此预计，我国管道建设将继续高速建设，带动玻璃纤维应用的进一步提升。

⑥环保领域

我国环保标准日趋严格，火力发电厂的烟气脱硫（FGD）系统对玻纤需求将有较大增长。据最新资讯，中国已在67%的燃煤发电厂中安装了FGD系统，已安装和订购FGD系统的总发电容量超过50万MW。烟气脱硫未来投资主要在亚洲，中国将成为FGD系统的最大市场，占到世界总量的40%以上。玻璃钢轻质、高强、设计灵活及突出的防腐性能等特点使其成为制造除尘脱硫装置的理想材料，同时由于其成本优势，玻璃钢正在逐步取代其他材料。预计未来20年内，中国燃煤电厂的脱硫容量将增长1倍以上，这必将为玻璃钢产品在FGD市场的应用开拓出广阔的市场。

2018年，是公司新五年战略规划的开局之年，也是实施以“国际化”为重点的第三次创业、启动以“智能制造”为核心的第四次创业的关键之年。面对复杂多变的国内外形势，公司坚持稳中求进的工作总基调，全面贯彻落实新的五年规划目标，坚定不移推进新“四化”战略，加快改革创新，统筹有序协调各项工作，发展总体平稳、稳中有好。2018年公司被中国上市公司协会评为“2017年度最受投资者尊重的上市公司”，全资子公司巨石集团荣获我国工业领域最高奖项“中国工业大奖”，“巨石智慧化全过程生产制造模式双创平台”入选国家工业和信息化部2018年制造业“双创”平台试点示范项目，成为中国玻纤行业首家入选企业。

2018年，公司主要工作开展情况如下：

第一，大力优化结构调整，产销两端同步发力。

充分发挥优势产能，全方位开展对标竞赛，全面优化生产工艺管控，从“人机料法环”五个方面狠抓开机率稳定提升工作，各地开机率保持高位稳定并屡创新高，生产效率节节攀升。积极主动调整客户结构、优化销售结构，高端产品比例不断提升；大力开拓增量市场和高端市场，加强战略客户、重大客户的合作与开发，全年开发新客户家数再创新高，市场份额进一步扩大。

第二，科学制定新的五年规划，工程建设五地联动。

制订了“制造智能化、产销全球化、管控精准化、发展和谐化”的新“四化”战略，为公司未来发展指明了方向、明确了路径。有序推进五地工程建设，九江生产基地三条老线顺利实施冷修改造，并新建年产12万吨生产线，中部地区完成35万吨产能布局；桐乡总部智能制造基地粗纱一期年产15万吨生产线和细纱一期年产6万吨生产线如期点火投产；成都生产基地退城进园，启动整厂搬迁，将在新址建设年产25万吨生产线；埃及生产基地配套项目依次竣工投产，20万吨生产基地宣告全面建成；美国项目进入冲刺阶段，点火在即。

第三，高度重视科技创新，智能制造引领转型。

E8配方市场认可度日益高涨，扩量潜力巨大，高模量E9配方完成实验室阶段配方确认，玻璃配方体系朝着更高强度和模量、更低成本、更绿色环保、更安全保障的方向不断完善，为新领域、新市场拓展和提质降本增效提供持续性的支撑和引领。桐乡总部智能制造基地以“两化深度融合”和智慧工厂建设为基础，高标准设计、高质量建设、高效率推进，结构、成本、技术、效益上再上新台阶。

第四，扎实推进精细管理，提质降本多措并举。

深入实施卓越绩效管理模式，提升核心管理水平，实现管理出效率、管理出效益。系统推进全面质量管理，不断完善质量考核体系，推动提升工作质量和产品质量。切实加强全面风险管理，做好顶层设计，强化集中管控，不断完善和优化体制科学、机制灵活、权责明确的管控体系，梳理好集权、分权与授权管理，提高管理效率和反应速度，不断推进扁平化管理。

近3年主要会计数据和财务指标（见表11-7、表11-8）。

表11-7　**近3年主要会计数据**　单位：人民币元

主要会计数据	2018年	2017年	本期比上年同期增减（%）	2016年
营业收入	10 032 423 279.18	8 651 549 179.12	15.96	7 446 333 673.92
归属于上市公司股东的净利润	2 373 978 329.74	2 149 849 386.80	10.43	1 521 035 120.66
归属于上市公司股东的扣除非经常性损益的净利润	2 395 708 888.36	2 091 370 308.49	14.55	1 462 282 813.98
经营活动产生的现金流量净额	3 862 006 789.83	3 811 470 323.38	1.33	3 169 081 426.53
	2018年末	2017年末	本期末比上年同期末增减（%）	2016年末
归属于上市公司股东的净资产	14 238 244 360.67	12 448 657 302.83	14.38	10 966 248 455.23
总资产	30 370 459 577.44	24 791 808 201.34	22.50	23 932 068 085.14

表11-8 近3年主要财务指标

主要财务指标	2018年	2017年	本期比上年同期增减（%）	2016年
基本每股收益（元/股）	0.6778	0.6138	10.43	0.5212
稀释每股收益（元/股）	0.6778	0.6138	10.43	0.5212
扣除非经常性损益后的基本每股收益（元/股）	0.6840	0.5971	14.55	0.5010
加权平均净资产收益率（%）	17.97	18.38	减少0.41个百分点	14.84
扣除非经常性损益后的加权平均净资产收益率（%）	18.14	17.88	增加0.26个百分点	14.27

注：公司2017年度资本公积金转增股本方案已于2018年5月17日实施完毕，以公司2017年12月31日总股本2 918 589 041股为基数，以资本公积金向全体股东每10股转增2股，合计转增583 717 808股，转增后公司总股本变更为3 502 306 849股。上表中对上年同期每股收益按照公司最新总股本3 502 306 849股进行重述。

要求：

1.使用SWOT方法对中国巨石内外部环境进行简要分析。

2.评价中国巨石近年来的经营和财务情况。

3.在调查研究和广泛收集相关资料的基础上，判断中国巨石的股票价值。

实训K004 贵州茅台和五粮液的股利分配比较案例

一、实训名称和性质（见表11-9）

表11-9 实训名称和性质

实训名称	贵州茅台和五粮液的股利分配比较案例
面向专业或课程	财务管理专业“财务管理专业实习技能训练”课程
实训学时分配	4
实训性质	□调查 ☑案例 □软件模拟
必做/选做	☑必做 □选做

二、实训目的和要求

“财务管理专业实习技能训练”是一门实践性很强的学科，因此，在本课程内容中进行实训等实践性教学是课程必不可少的重要环节。通过本实训，旨在使学生巩固、应用所学理论，理解股利分配决策的方法。

三、知识准备

（一）前期要求掌握的知识、相关理论

熟练掌握企业利润分配的一般财务管理知识，而且要求学生事先搜集贵州茅台、五粮液等相关上市公司的资料，掌握好与本课程相关的会计学、管理学、金融学等相关经济法律等知识。

（二）参考书目

1.财政部会计资格评价中心．财务管理［M］．北京：经济科学出版社，2020.

2.中国注册会计师协会．财务成本管理［M］．北京：中国财政经济出版社，2020.

3.上市公司年报。

四、实训组织和安排

本案例是对公司股利分配等知识体系的检查和整合。

要求学生一人一组，实验分析前认真准备，写作报告和讨论中积极思考，完成后认真总结提高，并按要求上交案例分析报告及相关材料。

五、注意事项

贵州茅台和五粮液同属于酒类上市公司的代表，但公司股利分配决策需综合考虑各种因素，分析时应考虑相关公司的特殊性。同时学生应充分发挥主观能动性，不要局限于所提供资料范围进行分析判断。

六、实训结果提交方式

实训项目应按照要求写出规范的实训报告。每个实训项目的实训报告应填明课程名称、实训项目名称、班级、姓名、学号，根据实训项目具体内容不同，分别写明每个实训项目的实训目的、实训原理和步骤、实训内容及数据、实训结论、收获建议等。

七、实训考核方式和标准

参见"财务管理专业实习技能训练"课程实验（实训）报告评分标准。

八、实训材料

贵州茅台和五粮液的股利分配比较案例

贵州茅台酒股份有限公司（600519）是由中国贵州茅台酒厂有限责任公司、贵州茅台酒厂技术开发公司、贵州省轻纺集体工业联社、深圳清华大学研究院、中国食品发酵工业研究所、北京糖业烟酒公司、江苏省糖烟酒总公司、上海捷强烟草糖酒（集团）有限公司等八家公司共同发起，并经过贵州省人民政府黔府函字（1999）291号文件批准设立的股份有限公司，注册资本为一亿八千五百万元。经中国证监会证监发行字〔2001〕41号文核准并按照财政部企〔2001〕56号文件的批复，公司于2001年7月31日在上海证券交易所公开发行7 150万股（其中，国有股存量发行650万股）A股股票，公司股本总额增至25 000万股。

公司主导产品"贵州茅台酒"是世界三大蒸馏名酒之一，也是集国家地理标志产品、有机食品和国家非物质文化遗产于一身的白酒品牌。作为全国白酒行业领军企业，公司2018年呈现出经济指标持续向好、发展效益持续提高、市场布局持续完善、品牌表现更加突出的特点，在国内外的品牌影响力稳定提高。

从指标看，2018年报告期内公司完成茅台酒及系列酒基酒产量7.02万吨、同比增长10.08%，其中茅台酒基酒产量4.97万吨、同比增长15.98%；系列酒基酒产量2.05万吨、同比降低1.98%；实现营业收入736.39亿元，同比增长26.49%；实现营业利润513.43亿元，同比增长31.85%；实现归属于母公司所有者的净利润352.04亿元，同比增长30.00%。具体见表11-10。

表 11-10　**贵州茅台2017—2018年主要会计数据**　金额单位：元

主要会计数据	2018年	2017年	本期比上年同期增减（%）
营业收入	73 638 872 388.03	58 217 861 314.17	26.49
归属于上市公司股东的净利润	35 203 625 263.22	27 079 360 255.74	30.00
归属于上市公司股东的扣除非经常性损益的净利润	35 585 443 648.60	27 224 083 628.17	30.71
经营活动产生的现金流量净额	41 385 234 406.72	22 153 036 084.13	86.82

从市场看，公司着力提高供给体系的质量，深入推进营销转型升级，取消茅台酒价格"双轨制"，全力"控价稳市"，市场反应总体平静、符合预期；扎实推进年度"文化建设暨服务提升"主题活动，文化建设迈出坚实步伐，服务水平显著提高，市场认可度、消费者满意度明显提升；坚持建网络、抓陈列、搞品鉴，酱香系列酒发展再上新台阶，成为"双轮驱动"的有力支撑。

从长远看，公司把抓品质、树品牌、做文化作为长期性、战略性任务，着力塑造良好口碑，打造企业形象，不断夯实行稳致远的基础和环境。茅台酒和系列酒产能"双扩建"工程、"智慧茅台"等重大项目在顺利推进，公司发展基础更实，后劲更足，综合实力进一步提升。

新的一年，公司将继续坚持稳中求进工作总基调和高质量发展新理念，围绕生产、营销、管理等重点工作，采取有力有效措施，着力稳生产、稳市场、稳效益，扎实推进年度经营计划，全力把实业做实，推动公司发展再上新台阶。

贵州茅台从上市至2009年已有19年历史，19年中的股利分配情况见表11-11。

表 11-11　**贵州茅台上市以来的股利分配情况表**

分红			
分红年度	分红方案（每10股）		
	送股（股）	转增（股）	派息（税前）（元）
2018年			145.39
2017年			109.99
2016年			67.87
2015年			61.71
2014年			43.74
2013年			43.74
2012年			64.19
2011年			39.97
2010年			23.00
2009年			11.85
2008年			11.56
2007年			8.36
2006年			7
2005年		10	3
2004年		2	5
2003年		3	3
2002年	1		2
2001年		1	6

宜宾五粮液股份有限公司（000858）是1997年8月19日经四川省人民政府批准，由四川省宜宾五粮液酒厂独家发起，采取募集方式设立的股份有限公司。主要从事“五粮液”及其系列白酒的生产和销售，注册资本379 596.672万元。公司于1998年3月27日在深圳证券交易所上网定价发行人民币普通股8 000万股。

五粮液酒的直接前身是明朝宜宾“温德丰”糟坊所酿的“杂粮酒”，在晚清，“杂粮酒”正式命名为五粮液，它的成功秘诀首推经不断完善沿用至今的“温德丰”糟坊第一代老板陈氏创造的“陈氏秘方”，使得五粮液酒具有香气、悠久、味醇厚、入口甘美、人喉净爽、各味调谐、恰到好处、酒味全面的独特风格，成为我国浓香型曲酒的典型代表。

2018年，我国经济由“高速增长阶段”向“高质量发展阶段”转变。面对复杂严峻的宏观经济形势，公司继续保持了稳中有进的发展态势，生产经营实现了新的发展。

（一）持续创新发展模式，公司主要经营指标实现跨越式发展（见表11-12）

表11-12　五粮液2017—2018年主要会计数据　单位：元

项目	2018年	2017年	同比增减
营业总收入	40 030 189 599.87	30 186 780 409.14	32.61%
营业成本	10 486 782 934.27	8 450 087 271.36	24.10%
归属于上市公司的净利润	13 384 246 683.60	9 673 721 498.15	38.36%
销售费用	3 778 433 675.01	3 625 397 914.06	4.22%
管理费用	2 340 498 705.44	2 191 184 283.19	6.81%
经营活动产生的现金流量净额	12 317 359 034.90	9 766 175 822.66	26.12%

（二）强化过程管理，提质增效成效明显

报告期内，公司在坚持产品标准的同时，主要通过优化管理平台、强化过程管理、提升专业认知、加强内部挖潜等途径来提升核心产品的产量、提质增效成效显著。

（三）持续完善产品体系，不断提升市场竞争力

报告期内，五粮液“1+3”产品体系得到进一步确立和完善，市场竞争力得到进一步提升。公司对“普五”精益求精的包装升级按计划推进；开发了高端窖池系列产品，重塑高端白酒价值体系。

（四）以数字化转型为改革切入点，不断推进公司全方位改革创新

报告期内，公司确定了数字化转型战略，完成五粮液整体数字化转型蓝图规划；在管理流程咨询基础上，开展营销前、中、后台数字化系统建设；启动五粮液产品全生命周期溯源项目；中国酒业大数据中心挂牌成立，开展中国酒业生态、营销和生产三个方面大数据建设；在中酒协的指导下，提出了酒业诚信体系建设方案；百城千县万店的渠道终端建设取得新进展；在四川省国有控股企业中率先成功实施员工持股计划，在高端

白酒上市公司和四川省国有控股上市公司混合所有制改革方面具有标志性和示范性作用。

2018年，公司科技创新成果丰硕，新获授权专利197项，获省市科技进步奖9项；国家级酒类检测公共平台—国家白酒产品质量监督检验中心顺利通过现场审核，落户五粮液工业园区；“全国浓香型白酒酿造及酒类包装产业知名品牌创建示范区”顺利通过专家评审；“五粮液窖池群及酿酒作坊”荣获国家工业遗产称号。

（五）有力推进各项重大项目建设，为公司实现可持续健康发展奠定坚实基础

报告期内，公司有力推进各项重大项目建设，列入省市重点项目计划的园区上游岷江生态修复项目已进场施工；五粮液园区废水治理生态湿地工程竣工投产，排水指标能提前满足《四川省岷江、沱江流域水污染物排放标准》；不锈钢酒库技改项目、陶坛陈酿酒库工程、成品酒包装及智能仓储配送一体化项目、勾储酒库技改一期项目、酿酒技改一期项目均按计划推进。

（六）持续高度重视安全生产，“平安五粮液”“和谐五粮液”建设卓有成效

报告期内，公司未发生重伤及以上生产安全事故，重大经济损失和职业病零发生，连续34年无火灾事故。2018年五粮液专职消防队荣获中华全国总工会颁发的“全国工人先锋号”称号。实现“三废”100%达标排放，全年轻微及以上环境污染事故为零，荣获工信部颁发的“绿色工厂”称号，顺利通过中央环保督察“回头看”。

（七）以五大工程为抓手，全面加强党的建设和党风廉政建设

报告期内，公司严格落实国企党建39项重点任务，推进党员技术攻关、创先争优等活动长效化、常态化，创新实施“固本、铸魂、聚智、融心、正风”五大工程；深入开展“大学习、大讨论、大调研”活动；每月开设“五粮液大讲堂”，着力推进思想观念转变；五粮液党建文化中心正式落成，党建文化体系初步形成。

（八）进一步强化投资者关系管理，获得业界一致肯定

报告期内，公司一如既往规范运作，依法合规地进行信息披露，强化投资者关系管理，获得监管部门及广大投资者的一致认可。公司连续4年荣获深圳证券交易所信息披露考核最高等级A级，并在报告期内获得中国上市公司协会“2017年最受投资者尊重的上市公司”、中国证券报“最具投资价值奖”、第十八届中国上市公司百强高峰论坛“中国百强企业奖”、证券日报“最佳董事会”、每日经济新闻“中国酒业最受尊敬上市公司奖”“最具社会责任上市公司奖”、《董事会》杂志社“金圆桌奖”之“最佳董事会”等多项殊荣。

五粮液从上市至2009年已有22年历史，22年中的股利分配情况见表11-13，其中2000年配股情况表见表11-14。

要求：

1.送股和转赠股有何区别？

2.贵州茅台每10股派息额从2014年的43.74元上升到2018年的145.39元，市场将如何反应？这一信息传递可靠吗？

3.对比贵州茅台和五粮液从上市至今的股利分配情况，你认为两家公司的股利分配各有什么特点？

4.你对贵州茅台和五粮液历年的股利政策有何评价？

表 11-13 五粮液上市以来的股利分配情况表

分红年度	分红方案（每10股）		
	送股（股）	转增（股）	派息（税前）（元）
2018年			17.00
2017年			13.00
2016年			9.00
2015年			8.00
2014年			6.00
2013年			7.00
2012年			8.00
2011年			5.00
2010年			3.00
2009年			1.50
2008年			0.50
2007年			—
2006年	4		0. 6
2005年			1.00
2004年			—
2003年	8.00	2.00	2.00
2002年		2.00	
2001年	1.00	2.00	0.25
2001年（中期）	4.00	3.00	1.00
2000年			—
1999年			—
1999年（中期）		5.00	
1998年			12.50

表 11-14 五粮液2000年配股情况表

配股									
公告日期	配股方案（每10股配股数）	配股价格（元）	基准股本（万股）	除权日	股权登记日	缴款起始日	缴款终止日	配股上市日	募集资金合计（元）
2001-03-21	2.00	25	48 000	2001-02-19	2001-02-16	2001-02-20	2001-03-05	2001-03-23	780 000 000

实训K005 格力电器与美的集团年度财务报告分析案例

一、实训名称和性质（见表11-15）

表11-15 实训名称和性质

实训名称	格力电器与美的集团年度财务报告分析案例
面向专业或课程	财务管理专业“财务管理专业实习技能训练”课程
实训学时分配	4
实训性质	□调查 ☑案例 □软件模拟
必做/选做	☑必做 □选做

二、实训目的和要求

“财务管理专业实习技能训练”是一门实践性很强的学科，因此，在本课程内容中进行实训等实践性教学是课程必不可少的重要环节。通过本实训，旨在使学生巩固、应用所学理论，掌握年度财务报告分析的基本方法。

三、知识准备

（一）前期要求掌握的知识、相关理论

熟练掌握企业财务分析的一般财务管理知识，而且要求学生事先搜集格力电器与美的集团相关的资料，掌握好与本课程相关的财务、会计、证券等相关经济法律等知识。

（二）参考书目

1.财政部会计资格评价中心. 财务管理［M］. 经济科学出版社，2020.

2.中国注册会计师协会. 财务成本管理［M］. 中国财政经济出版社，2020.

3.上市公司年报。

四、实训组织和安排

本案例是对公司财务分析等相关知识体系的检查和整合。要求学生一人一组，实验分析前认真准备，写作报告和讨论中积极思考，完成后认真总结提高，并按要求提交案例分析报告及相关材料。

五、注意事项

随着内外部环境的变化，格力电器与美的集团的财务状况、经营成果、现金流量状况会发生很大变化，因此，分析时应关注两家公司当时面临的环境和近几年环境变化对其财务状况和经营成果的影响。

六、实训结果提交方式

实训项目应按照要求写出规范的实训报告。每个实训项目的实训报告应填明课程名称、实训项目名称、班级、姓名、学号，根据实训项目具体内容不同，分别写明每个实训项目的实训目的、实训原理和步骤、实训内容及数据、实训结论、收获建议等。

七、实训考核方式和标准

参见“财务管理专业实习技能训练”课程实验（实训）报告评分标准。

八、实训材料

格力电器与美的集团年度财务报告分析案例

（一）格力电器

公司名称：珠海格力电器股份有限公司。

证券简称：格力电器（000651）。

上市地点：深圳证券交易所。

上市日期：1996.11.18。

行业类别：电气机械及器材制造业。

主营业务：生产销售空调器、自营空调器出口业务及相关零配件的进出口业务。

格力电器是一家多元化、科技型的全球工业集团，拥有格力、TOSOT、晶弘三大品牌，产业覆盖空调、生活电器、高端装备、通信设备等四大领域，即以家用空调、商用空调、冷冻冷藏设备、核电空调、轨道交通空调、光伏空调等为主的空调领域；以智能装备、数控机床、精密模具、机器人、精密铸造设备等为主的高端装备领域；以厨房电器、健康家电、环境家电、洗衣机、冰箱等为主的生活电器；以物联网设备、手机、芯片、大数据等为主的通信设备领域。格力产品远销160多个国家和地区，仅空调领域已累计为全球超过4亿用户服务。格力电器始终坚持“以消费者的需求为最高标准”，始终把自主创新作为最根本和最持久的动力，坚持自主研发、自主生产、自主营销和自主培养人才，掌控了从上游压缩机、电机等零部件研发生产到下游废弃产品回收利用的全产业链。

据2018年《福布斯》发布的“全球上市公司2000强”名单，格力电器位列294名，较2017年上升70位；据《财富》（中文版）和光辉国际联合发布的“2018年度最受赞赏的中国公司”榜单，格力电器位列总榜单第二名，居家电行业之首；据《福布斯》发布的“2018年全球最佳雇主”榜单，格力电器入围全球百强，排名第88位，在进入榜单的中国企业中位列第六；格力电器再次获得“CCTV十佳上市公司”殊荣。据2018年全球知名经济类媒体日本经济新闻数据，格力电器以21.9%的全球市场占有率位列家用空调领域榜首，超第二名7个百分点；据产业在线数据，格力家用空调产销量自1995年起连续24年位居中国空调行业第一，自2005年起连续14年领跑全球；据业内权威专业媒体《暖通空调资讯》数据，格力电器连续7年蝉联国内中央空调市场第一。

2018年，格力继续向更具竞争力的多元化、科技型的全球工业集团迈进，逐步完善空调、生活电器、高端装备和通信设备为主要支柱的四大业务领域。聚焦用户与产品，加大研发投入，坚持质量创新，推进转型升级，优化市场渠道并加快海外市场布局，实现营业总收入2 000.24亿元，同比增长33.33%；实现归母净利润262.03亿元，同比增长16.97%。

格力电器合并报表见表11-16、表11-17、表11-18、表11-19。

表 11-16 **格力电器合并资产负债表（资产）**

编制单位：珠海格力电器股份有限公司 单位：人民币千元

资产	2018年12月31日	2017年12月31日
流动资产：		
货币资金	113 079 030	99 610 976
结算备付金		
拆出资金		
以公允价值计量且其变动计入当期损益的金融资产	1 012 470	602 045
衍生金融资产	170 216	481 055
应收票据及应收账款	43 611 226	38 070 905
其中：应收票据	35 911 567	32 256 413
应收账款	7 699 658	5 814 491
预付款项	2 161 876	3 717 874
应收保费		
应收分保账款		
应收分保合同准备金		
其他应收款	2 553 689	2 161 072
其中：应收利息	2 257 098	1 889 248
应收股利		
买入返售金融资产		
存货	20 011 518	16 568 347
持有待售资产		
一年内到期的非流动资产		
其他流动资产	17 110 921	10 341 912
流动资产合计	199 710 948	171 554 189
非流动资产：		
发放贷款及垫款	9 071 332	6 673 429
可供出售金融资产	2 216 195	2 174 941
持有至到期投资		
长期应收款		
长期股权投资	2 250 732	110 391
投资性房地产	537 589	516 630
固定资产	18 385 761	17 482 114
在建工程	1 663 938	1 020 709
生产性生物资产		
油气资产		
无形资产	5 204 500	3 604 467
开发支出		
商誉	51 804	
长期待摊费用	4 237	2 208
递延所得税资产	11 349 573	10 838 697
其他非流动资产	787 542	1 010 128
非流动资产合计	51 523 208	43 433 717
资产总计	251 234 157	214 987 907

表 11-17 **格力电器合并资产负债表（负债及所有者权益）**

编制单位：珠海格力电器股份有限公司 单位：人民币千元

负债和所有者权益	2018年12月31日	2017年12月31日
流动负债：		
短期借款	22 067 750	18 646 095
向中央银行借款	0.00	0.00
吸收存款及同业存放	315 879	266 944
拆入资金	0.00	0.00
以公允价值计量且其变动计入当期损益的金融负债	0.00	0.00
衍生金融负债	257 364	615 777
应付票据及应付账款	49 822 799	44 319 815
预收款项	9 792 041	14 143 038
卖出回购金融资产款	0.00	0.00
应付手续费及佣金	0.00	0.00
应付职工薪酬	2 473 204	1 876 728
应交税费	4 848 347	3 908 873
其他应付款	4 747 139	2 801 294
其中：应付利息	133 746	196 103
应付股利	707	707
应付分保账款	0.00	0.00
保险合同准备金	0.00	0.00
代理买卖证券款	0.00	0.00
代理承销证券款	0.00	0.00
持有待售负债	0.00	0.00
一年内到期的非流动负债	0.00	0.00
其他流动负债	63 361 598	60 912 220
流动负债合计	157 686 125	147 490 788
非流动负债：		
长期借款	0.00	0.00

续表

负债和所有者权益	2018年12月31日	2017年12月31日
应付债券	0.00	0.00
其中：优先股	0.00	0.00
永续债	0.00	0.00
长期应付款	0.00	0.00
长期应付职工薪酬	130 840	112 708
预计负债	0.00	0.00
递延收益	166 293	126 215
递延所得税负债	536 185	403 487
其他非流动负债	0.00	0.00
非流动负债合计	833 319	642 412
负债合计	158 519 445	148 133 201
所有者权益：		
股本	6 015 730	6 015 730
其他权益工具	0.00	0.00
其中：优先股	0.00	0.00
永续债	0.00	0.00
资本公积	93 379	124 880
减：库存股	0.00	0.00
其他综合收益	-550 806	-91 700
专项储备	0.00	0.00
盈余公积	3 499 671	3 499 671
一般风险准备	329 417	327 347
未分配利润	81 939 701	55 738 983
归属于母公司所有者权益合计	91 327 095	65 614 913
少数股东权益	1 387 616	1 239 791
所有者权益合计	92 714 711	66 854 705
负债和所有者权益总计	251 234 157	214 987 907

表 11-18 **格力电器合并利润表**

编制单位：珠海格力电器股份有限公司 单位：人民币千元

项目	2018年度	2017年度
一、营业总收入	200 023 997	150 019 551
其中：营业收入	198 123 177	148 286 450
利息收入	1 899 287	1 731 806
已赚保费		
手续费及佣金收入	1 532	1 295
二、营业总成本	169 589 329	124 700 268
其中：营业成本	138 234 167	99 562 912
利息支出	45 341	195 890
手续费及佣金支出	657	489
退保金		
赔付支出净额		
提取保险合同准备金净额		
保单红利支出		
分保费用		
税金及附加	1 741 892	1 513 035
销售费用	18 899 578	16 660 268
管理费用	4 365 850	2 454 003
研发费用	6 988 368	3 617 601
财务费用	–948 201	431 279
其中：利息费用	1 068 308	818 839
利息收入	2 384 486	2 204 841
资产减值损失	261 674	264 786
加：其他收益	408 553	401 584
投资收益（损失以“–”号填列）	106 768	396 648
其中：对联营企业和合营企业的投资收益	560	6 487
汇兑收益（损失以“–”号填列）		
加：公允价值变动收益（损失以“–”号填列）	46 257	9 212
资产处置收益（损失以“–”号填列）	636	–1 022
三、营业利润（亏损以“–”号填列）	30 996 884	26 125 705

续表

项目	2018年度	2017年度
加：营业外收入	317 857	510 563
减：营业外支出	41 234	20 540
四、利润总额（亏损总额以“-”号填列）	31 273 507	26 615 728
减：所得税费用	4 894 477	4 108 221
五、净利润（净亏损以“-”号填列）	26 379 029	22 507 506
（一）按经营持续性分类		
1.持续经营净利润（净亏损以“-”号填列）	26 379 101	22 507 553
2.终止经营净利润（净亏损以“-”号填列）	-71	-46
（二）按所有权归属分类		
1.归属于母公司所有者的净利润	26 202 787	22 400 484
2.少数股东损益	176 242	107 022
六、其他综合收益的税后净额	-457 274	125 720
归属于母公司所有者的其他综合收益的税后净额	-459 105	129 077
（一）不能重分类进损益的其他综合收益	-16 491	6 602
1.重新计量设定受益计划变动额	-16 491	6 602
2.权益法下不能转损益的其他综合收益		
（二）将重分类进损益的其他综合收益	-442 613	122 474
1.权益法下可转损益的其他综合收益	187	-9
2.可供出售金融资产公允价值变动损益	-519 311	155 095
3.持有至到期投资重分类为可供出售金融资产损益		
4.现金流量套期损益的有效部分	-17 863	4 704
5.外币财务报表折算差额	94 374	-37 316
6.其他		
归属于少数股东的其他综合收益的税后净额	1 831	-3 357
七、综合收益总额	25 921 755	22 633 227
归属于母公司所有者的综合收益总额	25 743 682	22 529 561
归属于少数股东的综合收益总额	178 073	103 665
八、每股收益：		
（一）基本每股收益	0.00436	0.00372
（二）稀释每股收益	0.00436	0.00372

本期发生同一控制下企业合并的被合并方在合并前实现的净利润为184 503.98元，上期被合并方实现的净利润为-1 092 203.68元。

表11-19　**格力电器合并现金流量表**

编制单位：珠海格力电器股份有限公司　单位：人民币千元

项目	2018年度	2017年度
一、经营活动产生的现金流量：		
销售商品、提供劳务收到的现金	135 029 126	107 599 120
客户存款和同业存放款项净增加额	48 934	121 702
向中央银行借款净增加额		-4 274
向其他金融机构拆入资金净增加额		—
收到原保险合同保费取得的现金		—
收到再保险业务现金净额		—
保户储金及投资款净增加额		—
处置以公允价值计量且其变动计入当期损益的金融资产净增加额		—
收取利息、手续费及佣金的现金	1 208 127	1 587 554
拆入资金净增加额		—
回购业务资金净增加额		—
收到的税费返还	2 356 588	1 657 283
收到其他与经营活动有关的现金	7 566 986	2 699 894
经营活动现金流入小计	146 209 763	113 661 281
购买商品、接受劳务支付的现金	78 045 526	58 365 165
客户贷款及垫款净增加额	2 343 375	2 023 785
存放中央银行和同业款项净增加额	104 458	237 451
支付原保险合同赔付款项的现金		—
支付利息、手续费及佣金的现金	31 566	184 827
支付保单红利的现金		—
支付给职工以及为职工支付的现金	8 575 412	7 685 286
支付的各项税费	15 141 797	13 196 771
支付其他与经营活动有关的现金	15 026 834	15 629 910
经营活动现金流出小计	119 268 972	97 323 198
经营活动产生的现金流量净额	26 940 791	16 338 082

续表

项 目	2018年度	2017年度
二、投资活动产生的现金流量：		
收回投资收到的现金	6 710 785	3 403 888
取得投资收益收到的现金	579 489	152 095
处置固定资产、无形资产和其他长期资产收回的现金净额	6 302	3 549
处置子公司及其他营业单位收到的现金净额		—
收到其他与投资活动有关的现金	2 652 398	443 244
投资活动现金流入小计	9 948 975	4 002 778
购建固定资产、无形资产和其他长期资产支付的现金	3 837 549	2 424 806
投资支付的现金	15 477 712	12 419 732
质押贷款净增加额		—
取得子公司及其他营业单位支付的现金净额	1 029 686	—
支付其他与投资活动有关的现金	11 449 793	51 411 697
投资活动现金流出小计	31 794 741	66 256 236
投资活动产生的现金流量净额	−21 845 765	−62 253 457
三、筹资活动产生的现金流量：		
吸收投资收到的现金		111 490
其中：子公司吸收少数股东投资收到的现金		111 490
取得借款收到的现金	27 633 970	21 610 162
发行债券收到的现金		—
收到其他与筹资活动有关的现金	5 110	160 275
筹资活动现金流入小计	27 639 080	21 881 927
偿还债务支付的现金	24 227 160	13 008 985
分配股利、利润或偿付利息支付的现金	862 910	11 121 283
其中：子公司支付给少数股东的股利、利润		—
支付其他与筹资活动有关的现金	35 162	—
筹资活动现金流出小计	25 125 234	24 130 268
筹资活动产生的现金流量净额	2 513 846	−2 248 341
四、汇率变动对现金的影响	−196 368	−1 798 027
五、现金及现金等价物净增加额	7 412 504	−49 961 743
加：期初现金及现金等价物余额	21 359 616	71 321 360
六、期末现金及现金等价物余额	28 772 120	21 359 616

（二）美的集团

公司名称：美的集团股份有限公司。

证券简称：美的集团（000333）。

上市地点：深圳证券交易所。

上市日期：2013.09.18。

行业类别：家电制造业。

主营业务：以家电产业为主，涉足电机、物流等领域，旗下分为四大业务板块，分别为大家电、小家电、电机及物流。

美的是一家消费电器、暖通空调、机器人与自动化系统、智能供应链（物流）的科技集团，提供多元化的产品种类与服务，包括以厨房家电、冰箱、洗衣机及各类小家电为核心的消费电器业务；以家用空调、中央空调、供暖及通风系统为核心的暖通空调业务；以库卡集团、美的机器人公司等为核心的机器人及自动化系统业务；以安得智联为集成解决方案服务平台的智能供应链业务。美的以“科技尽善，生活尽美”为企业愿景，将“联动人与万物，启迪美的世界”作为使命，恪守“敢知未来——志存高远、务实奋进、包容共协、变革创新”的价值观，整合全球资源，推动技术创新，每年为全球超过3亿用户及各领域的重要客户与战略合作伙伴提供满意的产品和服务，致力创造美好生活。美的是一家全球运营的公司，美的业务与客户已遍及全球。迄今，美的海外生产基地遍布15个国家，海外员工约33 000人，全球设立销售运营机构24个，业务涉及200多个国家和地区，结算货币达22种，同时美的为全球领先机器人智能自动化公司德国库卡集团最主要股东（约占95%）。

美的获取标普、惠誉、穆迪三大国际信用评级，评级结果在全球同行以及国内民营企业中均处于领先地位。2018年的《财富》世界500强榜单中，美的排名第323位，大幅跃升127位，《财富》中国500强榜单中，美的排名第32位，位列中国家电行业第一名；《福布斯全球上市公司2000强》榜单，美的位列245名，排名提升90位；据“BrandZ™2018最具价值中国品牌100强”排行榜，美的在众多品牌中排行第26位，品牌价值上涨40%，领先国内科技家电品牌；据英国品牌评估机构Brand Finance发布的2018年全球最具价值品牌500强榜单，美的位列138名，“全球100个最有价值的科技品牌榜”，美的位列第41位，领先国内同行业其他品牌；在第二个“中国品牌日”，美的入选《人民日报》评选的“最受欢迎中国品牌榜”；波士顿咨询公司（BCG）发布2018年“全球挑战者”100强榜单，美的成为当年新上榜的7家中国公司之一。

2018年，面对错综复杂的国内外政治经济环境，公司坚持“产品领先、效率驱动、全球经营”三大战略主轴，聚焦产品力提升，推动精益管理与全价值链卓越运营，把握行业消费升级趋势，持续优化产品结构，以内生式增长，构建面向未来的可持续竞争能力。公司整体经营目标顺利完成，盈利能力稳固提升，自有资金、渠道库存等各项指标持续向好，产品品质与口碑持续改善，公司全品类及全球协同的市场竞争优势进一步稳固。2018年，公司营业总收入2 618.20亿元，同比增长8.23%；实现归属于母公司的净利润202.31亿元，同比增长17.05%。

下面是美的集团2018年度的资产负债表、利润表和现金流量表，见表11-20、表11-21、表11-22。

表11-20　　美的集团合并资产负债表

2018年12月31日（除特别注明外，金额单位为人民币千元）

资产	2018年12月31日	2017年12月31日
流动资产		
货币资金	27 888 280	48 274 200
衍生金融资产	220 197	353 327
应收票据及应收账款	31 946 468	28 382 943
预付款项	2 215 888	1 672 248
发放贷款和垫款	11 328 392	12 178 953
其他应收款	2 971 368	2 809 998
存货	29 645 018	29 444 166
其他流动资产	76 473 827	46 694 841
流动资产合计	182 689 438	169 810 676
非流动资产		
可供出售金融资产	1 906 878	183 1051
长期应收款	34 815	362 248
长期股权投资	2 713 316	2 633 698
投资性房地产	391 765	420 802
固定资产	22 437 212	22 600 724
在建工程	2 077 621	879 576
无形资产	16 186 675	15 167 036
商誉	29 100 390	28 903 785
长期待摊费用	1 191 373	859 106
递延所得税资产	4 421 313	4 023 334
其他非流动资产	550 352	614 822
非流动资产合计	81 011 710	78 296 182
资产总计	263 701 148	248 106 858

续表

负债和股东权益	2018年12月31日	2017年12月31日
流动负债		
短期借款	870 390	2 584 102
向中央银行借款	99 754	—
吸收存款及同业存放	44 386	108 926
衍生金融负债	756 299	90 432
应付票据及应付账款	60 226 741	60 352 562
预收款项	16 781 666	17 409 063
应付职工薪酬	5 788 004	5 247 500
应交税费	3 875 298	3 544 154
其他应付款	3 346 129	3 360 523
一年内到期的非流动负债	7 122 712	136 605
其他流动负债	31 319 709	26 257 990
流动负债合计	130 231 088	119 091 857
非流动负债		
长期借款	32 091 439	32 986 325
应付债券	—	4 553 054
长期应付款	88 890	250 536
预计负债	268 887	330 736
递延收益	647 583	536 443
长期应付职工薪酬	2 480 318	2 465 854
递延所得税负债	4 422 074	3 972 823
其他非流动负债	1 016 352	994 059
非流动负债合计	41 015 543	46 089 830
负债合计	171 246 631	165 181 687
股东权益		
股本	6 663 031	6 561 053
资本公积	18 451 307	15 911 504
减：库存股	(4 918 427)	(366 842)
其他综合收益	(1 332 153)	(244 692)
一般风险准备	366 947	366 947
盈余公积	5 079 096	3 882 232
未分配利润	58 762 315	47 627 235
归属于母公司股东权益合计	83 072 116	73 737 437
少数股东权益	9 382 401	9 187 734
股东权益合计	92 454 517	82 925 171
负债和股东权益总计	263 701 148	248 106 858

表 11-21　**美的集团2018年度合并利润表**

（除特别注明外，金额单位为人民币千元）

项目	2018年度	2017年度
一、营业总收入	261 819 635	241 918 896
其中：营业收入	25 9664 820	240 712 301
利息收入	2 154 392	1 206 582
手续费及佣金收入	423	13
减：营业成本	（188 164 557）	（180 460 552）
利息支出	（189 490）	（250 925）
手续费及佣金支出	（3 214）	（2 717）
税金及附加	（1 617 566）	（1 416 428）
销售费用	（31 085 879）	（26 738 673）
管理费用	（9 571 639）	（7 510 102）
研发费用	（8 377 201）	（7 270 134）
财务收入/（费用）	1 823 040	（815 949）
其中：利息费用	（703 991）	（967 208）
利息收入	2 155 862	1 143 837
资产减值损失	（447 864）	（269 112）
加：其他收益	1 316 904	1 311 123
公允价值变动损失	（810 450）	（25 045）
投资收益	907 326	1 830 221
其中：对联营企业的投资收益	349 321	310 016
资产处置（损失）/收益	（34 934）	1 327 251
二、营业利润	25 564 111	21 627 854
加：营业外收入	434 756	467 204
减：营业外支出	（225 809）	（240 284）
三、利润总额	25 773 058	21 854 774
减：所得税费用	（4 122 639）	（3 243 584）

续表

项目	2018年度	2017年度
四、净利润	21 650 419	18 611 190
（一）按经营持续性分类		
持续经营净利润	21 650 419	18 611 190
终止经营净利润	—	—
（二）按所有权归属分类		
归属于母公司股东的净利润	20 230 779	17 283 689
少数股东损益	1 419 640	13 27 501
五、其他综合收益的税后净额	（1 215 825）	（310 628）
归属于母公司股东的其他综合收益的	（1 087 461）	（257 817）
（一）不能重分类进损益的其他综合	（1 023）	（31 132）
1.重新计量设定受益计划变动额	（1 023）	（31 132）
（二）将重分类进损益的其他综合收益	（1 086 438）	（226 685）
1.权益法下可转损益的其他综合收益	51 924	（36 017）
2.可供出售金融资产公允价值变动损	（489 228）	（240 597）
3.现金流量套期损益的有效部分	（424 417）	318 553
4.外币财务报表折算差额	（224 717）	（268 624）
归属于少数股东的其他综合收益的税	（128 364）	（52 811）
六、综合收益总额	20 434 594	18 300 562
归属于母公司股东的综合收益总额	19 143 318	17 025 872
归属于少数股东的综合收益总额	1291 276	1 274 690
七、每股收益		
基本每股收益（人民币元）	3.08	2.66
稀释每股收益（人民币元）	3.05	2.63

表 11-22 美的集团2018年度合并现金流量表

（除特别注明外，金额单位为人民币千元）

项目	2018年度	2017年度
一、经营活动产生的现金流量		
销售商品、提供劳务收到的现金	211 230 723	195 820 338
发放贷款及垫款净减少额	864 209	—
吸收存款和同业存放款项净增加额	—	72 218
存放中央银行款项净减少额	708 879	—
向中央银行借款净增加额	99 754	—
收取利息、手续费及佣金的现金	2 174 661	1 175 477
收到的税费返还	5 705 259	5 476 543
收到其他与经营活动有关的现金	5 558 221	4 771 036
经营活动现金流入小计	226 341 706	207 315 612
购买商品、接受劳务支付的现金	（127 367 813）	（116 508 042）
发放贷款及垫款净增加额	—	（1 933 348）
吸收存款和同业存放款项净减少额	（64 540）	—
存放中央银行款项净增加额	—	（1 158 040）
支付利息、手续费及佣金的现金	（198 761）	（253 650）
支付给职工以及为职工支付的现金	（24 709 578）	（22 740 541）
支付的各项税费	（13 739 262）	（11 139 448）
支付其他与经营活动有关的现金	（32 400 672）	（29 139 920）
经营活动现金流出小计	（198 480 626）	（182 872 989）
经营活动产生的现金流量净额	27 861 080	24 442 623
二、投资活动产生的现金流量		
收回投资收到的现金	65 711 622	85 127 382
取得投资收益所收到的现金	2 097 948	2 727 603
处置固定资产、无形资产和其他长期资产收回的现金净额	164 070	1 441 101
处置子公司及其他营业单位收到的现金净额	24 406	—
投资活动现金流入小计	67 998 046	89 296 086
购建固定资产、无形资产和其他长期资产支付的现金	（5 611 851）	（3 218 402）
投资支付的现金	（80 713 830）	（94 967 122）

续表

项目	2018年度	2017年度
取得子公司及其他营业单位支付的现金净额	(314 653)	(25 850 170)
投资活动现金流出小计	(86 640 334)	(124 035 694)
投资活动产生的现金流量净额	(18 642 288)	(34 739 608)
三、筹资活动产生的现金流量		
吸收投资收到的现金	2 713 366	1 668 205
其中：子公司吸收少数股东投资收到的现金	615 092	43 052
取得借款收到的现金	2 524 315	62 169 886
筹资活动现金流入小计	5 237 681	63 838 091
偿还债务支付的现金	(3 378 492)	(36 074 251)
分配股利、利润或偿付利息支付的现金	(9 303 222)	(7 908 056)
其中：子公司支付给少数股东的股利、利润	(815 998)	(815 164)
支付其他与筹资活动有关的现金	(5 943 131)	(204 139)
筹资活动现金流出小计	(18 624 845)	(44 186 446)
筹资活动产生的现金流量净额	(13 387 164)	19 651 645
四、汇率变动对现金及现金等价物的影响	289 001	(36 737)
五、现金及现金等价物净（减少）/增加额	(3 879 371)	9 317 923
加：年初现金及现金等价物余额	21 831 653	12 513 730
六、年末现金及现金等价物余额	17 952 282	21 831 653

要求：

1.根据年度报告的有关资料，对比计算并解释两个公司2017、2018年度反映偿债能力、营运能力、盈利能力的财务指标。

2.综合评价两个公司2018年度的财务状况和经营成果，并阐述应该从哪些方面及采用何种措施改善企业的财务状况。

3.运用杜邦分析法分析格力电器2017、2018年度净资产收益率变动情况及变动原因。

4.撰写一份2018年度格力电器的年度财务分析报告。

5.搜集与上述两家公司近年来相关的其他资料，对两家公司的经营和财务状况进行评价。你会选择哪一家公司进行投资，为什么？

附录

附录一　财务管理专业人才培养方案

一、培养目标

本专业培养德智体美全面发展，满足社会多元化需求，适应新时代市场经济高质量发展需要的，具备理想信念、人文精神、科学素养、诚信品质和创新意识，具有一定的“互联网+”思维，掌握必要的财务管理理论、知识及较强的应用操作技能，并具备现代经济、金融、管理、法律、会计等方面的知识和能力，基础扎实、知识面宽，具有较好发展潜质和较强学习能力、实践能力，能在各类企业（包括金融机构）等营利性组织和各种非营利性机构从事财务管理、会计（包括管理会计）、内部控制、审计等工作的应用型复合型高级专门人才。毕业后5年左右能独立承担起单位财会审各主要工作，成为单位经济管理骨干。

二、毕业要求

本专业学生主要学习财务管理方面的基本理论和基本知识，接受财务管理、会计、金融等方面方法和技能的基本训练，具有分析和解决单位财务、会计、审计、内控等问题的基本能力。

毕业生应获得以下几个方面的素质、能力和知识：

1.具备较高的政治素养和良好的身心素质；具备良好的人文修养和道德修养；具有较强的自信心、进取心、事业心和社会责任感；具备良好的敬业精神、团队协作精神和一定的创新创业精神；具有良好的国际视野。

2.初步形成科学的思维方法，具有较强的自主学习能力、语言与文字表达能力、人际沟通能力、实践动手能力、社会适应能力以及信息获取能力；具有进一步深造的潜力；基本掌握一门外语。

3.具备一定的人文社会科学与自然科学等方面的基本知识；掌握经济学、管理学及金融、统计和法律等方面的基本理论和基本知识；熟悉管理学的分析方法；比较系统地掌握财务管理、会计（包括管理会计）、内控、审计等的基本理论、基本方法和基本技能；具有较强的分析和解决财务管理和会计（包括管理会计）、内控、审计等实际问题的基本能力，包括财务预测、决策、计划、控制、分析能力和财务会计核算、管理会计、内部控制、审计能力，能够参与企事业等单位的筹资、投资、成本、分配决策与经营决策，善于结合单位和经济管理工作的实际，运用政策、法规，分析和解决财务管理和会计（包括管理会计）、内控、审计实际问题，并具有一定的专业创新能力。

4.具有运用计算机软件、网络技术处理财务、会计（包括管理会计）、内控、审计等事务的能力；掌握文献检索、资料查询的基本方法，了解本学科的理论前沿和发展动态；具有一定的科学研究和从事相应专业实际业务工作的能力。

5.熟悉有关财务、会计、内控、审计、金融管理的方针、政策、法规以及相关的国际惯例。

三、主干（核心）课程

宏观经济学、微观经济学、管理学、统计学、经济法、金融学B、会计学基础、中级财务会计学、计算机会计学、成本会计实务、管理会计学（英）、财务管理原理、企业筹资财务、税务筹划、企业投资财务、公司收益分配公司财务分析评价、高级财务管理、会计综合实验、财务管理实验Ⅰ、财务管理实验Ⅱ、毕业实习、毕业论文（设计）等。

四、基本学制

4年；在校学习年限（含休学时间）为3~6年。

五、毕业最低总学分

160学分。

六、教学计划表

教学计划表见附表1。

七、实践教学体系和集中实践性教学环节安排

本专业的实践教学体系主要由实验课程、实习技能训练、双导师制、毕业实习等内容构成。本专业开设特色实验课程包括财务管理实验Ⅰ、财务管理实验Ⅱ以及会计综合实验等。本专业的集中实践性教学主要通过会计实习技能训练（安排在第五学期）、财务实习技能训练（安排在第六学期）实现。专业课集中实践主要包括双导师专业实践、毕业实习和毕业论文（设计）三部分。其中双导师专业实践是本专业的特色，一般安排在第三、第四学年，毕业实习按照学院统一部署，实行“3+1”改革方案。本专业实践教学体系和集中实践性教学环节安排很好地支撑应用型人才的培养目标。

八、各类课程设置及学分学时分配（见附表2）

九、课程结构关系示意图（见附图1）

十、毕业要求与课程体系对应矩阵（见附表3、附表4）

十一、双语课程、校企合作课程、专业特色课程等

双语课程：管理会计学（英）、国际金融（英）；校企合作课程：财务实习技能训练；专业特色课程：所有专业核心课和专业限选课、部分专业任选课及会计实习技能训练和财务实习技能训练、双导师制专业实践。

十二、推荐学生取得的职业资格证书

会计初级职称证书、证券从业资格证书、银行从业资格证书、美国注册管理会计师（CMA）、理财规划师等。

十三、学校与行业（企业、实务部门等）联合培养阶段实施安排表（针对应用型专业）

本专业通过双导师制让学生进入各类企业各类行业，并积极发挥校外导师作用，建设多个校外实习基地，与校外实习基地——浙江昌信会计师事务所联合编写教材《公司财务管理》，邀请校外实习基地——浙江中铭会计师事务所实务专家进入课堂进行联合教学。具体见附表5。

十四、毕业、学位条件

（一）学生符合以下条件，准予毕业

1.修完人才培养方案所规定的内容，成绩考核合格，所获学分达到最低毕业学分要求；

2.体质测试成绩毕业时达到国家教育部颁发的《学生体质健康标准》。

（二）学生符合以下条件，授予管理学学士学位

1.达到毕业条件；

2.在学校规定的学习年限内达到国家学士学位授予条件和《嘉兴学院学士学位授予工作条例》（2018版）规定的要求。

附表1

财务管理专业教学计划表（1）

课程要求	课程类别	开课学院	课程英文	课程名称	学分	总学时	学时分配-理论教学	实践教学-实验/实训	实践教学-上机等	考试考查	第一学年 1	2	假期	第二学年 3	4	假期	第三学年 5	6	假期	第四学年 7	8
必修	通识必修课	马	Principles of Marxism	马克思主义基本原理概论	2	32	32			查					2						
		马	Mao Zedong Thought and the Theoretical System of Socialism with Chinese Characteristics	毛泽东思想和中国特色社会主义理论体系概论	4	64	64			试				4							
		马	Ideological, Moral Cultivation and the Legal Foundation	思想道德修养与法律基础	3	48	48			查	3										
		马	A Concise History of Modern and Contemporary China	中国近现代史纲要	2	32	32			查		2									
		马	Situation and Policy	形势与政策	1	16	16			查	1										
		马	Red Boat Spirit and Times Value	红船精神与时代价值	1	16	4		12	查				1							
		体	Physical Education (Ⅰ-Ⅳ)	体育（Ⅰ-Ⅳ）	4	128	128			查	2	2		2	2						
		体	Physical Fitness	体能训练	0.5					查	安排在5-6学期，不排课，健身跑+体质测试。										
		外	College Foreign Language Ⅰ	大学外语Ⅰ	3	56	32		24	试	4/4/3										
		外	College Foreign Language Ⅱ	大学外语Ⅱ	3	56	32		24	试											
		外	College Foreign Language Ⅲ	大学外语Ⅲ	2	40	16		24	试											
		外	Comprehensive College Foreign Language Skills	大学外语综合	2	32	32			查					2						
		外	Oral Foreign Language Training	口语实训	1	24			24	查				2							
		数	Advanced Mathematics B（Ⅰ-Ⅱ）	高等数学B（Ⅰ-Ⅱ）	8	128	128			试	4	4									
		数	Linear Algebra A	线性代数A	3	48	48			试				3							
		数	Probability and Statistics A	概率统计A	3	48	48			试				3							
		数	University Computer B	大学计算机B	1	20	8		12	查	4										
		数	Access Database System	Access数据库系统	2.5	48	24		24	试		4									
		数	Modern Information and Technology Introduction	现代信息技术导论	0.5	8	8			查	4										
		创	Basics of Creating Enterprise	创业基础	1	16	3		13	查	以混合式学习为主，第2学期安排3学时的见面课。										
		创	"Internet +", Innovation and Entrepreneurship	"互联网+"与大学生创新创业	1	16	16			查	2										
		体	Military Theory	军事理论	0.5	36	2		34	查	排课2学时，混合式学习26学时，听军事讲座8学时，大一完成。										
		体	Military Training	军事训练	1	2周				查	2周										
		马	Red Boat Spirit and Times Value Practice	《红船精神与时代价值》实践	1	1周				查				1周							
		马	Mao Zedong Thought and the Theoretical System of Socialism with Chinese Characteristics Practice	《毛泽东思想和中国特色社会主义理论体系概论》实践	1	1周				查				1周							
	素质拓展	团	Public Service	公益服务	1					查	由团委、学工、学院等组织开展。										
		马	Mental Health Education for College Student	大学生心理健康教育	1.5	28	16		12	查		2									
		专/学	Career Planning and Employment Guidance for College Student 1-2	大学生职业规划与就业指导1-2	1.5	32	32			查		1						1			
	小计				56	972	769	0	203	0	20	17	0	15	4	0	0	1	0	0	0
选修	通识选修课		学校通识课		所有学生须修读自然科学类通识课、社会科学类通识课、人文艺术类通识课、健康与生活类通识课这4类课程，每类至少2学分，共选足至少10学分。																
			小计		10	160															
	素质拓展		第二课堂（学校）		4						学生参加学科竞赛、科技、文化、社团及社会实践活动并考核合格所取得的学分。										
			第二课堂（学院）		2																
			本表合计		16	1 132															

续表

课程要求	课程类别	开课学院	课程英文	课程名称	学分	总学时	学时分配			考试考查	学时安排										
							理论教学	实践教学			第一学年			第二学年			第三学年			第四学年	
								实验/实训	上机等		1	2	假期	3	4	假期	5	6	假期	7	8
必修	专业大类平台必修	商	Political Economics	政治经济学	3	48	48			试	3										
		商	Microeconomics	微观经济学	3	48	48			试		3									
		商	Macroeconomics	宏观经济学	3	48	48			试				3							
		商	Accounting principle	会计学原理	3	48	48			试		3									
		数	Statistics	统计学	3	48	40		8	试					4						
		商	Management	管理学	3.5	56	56			试	4										
			小计		18.5	296	288	0	8		7	6		3	4		0	0		0	0
选修	专业大类平台选修	商	Introduction to Finance	金融学B	3	48	48			查							3				
		商	Human Resource Development and Management	人力资源开发与管理	2.5	40	40			查					4						
		商	International Trade Practice	国际贸易实务	3	48	48			试				3							
		商	Public relations	公共关系学	2.5	40	40			试					3						
		商	Marketing B	市场营销学B	3	48	48			查								4			
		商	Electronic Commerce	电子商务	2	40	24		16	查				3							
			应选小计		6	96	96	0	0		0	0		0	0		3	4		0	0
必修	专业核心课	商	Intermediate financial accounting	中级财务会计学	5	80	80			试				6							
		商	Principles of financial management	财务管理原理	3	48	48			试				3							
		商	Cost accounting	成本会计学	2	32	32			试					2						
		商	Management accounting（English）	管理会计学（英）	2	32	32			试					2						
		商	Tax planning	税务筹划	2.5	40	40			试					3						
		商	Financing for corporations	企业筹资财务	2	32	32			试					2						
		商	Corporate investment	企业投资财务	2	32	32			试							2				
		商	Accounting comprehensive experiment	会计综合实验	2	32		32		查					4						
		商	Financial management experiment Ⅰ	财务管理实验Ⅰ	1.5	24		24		查							2				
		商	Financial management experiment Ⅱ	财务管理实验Ⅱ	2	32		32		查								2			
			小计		24	384	296	88	0		0	0		9	13		4	2		0	0
	专业集中实践教学	商	Accounting skills training	会计实习技能训练	1	16		16		查	第五学期										
		商	Financial management skills training	财务实习技能训练	1	16		16		查	第六学期										
			本表合计		50.5	808	680	120	8												

续表

课程要求	课程类别		开课学院	课程英文	课程名称	学分	总学时	学时分配			考试考查	学时安排										
								理论教学	实践教学			第一学年			第二学年			第三学年			第四学年	
									实验/实训	上机等		1	2	假期	3	4	假期	5	6	假期	7	8
选修课	专业方向模块课	专业限选课	商	Introduction to the Finance Major	专业导论（财务管理）	0.5	8	8			查	2（8-11）										
			商	Earnings distribution，financial analysis and evaluation	公司收益分配、公司财务分析评价	2	32	32			试							2				
			商	Advanced financial management	高级财务管理	3	48	48			试								3			
			商	Corporate strategy and risk management	公司战略与风险管理	2	32	24		8	查							2				
			商	Project evaluation	项目评估财务	1.5	24	24			查							2				
			商	Computer Accounting System	计算机会计学	1.5	40			40	查							3				
			商	Computerized financial management	计算机财务管理	1.5	32			32	查								2			
			商	Advanced Financial Accounting	高级财务会计学	2	32	32			查					2						
			商	Interdisciplinary comprehensive simulation training	跨专业综合模拟实训	2	32		32		查								16			
			小计			16	280	168	32	80		2	0		0	2		9	7		0	0
		专业任意选修课（选足学分9.5分）	商	ERP Simulation	ERP沙盘模拟实验	1.5	32			32	查								2			
			商	International Finance（English）	国际金融学（英）	2	32	32			查							2				
			商	SPSS analysis	SPSS统计分析	1.5	32	16		16	查								2			
			文	Economic Law	经济法	2	32	32			查								2			
			商	Management Information System	管理信息系统	2	32	24		8	查							2				
			商	Auditing	审计学	2	32	32			查								2			
			商	Public Finance B	财政学B	2	32	32			查					2						
			商	Investment Banking	投资银行学	2	32	32			查							2				
			商	Asset assessment	资产评估	2	32	32			查								2			
			商	Research on financial thoeries	财务理论研究	2	32	32			查								2			
			商	Financial management in public organizations	公共财务	2	32	32			查								2			
			商	Family financial planning	家庭理财规划	2	32	32			查								2			
			应选小计			9.5	160	120	0	40		0	0		0	2		2	6		0	0
	专业选修课程合计					25.5	440	288	32	120	0	2	0	0	0	4	0	11	13	0	0	0
必修	专业课集中实践		商	Professional practice of double tutors	双导师专业实践	1	1周				查	第三、四学年进行										
			商	Graduation practice	毕业实习	6	24周				查										15周	9周
			商	Graduation Thesis（Design）	毕业论文（设计）	5	20周				查										12周	8周
课程安排汇总	每学期考试课程总计											4	4		7	5		2	1		0	0
	每学期周学时（预计周学时数/实际周学时数）											32	26		31	24		19	20			

注：开课学院一栏，用开课学院的头一个汉字表示。每学期理论教学默认为16周。

附表2 **财务管理专业各类课程设置及学分学时分配**

项目		必修课		选修课		合计学时	合计学分
		学时	学分	学时	学分		
理论教学	通识教育	912+4周	52	160	10	1 072+4周	62
	素质拓展	60	4			60	4
	专业大类平台	296	18.5	96	6	392	24.5
	专业核心课	384	24	–	–	384	24
	专业方向与特色模块课	–	–	440	25.5	440	25.5
	小计	1 652+4周	98.5	696	41.5	2 348+4周	140
集中实践教学	小计	32+45周	14			32+45周	14
第二课堂	学生参加学科竞赛、科技、文化、社团及社会实践活动并考核合格所取得的学分。	–	–	6	–		6
合计		–	–	–		2 380+49周	160
选修课学分合计		68					
实践环节学分合计		48					
选修学分占总学分的比例（%）		42.5					
实践学分占总学分的比例（%）		30					

注：“–”表示不填。

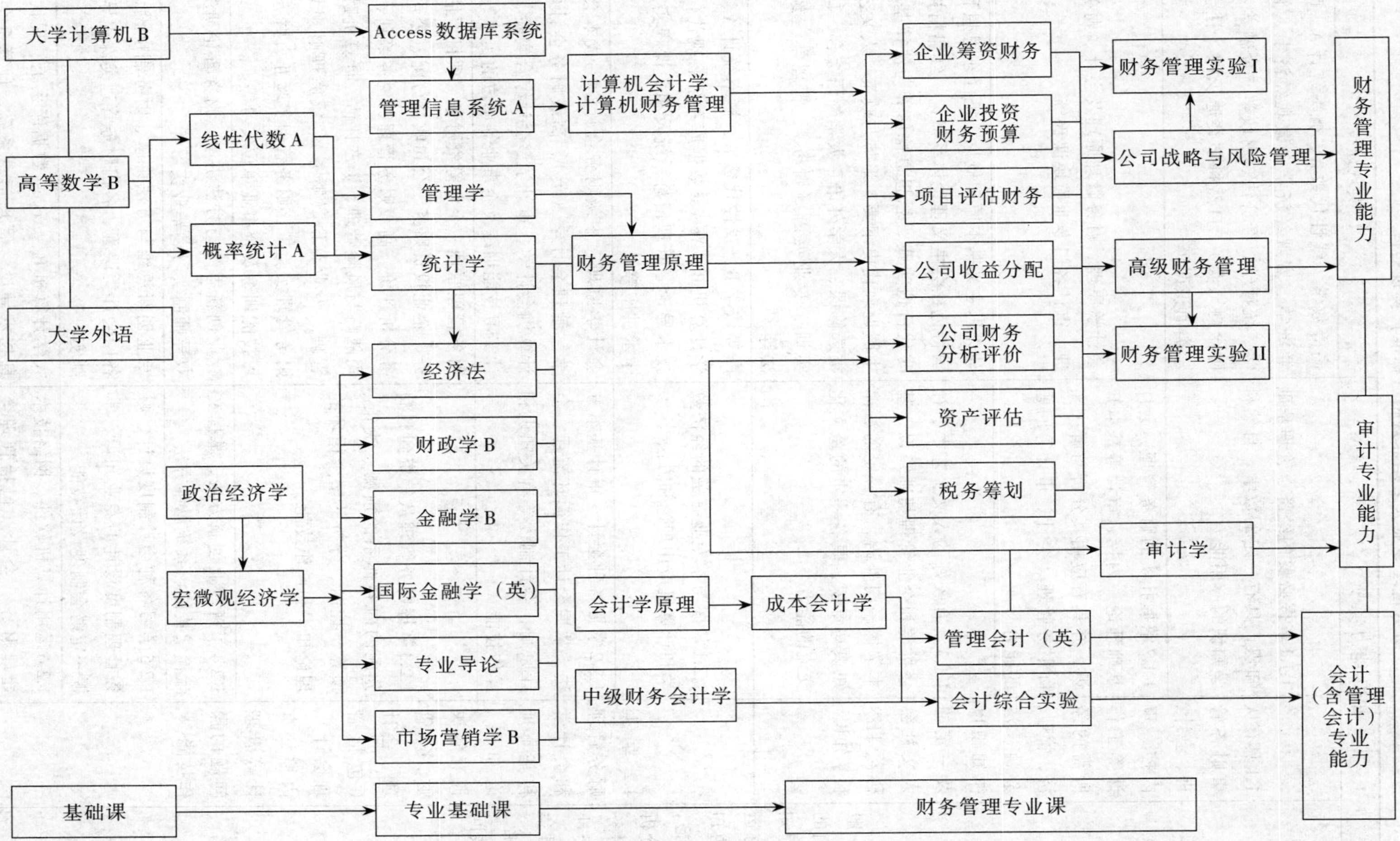

附图1 2018版财务管理专业课程结构关系示意图

附表3 **财务管理专业人才培养规格（标准）实现矩阵**

<table>
<tr><th colspan="3">知识/能力/素质</th><th>实现途径</th></tr>
<tr><td rowspan="9">1.掌握一般性和专门的经济管理知识，具有运用现有的知识和技能，发现、分析和解决财务管理、会计（包括管理会计）、内控、审计实践问题的能力</td><td rowspan="3">1.1具有从事财务管理、会计、内控、审计等工作所需的经济、管理、金融、法律知识以及一定的人文社会科学、自然科学知识</td><td>1.1.1掌握必要的经济、管理基础知识，具有一定的数学、自然科学知识的应用能力</td><td>高等数学、线性代数A、概率统计A、政治经济学、宏观经济学、微观经济学、管理学、统计学、经济法、财政学、金融学、国际金融（英）、自然科学类通识课、社会科学类通识课等</td></tr>
<tr><td>1.1.2掌握扎实的财务管理、会计基础理论、内控、审计等基本知识，并具有应用其分析与解决实际财务管理、会计、审计等问题的能力</td><td>会计学原理、财务管理原理及会计、财务管理、审计各门专业模块课程等</td></tr>
<tr><td>1.1.3具有较好的人文、艺术、社会科学和企业管理基础知识，基本掌握一门外语，有一定的法律知识与意识，具备一定的跨文化交流的能力</td><td>马克思主义基本原理概论、毛泽东思想和中国特色社会主义理论体系概论、红船精神与时代价值实践、思想道德修养与法律基础、中国近现代史纲要、形势与政策、人文艺术类选修课、大学外语、大学外语综合、口语实训、专业英语（财务）、管理学、经济法等</td></tr>
<tr><td rowspan="6">1.2 掌握财务管理和会计学科基本理论知识，拥有解决财务管理、会计（包括管理会计）、内控、审计等管理问题的操作技能</td><td>1.2.1掌握与本专业有关的经济数学和计算机应用理论和方法</td><td>高等数学B、线性代数A、概率统计A、大学计算机B、Access数据库系统、现代信息技术导论、管理信息系统及相关课程实训、学术讲座等</td></tr>
<tr><td>1.2.2掌握各种会计、审计基本方法，掌握会计工作循环流程、会计原则、会计制度等有关知识和操作技能</td><td>会计学原理、中级财务会计学、成本会计学、管理会计学（英）、高级财务会计学、计算机会计学、审计学、会计综合实验、会计实习技能训练及企事业等单位的实习等</td></tr>
<tr><td>1.2.3掌握财务管理从筹资到利润分配的内容体系的预测、决策、预算、控制、分析的整个循环的理论知识和操作技能</td><td>财务管理原理、企业筹资财务、项目评估财务、企业投资财务、公司收益分配、公司财务分析评价、高级财务管理、税务筹划、公司战略与风险管理、资产评估、计算机财务管理、专业英语（财务）、家庭理财规划、财务管理实验Ⅰ、财务管理实验Ⅱ，财务实习技能训练及企事业单位实习等</td></tr>
<tr><td>1.2.4了解专业创新方法，掌握文献检索技能、系统思维方法</td><td>专业创新思维与方法讲座、财务理论研究、双导师制实习、毕业实习等</td></tr>
<tr><td>1.2.5学习各种会计制度设计、财务管理制度设计的专业知识，掌握一定财会制度设计技能</td><td>专业创新思维与方法讲座、财务制度设计、各门会计类课程、各门财务管理类课程导师制实习等</td></tr>
<tr><td>1.2.6运用计算机软件、网络技术处理财务、会计（包括管理会计）、内控、审计等事务的能力</td><td>大学计算机B、Access数据库系统、现代信息技术导论、管理信息系统、计算机会计学、计算机财务管理、ERP沙盘模拟实验等</td></tr>
</table>

续表

知识/能力/素质			实现途径
2.掌握选用适当的理论和实践方法解决财务管理和会计（包括管理会计）、内控、审计实际问题的能力，并经历过财务管理、会计（包括管理会计）、内控、审计的运行和解决实际工作问题的系统化训练	2.1 财务预测、决策、预算、控制和分析能力，解决会计实务循环、审计实务各环节工作的能力	2.1.1具备解决会计实务循环、审计实务各环节工作的能力	会计学原理、中级财务会计学、高级财务会计学、成本会计学、管理会计学（英）、计算机会计学、审计学、会计综合实验、会计专业技能训练和企事业单位实习、专题讲座等
		2.1.2具备进行财务预测、（参与）决策的能力	财务管理原理、企业筹资财务、项目评估财务、企业投资财务、公司收益分配、公司财务分析评价、高级财务管理、公司战略与风险管理、资产评估、计算机财务管理、专业英语（财务）、家庭理财规划、财务管理实验Ⅰ、财务管理实验Ⅱ，财务实习技能训练、专业课题讲座及企事业单位实习等
		2.1.3具备进行财务预算控制的能力	
		2.1.4具备进行财务分析和业绩考评的能力	
		2.1.5具有财务战略管理和风险控制的能力	
	2.2 系统思维和创新精神	2.2.1具备运用整体思维，全局考虑财务管理、会计工作系统的综合能力	创新思维与方法讲座、创业基础、大学生科技创新项目、财会信息化大赛、财务理论研究会计和财务管理类课程及会计综合实验、财务管理实验Ⅰ、财务管理实验Ⅱ、财务和会计实习技能训练和企事业单位实习等
		2.2.2梳理财务管理和会计工作系统内的关键问题、难点以及影响因素	
		2.2.3具备发现问题能力，并针对解决问题的方案进行论证、总结并得出结论	
		2.2.4具备创新的意识，具备创新所需的专业知识，了解专业前沿动态及发展趋势	
		2.2.5掌握一定的创新方法	
	2.3 身心素质和职业道德	2.3.1积极探索财会领域的新问题、新发展，具有一定的科学研究和实际工作能力	入学教育、军事理论、军事训练、体育、大学生心理健康教育、健康与生活类选修课、思想道德修养与法律基础、大学生职业规划与就业指导、创业基础、公益服务、经典著作阅读、校园科技文化活动、财务理论研究、财会职业道德讲座、会计学基础、财务管理原理、国际金融、高级财务管理（国际财务专题）、专业英语（财务）、大学生科技创新项目、企业学习和在企业相应岗位环境中锻炼（如双导师制）等
		2.3.2具有执着的工作态度，并能够结合具体条件善于运用灵活方式合理解决问题	
		2.3.3具有一定的专业创新精神	
		2.3.4具有高尚的职业道德，诚信，富有责任感	
		2.3.5职业行为规范，遵纪守法，遵守行业准则	
		2.3.6主动规划个人职业方向与发展	

续表

知识/能力/素质			实现途径
3. 沟通协调能力和社会适应能力培养	3.1 团队精神和组织协调能力	3.1.1 培养和同学协作的团队精神	专业导论（财务）各门专业课程间的关系讲解、大学生职业规划与就业指导、创业基础、学生社团活动及社会工作、主题班会、讲座、导师科研项目、大学生课外科技活动、财会信息化大赛、系统思维训练、专业技能综合训练及企事业单位实习等
		3.1.2 具备组织协调和领导能力	
		3.1.3 善于技术分工和协作，共同完成目标	
	3.2 交流与沟通	3.2.1 具备交流与沟通的意识和能力	社会科学类通识课和人文艺术类通识课、社团活动及社会工作、大学英语、专业英语（财务）、有关双语课程教学、企事业单位实习总结及答辩等
		3.2.2 建立与组织的相关利益方进行交流的能力	
		3.2.3 具备运用写作、图表、电子和多媒体进行交流的能力	
		3.2.4 善于口头表达，能够通过组织报告和会议进行交流	
	3.3 外语交流	3.3.1 能够运用英语进行交流	大学外语、口语实训、专业英语（财务）、有关双语课程教学、旁听学术会议及国外学者来校讲座、专业课程讨论、企事业单位学习总结及毕业答辩等
		3.3.2 具备参加国际专业合作的初步能力	
		3.3.3 运用英语查阅相关文献	
	3.4 参与评估项目，提出改进建议	3.4.1 掌握正确的项目评估方法	项目评估财务、资产评估、审计学、公司财务分析评价及课程实训、会计财务实习技能训练、毕业实习、毕业设计、企事业单位实习及总结等
		3.4.2 了解项目评估的过程	
		3.4.3 具有发现问题并及时提出改进意见的能力	
	3.5 社会责任	3.5.1 具有社会责任感，具备正确的价值观和科学精神	思想道德修养与法律基础、马克思主义基本原理、毛泽东思想和邓小平理论概论、红船精神与时代价值、形势与政策、财会职业道德及相关讲座、社会实践与公益活动等
		3.5.2 能够自觉遵守社会对财会职业的规范要求	

附表 4　　课程体系对毕业要求的支撑关系矩阵图（财务管理专业）

毕业要求 / 课程体系	1. 人生观和价值观	2. 公民素质人文素养	3. 学习和思维能力	4. 体质与心理	5. 语言与文字表达能力	6. 经济管理基本理论知识	7. 财务、会计等实际问题分析能力	8. 解决财务、会计、内控、审计等实际问题的基本能力	9. 科学研究能力和创新创业精神	10. 运用计算机软件、网络技术能力	11. 管理能力与社会适应能力	12. 财会职业道德和规范	13. 人际沟通能力和团队精神
思想道德修养和法律基础	H	M							L		M	M	M
毛泽东思想和中国特色社会主义理论体系概论	H	M										M	
中国近现代史纲要	M	H											
马克思主义基本原理	H	M	M								M	M	L
红船精神与时代价值	H	M	M	L					M				L
形势与政策	M	L							M		M		L
大学外语		L	M		H						M		
高等数学			M			M	H			L			
线性代数			L			M	L						
概率统计			L			M	M						
信息技术类课程		L						L		H	M		
通识类选修课	M	M	M	M	M						L		L
创业教育		M	L						H		L	L	H
“互联网+”与大学生创新创业		M	M						M		L	L	H
心理健康教育		M		H									
职业规划与就业指导	M	L							L		M	M	L
政治经济学	L		L			H	H	H	M		M		
微观经济学						H	H	M	H		M		
宏观经济学						H	H	M	H		M		
会计学原理			L			M	H	H	H		M	L	L
统计学（含实验）			L			H	H	M	M	H	M		

续表

毕业要求 / 课程体系	1. 人生观和价值观	2. 公民素质人文素养	3. 学习和思维能力	4. 体质与心理	5. 语言与文字表达能力	6. 经济管理基本理论知识	7. 财务、会计等实际问题分析能力	8. 解决财务、会计、内控、审计等实际问题的基本能力	9. 科学研究能力和创新创业精神	10. 运用计算机软件、网络技术能力	11. 管理能力与社会适应能力	12. 财会职业道德和规范	13. 人际沟通能力和团队精神
管理学	L		L			H	H	M	H	L	H		M
专业导论（财务）	M					L	L	L	L			H	M
中级财务会计学						M	H	H	H		H	L	
财务管理原理			L			H	H	H	H		H	L	
成本会计学						M	H	H	H		M		
管理会计学（英）						M	H	H	H		H		
税务筹划						M	H	H	H		H	L	
企业筹资财务						M	H	H	H		H		
企业投资财务						M	H	H	H		H		
计算机会计学						M	H	H	H	H	M		
计算机财务管理						M	H	H	H	H	M		
会计综合实验						L	H	H	H	H			
财务管理实验Ⅰ						L	H	H	M	H			L
财务管理实验Ⅱ						L	H	H	M	H			L
会计实习技能训练						L	H	H	M	H			
财务实习技能训练						L	H	H	M	H			L
双导师专业实践					M		L	M			L	L	M
毕业论文（设计）			H		H	L	M	M	H	H	L	L	L
体育		L		H									H
军事理论与训练		L		M								L	M
公益服务	M	M		L								M	L

附注：根据课程对各项毕业要求的支撑强度分别用“H（高）、M（中）、L（低）”表示，支撑强度的含义是：该课程覆盖毕业要求指标点的多寡，H至少覆盖80%，M至少覆盖50%，L至少覆盖30%。注意：矩阵应覆盖所有必修环节。

附表5 **学校与行业联合培养阶段实施安排表（财务管理）**

内容	学分	学期	时间	联合培养单位
会计实习技能训练	1	第五学期	16学时	1.浙江中铭会计师事务所校外实践教育基地 2.容诚会计师事务所浙江分所校外实践教育基地
财务实习技能训练	1	第六学期	16学时	1.浙江中铭会计师事务所校外实践教育基地 2.容诚会计师事务所浙江分所校外实践教育基地 3.嘉兴市中越会计师事务有限公司
毕业实习	6	第七至八学期	24周	1.浙江中铭会计师事务所校外实践教育基地 2.容诚会计师事务所浙江分所校外实践教育基地 3.浙江昌信会计师事务所有限公司 4.浙江中元建设集团股份有限公司 5.浙江汇信进出口集团股份有限公司

附录二 财务管理专业人才能力和素质分解表

专业能力	专项能力	能力要求	对应课程与实践项目设置	能力测评方式
基本素质与基本能力	具有良好的职业道德和开拓创新精神，健康的身心素质	热爱祖国，树立正确的世界观和人生观	马克思主义基本原理、毛邓与三个代表重要思想概论、中国近代史纲要、形势与政策（限选）、心理卫生保健（限选）	考试与考查
		掌握市场经济基本知识	政治经济学，西方经济学Ⅰ、Ⅱ	
		责任心、事业心、法治观念	思想道德修养与法律基础、大学生就业指导（限选）	
		审美观	人文艺术类的任选课程	
		掌握科学锻炼身体、保养身体的基本技能	体育	达标
	学习能力、逻辑思考能力与文字表达能力	掌握合理的学习方法，掌握判断事物的逻辑思考方法，能进行一些应用文写作	高等数学B1、B2，线性代数B、概率统计B、应用写作	考试与考查
一般工具应用能力	信息技术应用能力	计算机硬件结构的了解、操作系统的使用、常用办公软件的使用、数据库系统使用、网络基础知识、浏览器的使用、邮件使用	大学计算机B、Access数据库系统、现代信息技术导论	课程考试与实验、计算机等级考试
	外语应用能力	英语阅读、听说及笔译能力	大学外语、大学外语综合、口语实训	课程考试、大学英语等级考试
财务基础能力	经济法律知识应用能力	掌握财务专业必需的经济法、税法等法律法规知识及相应的应用能力	经济法、财政学、金融学、国际金融、税务筹划	考试、实验、实训、会计上岗证考试
	管理知识学习与应用能力	掌握管理类专业必需的专业知识能力及相应的应用能力	管理学、统计学、管理信息系统、市场营销学、商业银行管理、公司战略与风险管理	
	会计核算与监督能力	应用会计工具进行企业经济业务的核算与监督的能力	会计学基础、中级财务会计学、成本会计实务、高级财务会计学、审计学	

续表

专业能力	专项能力	能力要求	对应课程与实践项目设置	能力测评方式
财务专业能力	筹资决策能力	较坚实的筹资理论基础、熟练的分析问题的技巧，解决实际筹资问题的能力	财务管理原理、企业筹资财务、公司收益分配、高级财务管理	考试、实验、实训、竞赛
	投资决策能力	运用企业流动资产投资、债券投资、股票投资及组合投资的基本原理与方法，结合经济环境与企业实际进行分析、判断和决策	财务管理原理、管理会计、企业投资财务、项目评估财务、投资银行学、资产评估、家庭理财规划、高级财务管理	
	财务分析能力	对企业的财务情况、经营成果、现金流量和发展前景作出分析评价，为企业制定正确的决策提供依据	财务管理原理、管理会计、公司财务分析评价、高级财务管理	
	税务筹划能力	在纷繁复杂的企业经营和竞争中，运用税收筹划的实际能力，以及辨别和区分合理避税与偷税的界限的能力。	税务筹划、中级财务会计学、财务管理原理	
	计算机财务管理能力	电算化会计、计算机数据处理、报表和图表、假设分析、统计分析和预测分析	计算机财务管理、计算机会计学、ERP沙盘模拟实验	
	综合应用及创新能力	综合运用已掌握的财务专业理论和实务知识，在仿真的环境中，独立处理企业单位财务活动，分析、解决实际问题的能力	财务实习技能训练、会计实习技能训练、毕业实习、论文(设计)	

附录三　财务管理专业实践能力培养框架图

培养的专业实践能力名称	能力描述	对应应完成的实验（实训）项目	
		项目编号	实验（实训）项目名称
筹资决策能力	较坚实的筹资理论基础、熟练的分析问题的技巧，解决实际筹资问题的能力	A001	加西压缩机制造公司筹资案例
		A002	华人兄弟股票筹资案例
		A003	江苏双良公司可转换公司债券筹资案例
		A004	杜邦公司目标负债政策案例
		D001	XNTG股份有限公司股利分配政策
		H002	金蝶公司的上市之路
		H004	FPL公司：在支付股利与企业成长中作取舍
		H006	阿里巴巴集团海外上市融资
		J001	LS公司资金缺口怎么填
投资决策能力	运用企业流动资产投资、债券投资、股票投资及组合投资的基本原理与方法，结合经济环境与企业实际进行分析、判断和决策	B001	欢瑞世纪应收账款投资管理
		B002	飞度公司存货投资管理
		B003	证券投资分析软件的基本使用
		B004	股票模拟交易
		C001	东方大厦建设项目财务效益评估
		C002	昆仑公司的并购价值评估
		H003	福荣公司是否应该营销自行研制的生产设备
		H005	中信泰富外汇衍生品投资出现巨额亏损
		H007	跨国资本预算：布雷泽公司在泰国的投资决策
		J002	嘉华快餐公司项目决策分析
		J003	宝洁公司的应收账款管理模式
		J004	海尔的零存货管理
财务分析能力	对企业的财务情况、经营成果、现金流量和发展前景作出分析评价，为企业制定正确的决策提供依据	E001	XXZY股份有限公司报表分析案例
		G001	时代公司成本计算方法的选择
		G002	皮箱公司的本量利分析
		G003	公司接受新订单的决策
		G004	公司业绩评价

续表

培养的专业实践能力名称	能力描述	对应应完成的实验（实训）项目	
		项目编号	实验（实训）项目名称
税务筹划能力	在纷繁复杂的企业经营和竞争中，运用税收筹划的实际能力，以及辨别和区分合理避税与偷税的界限的能力	F001	企业销售方式的税务筹划
		F002	关联企业转让定价的税务筹划
		F003	固定资产折旧的税务筹划
		F004	个人所得的税务筹划
		H008	苹果公司的全球避税策略
计算机财务管理能力	电算化会计、计算机数据处理、报表和图表、假设分析、统计分析和预测分析	I001	数据的录入与验证工具
		I002	常用的财务函数
		I003	实用的非财务函数
		I004	图表的编辑与制作
		I005	风险投资决策
		I006	资本成本
		I007	企业长期投资决策
		I008	资金需要量的预测
		I009	销售收入管理
		I010	成本费用管理
		I011	全面预算
综合应用及创新能力	综合运用已掌握的财务专业理论和实务知识，在仿真的环境中，独立处理企业单位财务活动，分析、解决实际问题的能力	H001	大宇神话破灭的原因和启示
		K001	海普瑞以每股148元的发行价格IPO
		K002	天奇公司投资项目评价案例
		K003	你愿意将资金投向中国巨石吗
		K004	贵州茅台和五粮液的股利分配比较案例
		K005	格力电器与美的集团年度财务报告分析案例

附录四　财务管理专业课程与实验（实训）项目对照表

课程名称	项目编号	实验（实训）项目名称	备注
企业筹资财务（代码A）	A001	加西压缩机制造公司筹资案例	
	A002	华人兄弟股票筹资案例	
	A003	江苏双良公司可转换公司债券筹资案例	
	A004	杜邦公司目标负债政策案例	
企业投资财务（代码B）	B001	欢瑞世纪应收账款投资管理	
	B002	飞度公司存货投资管理	
	B003	证券投资分析软件的基本使用	
	B004	股票模拟交易	
项目评估财务（代码C）	C001	东方大厦建设项目财务效益评估	
	C002	昆仑公司的并购价值评估	
公司收益分配（代码D）	D001	XNTG股份有限公司股利分配政策	
公司财务分析评价（代码E）	E001	XXZY股份有限公司报表分析案例	
税务筹划（代码F）	F001	企业销售方式的税务筹划	
	F002	关联企业转让定价的税务筹划	
	F003	固定资产折旧的税务筹划	
	F004	个人所得的税务筹划	
管理会计（代码G）	G001	时代公司成本计算方法的选择	
	G002	皮箱公司的本量利分析	
	G003	公司接受新订单的决策	
	G004	公司业绩评价	
高级财务管理（代码H）	H001	大宇神话破灭的原因和启示	
	H002	金蝶公司的上市之路	
	H003	福荣公司是否应该营销自行研制的生产设备	
	H004	FPL公司：在支付股利和企业成长中作取舍	
	H005	中信泰富外汇衍生品投资出现巨额亏损	
	H006	阿里巴巴集团海外上市融资	
	H007	跨国资本预算：布雷泽公司在泰国的投资决策	
	H008	苹果公司的全球避税策略	

续表

课程名称	项目编号	实验（实训）项目名称	备注
计算机财务管理（代码I）	I001	数据的录入与验证工具	
	I002	常用的财务函数	
	I003	实用的非财务函数	
	I004	图表的编辑与制作	
	I005	风险投资决策	
	I006	资本成本	
	I007	企业长期投资决策	
	I008	资金需要量的预测	
	I009	销售收入管理	
	I010	成本费用管理	
	I011	全面预算	
财务管理学（代码J）	J001	LS公司资金缺口怎么填	
	J002	嘉华快餐公司项目决策分析	
	J003	宝洁公司的应收账款管理模式	
	J004	海尔的零存货管理	
财务管理专业实习技能训练（代码K）	K001	海普瑞以每股148元的发行价格IPO	
	K002	天奇公司投资项目评价案例	
	K003	你愿意将资金投向中国巨石吗	
	K004	贵州茅台和五粮液的股利分配比较案例	
	K005	格力电器与美的集团年度财务报告分析案例	

附录五　系数表

附表一

复利终值系数表

N\i（%）	1	2	3	4	5	6	7
1……	1.010	1.020	1.030	1.040	1.050	1.060	1.070
2……	1.020	1.040	1.061	1.082	1.103	1.124	1.145
3……	1.030	1.061	1.093	1.125	1.158	1.191	1.225
4……	1.041	1.082	1.126	1.170	1.216	1.262	1.311
5……	1.051	1.104	1.159	1.217	1.276	1.338	1.403
6……	1.062	1.126	1.194	1.265	1.340	1.419	1.501
7……	1.072	1.149	1.230	1.316	1.407	1.504	1.606
8……	1.083	1.172	1.267	1.369	1.477	1.594	1.718
9……	1.094	1.195	1.305	1.423	1.551	1.689	1.838
10……	1.105	1.219	1.344	1.480	1.629	1.791	1.967
11……	1.116	1.243	1.384	1.539	1.710	1.898	2.105
12……	1.127	1.268	1.426	1.601	1.796	2.012	2.252
13……	1.138	1.294	1.469	1.665	1.886	2.133	2.410
14……	1.149	1.319	1.513	1.732	1.980	2.261	2.579
15……	1.161	1.346	1.558	1.801	2.079	2.397	2.759
16……	1.173	1.373	1.605	1.873	2.183	2.540	2.952
17……	1.184	1.400	1.653	1.948	2.292	2.693	3.159
18……	1.196	1.428	1.702	2.026	2.407	2.854	3.380
19……	1.208	1.457	1.754	2.107	2.527	3.026	3.617
20……	1.220	1.486	1.806	2.191	2.653	3.207	3.870
25……	1.282	1.641	2.094	2.666	3.386	4.292	5.427
30……	1.348	1.811	2.427	3.243	4.322	5.743	7.612
40……	1.489	2.208	3.262	4.801	7.040	10.286	14.974
50……	1.645	2.692	4.384	7.107	11.467	18.420	29.457

续表

N\i（%）	8	9	10	11	12	13	14
1……	1.080	1.090	1.100	1.110	1.120	1.130	1.140
2……	1.166	1.188	1.210	1.232	1.254	1.277	1.300
3……	1.260	1.295	1.331	1.368	1.405	1.443	1.482
4……	1.360	1.412	1.464	1.518	1.574	1.630	1.689
5……	1.469	1.539	1.611	1.685	1.762	1.842	1.925
6……	1.587	1.677	1.772	1.870	1.974	2.082	2.195
7……	1.714	1.828	1.949	2.076	2.211	2.353	2.502
8……	1.851	1.993	2.144	2.305	2.476	2.658	2.853
9……	1.999	2.172	2.358	2.558	2.773	3.004	3.252
10……	2.159	2.367	2.594	2.839	3.106	3.395	3.707
11……	2.332	2.580	2.853	3.152	3.479	3.836	4.226
12……	2.518	2.813	3.138	3.498	3.896	4.335	4.818
13……	2.720	3.066	3.452	3.883	4.363	4.898	5.492
14……	2.937	3.342	3.797	4.310	4.887	5.535	6.261
15……	3.172	3.642	4.177	4.785	5.474	6.254	7.138
16……	3.426	3.970	4.595	5.311	6.130	7.067	8.137
17……	3.700	4.328	5.054	5.895	6.866	7.986	9.276
18……	3.996	4.717	5.560	6.544	7.690	9.024	10.575
19……	4.316	5.142	6.116	7.263	8.613	10.197	12.056
20……	4.661	5.604	6.727	8.062	9.646	11.523	13.743
25……	6.848	8.623	10.835	13.585	17.000	21.231	26.462
30……	10.063	13.268	17.449	22.892	29.960	39.116	50.950
40……	21.725	31.409	45.259	65.001	93.051	132.782	188.884
50……	46.902	74.358	117.391	184.565	289.002	450.736	700.233

续表

N\i (%)	15	16	17	18	19	20	25	30
1……	1.150	1.160	1.170	1.180	1.190	1.200	1.250	1.300
2……	1.323	1.346	1.369	1.392	1.416	1.440	1.563	1.690
3……	1.521	1.561	1.602	1.643	1.685	1.728	1.953	2.197
4……	1.749	1.811	1.874	1.939	2.005	2.074	2.441	2.856
5……	2.011	2.100	2.192	2.288	2.386	2.488	3.052	3.713
6……	2.313	2.436	2.565	2.700	2.840	2.986	3.815	4.827
7……	2.660	2.826	3.001	3.185	3.379	3.583	4.768	6.275
8……	3.059	3.278	3.511	3.759	4.021	4.300	5.960	8.157
9……	3.518	3.803	4.108	4.435	4.785	5.160	7.451	10.604
10……	4.046	4.411	4.807	5.234	5.695	6.192	9.313	13.786
11……	4.652	5.117	5.624	6.176	6.777	7.430	11.642	17.922
12……	5.350	5.936	6.580	7.288	8.064	8.916	14.552	23.298
13……	6.153	6.886	7.699	8.599	9.596	10.699	18.190	30.288
14……	7.076	7.988	9.007	10.147	11.420	12.839	22.737	39.374
15……	8.137	9.266	10.539	11.974	13.590	15.407	28.422	51.186
16……	9.358	10.748	12.330	14.129	16.172	18.488	35.527	66.542
17……	10.761	12.468	14.426	16.672	19.244	22.186	44.409	86.504
18……	12.375	14.463	16.879	19.673	22.901	26.623	55.511	112.455
19……	14.232	16.777	19.748	23.214	27.252	31.948	69.389	146.192
20……	16.367	19.461	23.106	27.393	32.429	38.338	86.736	190.050
25……	32.919	40.874	50.658	62.669	77.388	95.396	264.698	705.641
30……	66.212	85.850	111.065	143.371	184.675	237.376	807.794	2 619.996
40……	267.864	378.721	533.869	750.378	1 051.668	1 469.772	7 523.164	36 119
50……	1 083.657	1 670.704	2 566.215	3 927.357	5 988.914	9 100.438	70 065	497 929

附表二 **复利现值系数表**

N\i（%）	1	2	3	4	5	6	7	8	9
1……	0.990	0.980	0.971	0.962	0.952	0.943	0.935	0.926	0.917
2……	0.980	0.961	0.943	0.925	0.907	0.890	0.873	0.857	0.842
3……	0.971	0.942	0.915	0.889	0.864	0.840	0.816	0.794	0.772
4……	0.961	0.924	0.888	0.855	0.823	0.792	0.763	0.735	0.708
5……	0.951	0.906	0.863	0.822	0.784	0.747	0.713	0.681	0.650
6……	0.942	0.888	0.837	0.790	0.746	0.705	0.666	0.630	0.596
7……	0.933	0.871	0.813	0.760	0.711	0.665	0.623	0.583	0.547
8……	0.923	0.853	0.789	0.731	0.677	0.627	0.582	0.540	0.502
9……	0.914	0.837	0.766	0.703	0.645	0.592	0.544	0.500	0.460
10……	0.905	0.820	0.744	0.676	0.614	0.558	0.508	0.463	0.422
11……	0.896	0.804	0.722	0.650	0.585	0.527	0.475	0.429	0.388
12……	0.887	0.788	0.701	0.625	0.557	0.497	0.444	0.397	0.356
13……	0.879	0.773	0.681	0.601	0.530	0.469	0.415	0.368	0.326
14……	0.870	0.758	0.661	0.577	0.505	0.442	0.388	0.340	0.299
15……	0.861	0.743	0.642	0.555	0.481	0.417	0.362	0.315	0.275
16……	0.853	0.728	0.623	0.534	0.458	0.394	0.339	0.292	0.252
17……	0.844	0.714	0.605	0.513	0.436	0.371	0.317	0.270	0.231
18……	0.836	0.700	0.587	0.494	0.416	0.350	0.296	0.250	0.212
19……	0.828	0.686	0.570	0.475	0.396	0.331	0.277	0.232	0.194
20……	0.820	0.673	0.554	0.456	0.377	0.312	0.258	0.215	0.178
25……	0.780	0.610	0.478	0.375	0.295	0.233	0.184	0.146	0.116
30……	0.742	0.552	0.412	0.308	0.231	0.174	0.131	0.099	0.075
40……	0.672	0.453	0.307	0.208	0.142	0.097	0.067	0.046	0.032
50……	0.608	0.372	0.228	0.141	0.087	0.054	0.034	0.021	0.013

续表

N\i (%)	10	11	12	13	14	15	16	17	18
1……	0.909	0.901	0.893	0.885	0.877	0.870	0.862	0.855	0.847
2……	0.826	0.812	0.797	0.783	0.769	0.756	0.743	0.731	0.718
3……	0.751	0.731	0.712	0.693	0.675	0.658	0.641	0.624	0.609
4……	0.683	0.659	0.636	0.613	0.592	0.572	0.552	0.534	0.516
5……	0.621	0.593	0.567	0.543	0.519	0.497	0.476	0.456	0.437
6……	0.564	0.535	0.507	0.480	0.456	0.432	0.410	0.390	0.370
7……	0.513	0.482	0.452	0.425	0.400	0.376	0.354	0.333	0.314
8……	0.467	0.434	0.404	0.376	0.351	0.327	0.305	0.285	0.266
9……	0.424	0.391	0.361	0.333	0.308	0.284	0.263	0.243	0.225
10……	0.386	0.352	0.322	0.295	0.270	0.247	0.227	0.208	0.191
11……	0.350	0.317	0.287	0.261	0.237	0.215	0.195	0.178	0.162
12……	0.319	0.286	0.257	0.231	0.208	0.187	0.168	0.152	0.137
13……	0.290	0.258	0.229	0.204	0.182	0.163	0.145	0.130	0.116
14……	0.263	0.232	0.205	0.181	0.160	0.141	0.125	0.111	0.099
15……	0.239	0.209	0.183	0.160	0.140	0.123	0.108	0.095	0.084
16……	0.218	0.188	0.163	0.141	0.123	0.107	0.093	0.081	0.071
17……	0.198	0.170	0.146	0.125	0.108	0.093	0.080	0.069	0.060
18……	0.180	0.153	0.130	0.111	0.095	0.081	0.069	0.059	0.051
19……	0.164	0.138	0.116	0.098	0.083	0.070	0.060	0.051	0.043
20……	0.149	0.124	0.104	0.087	0.073	0.061	0.051	0.043	0.037
25……	0.092	0.074	0.059	0.047	0.038	0.030	0.024	0.020	0.016
30……	0.057	0.044	0.033	0.026	0.020	0.015	0.012	0.009	0.007
40……	0.022	0.015	0.011	0.008	0.005	0.004	0.003	0.002	0.001
50……	0.009	0.005	0.003	0.002	0.001	0.001	0.001	0	0

续表

N\i（%）	19	20	25	30	35	40	50
1……	0.840	0.833	0.800	0.769	0.741	0.714	0.667
2……	0.706	0.694	0.640	0.592	0.549	0.510	0.444
3……	0.593	0.579	0.512	0.455	0.406	0.364	0.296
4……	0.499	0.482	0.410	0.350	0.301	0.260	0.198
5……	0.419	0.402	0.328	0.269	0.223	0.186	0.132
6……	0.352	0.335	0.262	0.207	0.165	0.133	0.088
7……	0.296	0.279	0.210	0.159	0.122	0.095	0.059
8……	0.249	0.233	0.168	0.123	0.091	0.068	0.039
9……	0.209	0.194	0.134	0.094	0.067	0.048	0.026
10……	0.176	0.162	0.107	0.073	0.050	0.035	0.017
11……	0.148	0.135	0.086	0.056	0.037	0.025	0.012
12……	0.124	0.112	0.069	0.043	0.027	0.018	0.008
13……	0.104	0.093	0.055	0.033	0.020	0.013	0.005
14……	0.088	0.078	0.044	0.025	0.015	0.009	0.003
15……	0.074	0.065	0.035	0.020	0.011	0.006	0.002
16……	0.062	0.054	0.028	0.015	0.008	0.005	0.002
17……	0.052	0.045	0.023	0.012	0.006	0.003	0.001
18……	0.044	0.038	0.018	0.009	0.005	0.002	0.001
19……	0.037	0.031	0.014	0.007	0.003	0.002	0.000
20……	0.031	0.026	0.012	0.005	0.002	0.001	0.000
25……	0.013	0.010	0.004	0.001	0.001	0	0
30……	0.005	0.004	0.001	0	0	0	0
40……	0.001	0.001	0	0	0	0	0
50……	0	0	0	0	0	0	0

附表三 **年金终值系数表**

N\i（%）	1	2	3	4	5	6	7
1……	1.000	1.000	1.000	1.000	1.000	1.000	1.000
2……	2.010	2.020	2.030	2.040	2.050	2.060	2.070
3……	3.030	3.060	3.091	3.122	3.153	3.184	3.215
4……	4.060	4.122	4.184	4.246	4.310	4.375	4.440
5……	5.101	5.204	5.309	5.416	5.526	5.637	5.751
6……	6.152	6.308	6.468	6.633	6.802	6.975	7.153
7……	7.214	7.434	7.662	7.898	8.142	8.394	8.654
8……	8.286	8.583	8.892	9.214	9.549	9.897	10.260
9……	9.369	9.755	10.159	10.583	11.027	11.491	11.978
10……	10.462	10.950	11.464	12.006	12.578	13.181	13.816
11……	11.567	12.169	12.808	13.486	14.207	14.972	15.784
12……	12.683	13.412	14.192	15.026	15.917	16.870	17.888
13……	13.809	14.680	15.618	16.627	17.713	18.882	20.141
14……	14.947	15.974	17.086	18.292	19.599	21.015	22.550
15……	16.097	17.293	18.599	20.024	21.579	23.276	25.129
16……	17.258	18.639	20.157	21.825	23.657	25.673	27.888
17……	18.430	20.012	21.762	23.698	25.840	28.213	30.840
18……	19.615	21.412	23.414	25.645	28.132	30.906	33.999
19……	20.811	22.841	25.117	27.671	30.539	33.760	37.379
20……	22.019	24.297	26.870	29.778	33.066	36.786	40.995
25……	28.243	32.030	36.459	41.646	47.727	54.865	63.249
30……	34.785	40.568	47.575	56.085	66.439	79.058	94.461
40……	48.886	60.402	75.401	95.026	120.800	154.762	199.635
50……	64.463	84.579	112.797	152.667	209.348	290.336	406.529

续表

N\i (%)	8	9	10	11	12	13	14	15
1……	1.000	1.000	1.000	1.000	1.000	1.000	1.000	1.000
2……	2.080	2.090	2.100	2.110	2.120	2.130	2.140	2.150
3……	3.246	3.278	3.310	3.342	3.374	3.407	3.440	3.473
4……	4.506	4.573	4.641	4.710	4.779	4.850	4.921	4.993
5……	5.867	5.985	6.105	6.228	6.353	6.480	6.610	6.742
6……	7.336	7.523	7.716	7.913	8.115	8.323	8.536	8.754
7……	8.923	9.200	9.487	9.783	10.089	10.405	10.730	11.067
8……	10.637	11.028	11.436	11.859	12.300	12.757	13.233	13.727
9……	12.488	13.021	13.579	14.164	14.776	15.416	16.085	16.786
10……	14.487	15.193	15.937	16.722	17.549	18.420	19.337	20.304
11……	16.645	17.560	18.531	19.561	20.655	21.814	23.045	24.349
12……	18.977	20.141	21.384	22.713	24.133	25.650	27.271	29.002
13……	21.495	22.953	24.523	26.212	28.029	29.985	32.089	34.352
14……	24.215	26.019	27.975	30.095	32.393	34.883	37.581	40.505
15……	27.152	29.361	31.772	34.405	37.280	40.417	43.842	47.580
16……	30.324	33.003	35.950	39.190	42.753	46.672	50.980	55.717
17……	33.750	36.974	40.545	44.501	48.884	53.739	59.118	65.075
18……	37.450	41.301	45.599	50.396	55.750	61.725	68.394	75.836
19……	41.446	46.018	51.159	56.939	63.440	70.749	78.969	88.212
20……	45.762	51.160	57.275	64.203	72.052	80.947	91.025	102.444
25……	73.106	84.701	98.347	114.413	133.334	155.620	181.871	212.793
30……	113.283	136.308	164.494	199.021	241.333	293.199	356.787	434.745
40……	259.057	337.882	442.593	581.826	767.091	1 013.704	1 342.025	1 779.090
50……	573.770	815.084	1 163.909	1 668.771	2 400.018	3 459.507	4 994.521	7 217.716

续表

N\i (%)	16	17	18	19	20	25	30
1……	1.000	1.000	1.000	1.000	1.000	1.000	1.000
2……	2.160	2.170	2.180	2.190	2.200	2.250	2.300
3……	3.506	3.539	3.572	3.606	3.640	3.813	3.990
4……	5.066	5.141	5.215	5.291	5.368	5.766	6.187
5……	6.877	7.014	7.154	7.297	7.442	8.207	9.043
6……	8.977	9.207	9.442	9.683	9.930	11.259	12.756
7……	11.414	11.772	12.142	12.523	12.916	15.073	17.583
8……	14.240	14.773	15.327	15.902	16.499	19.842	23.858
9……	17.519	18.285	19.086	19.923	20.799	25.802	32.015
10……	21.321	22.393	23.521	24.709	25.959	33.253	42.619
11……	25.733	27.200	28.755	30.404	32.150	42.566	56.405
12……	30.850	32.824	34.931	37.180	39.581	54.208	74.327
13……	36.786	39.404	42.219	45.244	48.497	68.760	97.625
14……	43.672	47.103	50.818	54.841	59.196	86.949	127.913
15……	51.660	56.110	60.965	66.261	72.035	109.687	167.286
16……	60.925	66.649	72.939	79.850	87.442	138.109	218.472
17……	71.673	78.979	87.068	96.022	105.931	173.636	285.014
18……	84.141	93.406	103.740	115.266	128.117	218.045	371.518
19……	98.603	110.285	123.414	138.166	154.740	273.556	483.973
20……	115.380	130.033	146.628	165.418	186.688	342.945	630.165
25……	249.214	292.105	342.603	402.042	471.981	1 054.791	2 348.803
30……	530.312	647.439	790.948	966.712	1 181.882	3 227.174	8 729.985
40……	2 360.757	3 134.522	4 163.213	5 529.829	7 343.858	30 088.655	120 392.883
50……	10 435.649	15 089.502	21 813.094	31 515.336	45 497.191	280 256	1 659 760

附表四　　**年金现值系数表**

N\i（%）	1	2	3	4	5	6	7	8	9
1……	0.990	0.980	0.971	0.962	0.952	0.943	0.935	0.926	0.917
2……	1.970	1.942	1.913	1.886	1.859	1.833	1.808	1.783	1.759
3……	2.941	2.884	2.829	2.775	2.723	2.673	2.624	2.577	2.531
4……	3.902	3.808	3.717	3.630	3.546	3.465	3.387	3.312	3.240
5……	4.853	4.713	4.580	4.452	4.329	4.212	4.100	3.993	3.890
6……	5.795	5.601	5.417	5.242	5.076	4.917	4.767	4.623	4.486
7……	6.728	6.472	6.230	6.002	5.786	5.582	5.389	5.206	5.033
8……	7.652	7.325	7.020	6.733	6.463	6.210	5.971	5.747	5.535
9……	8.566	8.162	7.786	7.435	7.108	6.802	6.515	6.247	5.995
10……	9.471	8.983	8.530	8.111	7.722	7.360	7.024	6.710	6.418
11……	10.368	9.787	9.253	8.760	8.306	7.887	7.499	7.139	6.805
12……	11.255	10.575	9.954	9.385	8.863	8.384	7.943	7.536	7.161
13……	12.134	11.348	10.635	9.986	9.394	8.853	8.358	7.904	7.487
14……	13.004	12.106	11.296	10.563	9.899	9.295	8.745	8.244	7.786
15……	13.865	12.849	11.938	11.118	10.380	9.712	9.108	8.559	8.061
16……	14.718	13.578	12.561	11.652	10.838	10.106	9.447	8.851	8.313
17……	15.562	14.292	13.166	12.166	11.274	10.477	9.763	9.122	8.544
18……	16.398	14.992	13.754	12.659	11.690	10.828	10.059	9.372	8.756
19……	17.226	15.678	14.324	13.134	12.085	11.158	10.336	9.604	8.950
20……	18.046	16.351	14.877	13.590	12.462	11.470	10.594	9.818	9.129
25……	22.023	19.523	17.413	15.622	14.094	12.783	11.654	10.675	9.823
30……	25.808	22.396	19.600	17.292	15.372	13.765	12.409	11.258	10.274
40……	32.835	27.355	23.115	19.793	17.159	15.046	13.332	11.925	10.757
50……	39.196	31.424	25.730	21.482	18.256	15.762	13.801	12.233	10.962

续表

N\i (%)	10	11	12	13	14	15	16	17	18
1……	0.909	0.901	0.893	0.885	0.877	0.870	0.862	0.855	0.847
2……	1.736	1.713	1.690	1.668	1.647	1.626	1.605	1.585	1.566
3……	2.487	2.444	2.402	2.361	2.322	2.283	2.246	2.210	2.174
4……	3.170	3.102	3.037	2.974	2.914	2.855	2.798	2.743	2.690
5……	3.791	3.696	3.605	3.517	3.433	3.352	3.274	3.199	3.127
6……	4.355	4.231	4.111	3.998	3.889	3.784	3.685	3.589	3.498
7……	4.868	4.712	4.564	4.423	4.288	4.160	4.039	3.922	3.812
8……	5.335	5.146	4.968	4.799	4.639	4.487	4.344	4.207	4.078
9……	5.759	5.537	5.328	5.132	4.946	4.772	4.607	4.451	4.303
10……	6.145	5.889	5.650	5.426	5.216	5.019	4.833	4.659	4.494
11……	6.495	6.207	5.938	5.687	5.453	5.234	5.029	4.836	4.656
12……	6.814	6.492	6.194	5.918	5.660	5.421	5.197	4.988	4.793
13……	7.103	6.750	6.424	6.122	5.842	5.583	5.342	5.118	4.910
14……	7.367	6.982	6.628	6.302	6.002	5.724	5.468	5.229	5.008
15……	7.606	7.191	6.811	6.462	6.142	5.847	5.575	5.324	5.092
16……	7.824	7.379	6.974	6.604	6.265	5.954	5.668	5.405	5.162
17……	8.022	7.549	7.120	6.729	6.373	6.047	5.749	5.475	5.222
18……	8.201	7.702	7.250	6.840	6.467	6.128	5.818	5.534	5.273
19……	8.365	7.839	7.366	6.938	6.550	6.198	5.877	5.584	5.316
20……	8.514	7.963	7.469	7.025	6.623	6.259	5.929	5.628	5.353
25……	9.077	8.422	7.843	7.330	6.873	6.464	6.097	5.766	5.467
30……	9.427	8.694	8.055	7.496	7.003	6.566	6.177	5.829	5.517
40……	9.779	8.951	8.244	7.634	7.105	6.642	6.233	5.871	5.548
50……	9.915	9.042	8.304	7.675	7.133	6.661	6.246	5.880	5.554

续表

N\i（%）	19	20	25	30	35	40	50
1……	0.840	0.833	0.800	0.769	0.741	0.714	0.667
2……	1.547	1.528	1.440	1.361	1.289	1.224	1.111
3……	2.140	2.106	1.952	1.816	1.696	1.589	1.407
4……	2.639	2.589	2.362	2.166	1.997	1.849	1.605
5……	3.058	2.991	2.689	2.436	2.220	2.035	1.737
6……	3.410	3.326	2.951	2.643	2.385	2.168	1.824
7……	3.706	3.605	3.161	2.802	2.508	2.263	1.883
8……	3.954	3.837	3.329	2.925	2.598	2.331	1.922
9……	4.163	4.031	3.463	3.019	2.665	2.379	1.948
10……	4.339	4.192	3.571	3.092	2.715	2.414	1.965
11……	4.486	4.327	3.656	3.147	2.752	2.438	1.977
12……	4.611	4.439	3.725	3.190	2.779	2.456	1.985
13……	4.715	4.533	3.780	3.223	2.799	2.469	1.990
14……	4.802	4.611	3.824	3.249	2.814	2.478	1.993
15……	4.876	4.675	3.859	3.268	2.825	2.484	1.995
16……	4.938	4.730	3.887	3.283	2.834	2.489	1.997
17……	4.990	4.775	3.910	3.295	2.840	2.492	1.998
18……	5.033	4.812	3.928	3.304	2.844	2.494	1.999
19……	5.070	4.843	3.942	3.311	2.848	2.496	1.999
20……	5.101	4.870	3.954	3.316	2.850	2.497	1.999
25……	5.195	4.948	3.985	3.329	2.856	2.499	2.000
30……	5.235	4.979	3.995	3.332	2.857	2.500	2.000
40……	5.258	4.997	3.999	3.333	2.857	2.500	2.000
50……	5.262	4.999	4.000	3.333	2.857	2.500	2.000

参考文献

[1] 王化成. 高级财务管理学 [M]. 4版. 北京：中国人民大学出版社，2017.

[2] 荆新，王化成，刘俊彦. 财务管理学 [M]. 8版. 北京：中国人民大学出版社，2018.

[3] 汤谷良，韩慧博，祝继高. 财务管理案例 [M]. 3版. 北京：北京大学出版社，2017.

[4] 徐光华，柳世平. 财务管理：理论·实务·案例 [M]. 2版. 北京：高等教育出版社，2016.

[5] 裘益政，竺素娥. 财务管理案例 [M]. 3版. 大连：东北财经大学出版社，2018.

[6] 朱向萍. 财务管理及案例分析 [M]. 上海：上海财经大学出版社，2019.

[7] 张先治，陈友邦，秦志敏. 财务分析习题与案例 [M]. 9版. 大连：东北财经大学出版社，2019.

[8] 汪波. 财务管理案例与实训教程 [M]. 武汉：武汉大学出版社，2016.

[9] 邓路. 财务管理案例——中国情境下的哈佛式案例（中国管理案例库）[M]. 北京：中国人民大学出版社，2017.

[10] 秦志敏，牛彦秀. 财务管理习题与案例 [M]. 5版. 大连：东北财经大学出版社，2019.

[11] 袁振兴. 经典财务管理案例分析教程 [M]. 2版. 上海：立信会计出版社，2015.

[12] 杨志清，庄粉荣. 税收筹划案例分析 [M]. 北京：中国人民大学出版社，2010.

[13] ANTHONY R N，HAWKINS D F，MERCHANT K A. 会计学教程与案例 [M]. 北京：机械工业出版社，2014.

[14] 邵军. 财务管理案例分析 [M]. 上海：立信会计出版社，2011.

[15] 马忠. 公司财务管理案例分析 [M]. 北京：机械工业出版社，2017.

[16] 杨大楷. 国际投资学 [M]. 上海：上海财经大学出版社，2010.

[17] 王建英. 国际财务管理学 [M]. 2版. 北京：中国人民大学出版社，2019.

[18] 中国证券网、上海证券交易所、深圳证券交易所、证券之星、财务顾问网等网站.